YNYSOEDD GOBAITH

Er maith sen Promethiws wyf,
Awdur pob deffro ydwyf;
A'r oes well wrth wawrio sydd
Ar dân o'm bru dihenydd

W. J. Rees,
Rhagair Y *Maniffesto Comiwnyddol*, 1948

YNYSOEDD GOBAITH

Mentrau a Syniadau Iwtopaidd yng Nghymru'r Ugeinfed Ganrif

Llion Wigley

GWASG PRIFYSGOL CYMRU
2025

www.gwasgprifysgolcymru.org

Mae cofnod catalogio'r gyfrol hon ar gael gan y Llyfrgell Brydeinig.

ISBN   978-1-83772-319-5
e-ISBN   978-1-83772-320-1

Datganwyd gan Llion Wigley ei hawl foesol i'w gydnabod yn awdur
ar y gwaith hwn yn unol ag adrannau 77 a 78 Deddf Hawlfraint,
Dyluniadau a Phatentau 1988.

Ar gyfer ymholiadau Rheoliadau Diogelwch Cynnyrch Cyffredinol
(GPSR), cysylltwch ag Easy Access System Europe Oü, 16879218,
Mustamäe tee 50, 10621, Tallinn, Estonia.
gpsr.requests@easproject.com

Cysodwyd gan Richard Huw Pritchard
Argraffwyd gan CPI Group (UK) Ltd, Croydon CR0 4YY

*I Angharad (mam), Esyllt a Gwenllian
ac i gofio fy nhad, Iolo Anwyl Wigley
(1941–2005)*

Cynnwys

Rhestr Luniau

Diolchiadau

Diolch i Densil Morgan, fel golygydd *Y Traethodydd*, am ganiatâd i gynnwys rhannau o erthyglau gennyf a gyhoeddwyd yn y cyfnodolyn rhwng 2015 a 2023 ar ffurf ddiwygiedig yn y llyfr hwn (gweler y Llyfryddiaeth ar gyfer manylion llawn yr erthyglau). Rwy'n ddiolchgar hefyd i'r golygydd, Sioned Puw Rowlands, am y cyfle i drafod iwtopiaeth Gymreig yn gyntaf yn y cylchgrawn *O'r Pedwar Gwynt*.

Hoffwn ddiolch yn ogystal i staff Archifau Morgannwg a Gwent, a Chasgliadau Arbennig Llyfrgell Prifysgol Caerdydd, am eu cymorth hael a pharod; a diolch i Emyr Evans o Lyfrgell Genedlaethol Cymru, a Sally Donovan o Amgueddfa Genedlaethol Cymru, am eu cymorth hawddgar gyda'r lluniau.

Diolch i'm cyfeillion yng ngrŵp rhedeg a gwirfoddoli CampDda (GoodGym) Caerdydd a Bro Morgannwg, sy'n cwrdd i helpu gwahanol brosiectau cymunedol bob nos Fawrth – ynys o obaith cyfoes.

Diolch i'm ffrindiau annwyl, yn arbennig Geraint MacDonald. Rwy'n hynod ddiolchgar hefyd i'm cydweithwyr a'm cyfeillion oll yng Ngwasg Prifysgol Cymru am eu hamynedd a'u cefnogaeth.

A diolch uwchlaw popeth i mam, Angharad, i'm chwaer Esyllt, a'm nith Gwenllian, am yr ysbrydoliaeth a'r anogaeth. Nid oes gobaith heb gariad.

Cyflwyniad: Seiliau Iwtopia

'Yn perthyn i iwtopia, delfrydol (ond anymarferol)'. Dyna ddiffiniad Geiriadur Prifysgol Cymru o'r gair 'iwtopaidd', a ddefnyddiwyd gyntaf yn y Gymraeg, fe nodir hefyd, ym 1880.[1] Mae'n ddiffiniad sy'n cyfleu peth o'r ddeuoliaeth a'r amwysedd sylfaenol sydd ynghlwm â'r cysyniad o iwtopia a'r ymgais i'w wireddu yn gyffredinol: ai ymdrech mawrfrydig i greu byd gwell mae'n ei gynrychioli, neu freuddwyd anymarferol, ffôl? Bwriad y gyfrol hon yw cwestiynu pa mor anymarferol mewn gwirionedd y bu'r cynlluniau a syniadau iwtopaidd y mentrwyd i'w arbrofi â hwy yng Nghymru'r ugeinfed ganrif ac i ddangos rhai o'r gwersi sydd i'w dysgu o'u hastudio. Mae'r angen am ymdriniaeth o'r fath yn amlwg mewn cyd-destun Cymraeg a Chymreig gan nad oes arolwg o'r berthynas rhwng syniadau iwtopaidd a'r diwylliant Cymraeg yn benodol wedi ymddangos yn flaenorol, er gwaethaf y ffaith bod astudiaethau iwtopaidd yn faes academaidd sydd wedi tyfu'n gyflym dros y ddau ddegawd diwethaf yn arbennig. Tueddwyd yn hytrach i ddiystyried y dimensiwn Cymreig yn y gweithiau pwysicaf ar y traddodiad hanesyddol hwn yn y Deyrnas Unedig a'r byd gorllewinol yn gyffredinol. Yn ei gyfrol arloesol ar hanes cymunedau iwtopaidd, dychmygol a real, dywed A. L. (Leslie) Morton, er enghraifft, iddo ddewis ei alw'n *The English Utopia* gan nad oedd wedi canfod tystiolaeth o gymunedau cyffelyb Cymreig.[2] Amcan y gyfrol hon yw gwrthbrofi gosodiad Morton trwy amlinellu pa mor gyfoethog mewn gwirionedd yw hanes iwtopaidd Cymru, o gyfnod sylfaenydd sosialaeth iwtopaidd, Robert Owen, yn hanner cyntaf y bedwaredd ganrif ar bymtheg hyd y cyfnod cyfoes. Canolbwyntir ar hanner cyntaf yr ugeinfed ganrif yn arbennig gan i'r cyfnod hwnnw weld iwtopiaeth yn blodeuo a ffynnu yng Nghymru ar sawl gwedd.

Rhybuddiodd Karl Mannheim bron i ganrif yn ôl yn ei gyfrol ffurfiannol ym maes theori iwtopaidd, *Ideology and Utopia*, 'the disappearance of utopia brings about a static state of affairs in which man himself becomes no more than a thing ... a mere creature of impulses'.[3] Un o brif amcanion y drafodaeth sy'n dilyn yw trafod syniadau, mudiadau ac agweddau amgen o hanes Cymru dros y ddwy ganrif ddiwethaf nad ydynt wedi derbyn sylw digonol hyd yma, megis y mentrau a mudiadau y bu heddychwyr a gwrthwynebwyr cydwybodol yn rhan ohonynt cyn ac yn ystod yr Ail Ryfel Byd. Ymhellach, gobeithir ymestyn yr astudiaeth o hanes syniadau yn y Gymraeg i gynnwys rhai o'r mewnwelediadau mae arloeswyr astudiaethau iwtopaidd wedi eu cynnig dros y chwarter canrif a mwy diweddaraf trwy eu diffiniad cynhwysol o iwtopia, yn ngeiriau Ruth Levitas, fel, yn syml, 'an expression of desire for a different way of living and being'.[4]

Mae gwaith arloeswyr yn y maes, fel Levitas, wedi dangos pa mor ddefnyddiol yw astudio gweithiau creadigol a mentrau ymarferol o'r gorffennol a geisiai ddychmygu ac adeiladu byd gwell wrth werthuso a chynllunio trefniadau cymdeithasol a gwleidyddol y presennol a'r dyfodol. Gellir diffinio iwtopia mewn un ystyr fel yr ymgais i ganfod dulliau amgen o drefnu a llywodraethu cymdeithas, a'r gwahanol ffyrdd ymarferol y gwnaed hynny yng Nghymru y canolbwyntir arnynt yn y gyfrol hon. Gwneir hynny er mwyn tanlinellu pwysigrwydd parhaus ceisio canfod gweledigaeth amgen o gymdeithas yn ein cyfnod ni. Cyfeiriodd un o feddylwyr iwtopaidd pwysicaf yr ugeinfed ganrif, Colin Ward, at 'the collapse of social imagination' a welwyd yn y Deyrnas Unedig yn sgil llywodraeth a pholisïau adain dde Margaret Thatcher a'r Ceidwadwyr yn yr 1980au.[5] Ymgais yw'r gyfrol hon i ddangos pa mor fyw y bu'r dychymyg cymdeithasol yng Nghymru yn negawdau blaenorol yr ugeinfed ganrif yn y gobaith o gyfrannu at ei adfywio a'i gryfhau.

Ond cyn gwneud hynny mewn manylder, dylid yn gyntaf roi amlinelliad a diffiniad pellach o'r termau iwtopia ac iwtopaidd mewn cyd-destun hanesyddol a'r gwahanol ddefnydd a wneir ohonynt. Disgrifiodd Ethel Mannin – awdur a nofelydd dosbarth gweithiol, radical a gyhoeddodd dros gant o gyfrolau yn ei bywyd lliwgar – iwtopia fel 'the everlasting dream of the Good Life in the heart of man' yn ei harolwg defnyddiol o'r cysyniad a gyhoeddwyd tua diwedd yr Ail Ryfel Byd.[6] Ond yn ôl diffiniad cyfarwydd arall, mwy gochelgar o iwtopia ac iwtopaidd, syniadau peryglus, lledrithiol yw'r rhai sy'n perthyn i'r traddodiad hwnnw gan eu bod yn canolbwyntio ar fyd delfrydol mewn dyfodol dychmygol yn hytrach nag ein hannog i wynebu problemau cymdeithasol a gwleidyddol yn ymarferol yn y fan a'r lle. Y diffiniad mwy gobeithiol a chadarnhaol o iwtopia ac iwtopaidd sy'n sylfaen ac yn ysbrydoliaeth ar gyfer y gyfrol hon, ac fe amlinellir dadleuon rhai o'i brif amddiffynwyr yn fyr isod.

Ceir un o'r ymdriniaethau diweddar mwyaf manwl a defnyddiol â gwerth gwleidyddol iwtopiaeth yng nghyfrol Tom Moylan, *Becoming Utopian*.[7] Cynigia Moylan y diffiniad gwych canlynol o'r broses iwtopaidd ar waith: 'Utopia begins to happen when ... people say "enough" and choose to enter the struggle for better lives in a better society.'[8] Un o sgil effeithiau adeiladol prin llywodraeth mor adweithiol ac anghymwys ag un Dorïaidd y Deyrnas Unedig rhwng 2010 a 2024 oedd iddo wthio nifer cynyddol i ddweud hynny ac i greu mudiadau newydd i'w wrthsefyll, fel grŵp ymgyrchu dros godi cyflogau a thorri biliau egni gyda'r union enw 'Enough is Enough!' yn 2022. Dywed Moylan ymhellach mai trawsffurfio bywyd pob dydd yn ymarferol yw amcan unrhyw brosiect iwtopaidd gwirioneddol, yn hytrach na breuddwydio'n wag am ddyfodol pell:

> the revolutionary attainment of a communist mode of
> production and a liberated mode of everyday life that

engenders fully realized human and natural subjects and creates a renewed socio-ecological reality must always be the fundamental aim of a Left utopian project.[9]

Cyfeiria'n gyson hefyd at yr ymdeimlad o 'militant optimism' fel un o gyfraniadau mwyaf iwtopiaeth. Mae'n tanlinellu pwysigrwydd rhai o brif feddylwyr Ysgol Frankfurt yn hynny o beth, deallusion a fu'n ddylanwad ar rai o'u cyfoedion amlycaf yng Nghymru'r ugeinfed ganrif. Lluniodd yr heddychwr ac addysgwr D. R. Thomas gyfrol ddeallus ar Erich Fromm yn y Gymraeg, fel y gwelwn ym mhennod pedwar, sy'n parhau'n ganllaw ddefnyddiol i'w syniadau heddiw.

Y llais cryfaf i ddadlau dros optimistiaeth radical a phwysigrwydd iwtopiaeth yng nghyfnod Fromm, serch hynny, oedd athronydd Marcsaidd Almaenig arall, sef Ernst Bloch yn ei dair cyfrol ar *Das Prinzip Hoffnung* neu 'Egwyddor Gobaith'.[10] Credai Bloch bod y mwyafrif helaeth o unigolion yn breuddwydio am fyd gwell o ryw fath a'i ddiddordeb pennaf oedd troi iwtopia haniaethol eu breuddwydion yn iwtopia ddiriaethol. Gwneir hynny trwy gysylltu eu gobeithion haniaethol gyda realiti cymdeithasol cyfredol yn ei dyb ef. Nid proses ddigyfnewid, haearnaidd oedd hanes yn sgil hynny ond un hyblyg, anorffenedig y gallai unigolion gymryd rhan yn ei greu a'i newid trwy ddod at ei gilydd.[11] Gwrthwynebai'n chwyrn unrhyw awgrym nad oedd dull amgen o lywodraethu cymdeithas yn bosib tu hwnt i'r gyfundrefn gyfalafol a ymddangosai mor gadarn yn y byd gorllewinol wedi'r Ail Ryfel Byd, ac ymgais oedd ei waith yn ei gyfanrwydd i ddangos sut y gellid ei herio a'i drawsffurfio.

Mae Lyman Tower Sargent, un o'r prif ysgolheigion cyfoes yn y maes, wedi dadlau bod tri phrif fath o iwtopiaeth, sef yr iwtopia lenyddol, iwtopiaeth ymarferol (*utopian practice*) a theori gymdeithasol iwtopaidd.[12] Canolbwyntir ar y ddau fath olaf yn y penodau sy'n dilyn gan mai prif fwriad y gyfrol hon yw dadlennu dylanwad cymdeithasol a gwleidyddol syniadau iwtopaidd yng Nghymru'r ugeinfed ganrif. Cyfeiria iwtopiaeth ymarferol yn bennaf yn ôl Sargent at unigolion yn dod at ei gilydd i greu cymunedau bwriadus (*intentional communities*), comiwnau, neu arbrofion cymdeithasol eraill o wahanol fath ar y cyd i geisio gwella a thrawsffurfio cymdeithas.[13] Gall yr arbrofi hwn gwmpasu sawl gwahanol agwedd o gymdeithas, gan gynnwys tai a threfniadau byw, addysg, gwaith, a chyfiawnder troseddol, fel y gwelwn yn y penodau sy'n dilyn. Ymgais yw theori iwtopaidd i roi sylfaen ddeallusol cadarn i arbrofion o'r fath, a hefyd i ddadansoddi ac esbonio trefniadau cymdeithasol a chynnig rhai amgen, fel y gwneir yng ngwaith athronwyr dylanwadol fel Karl Mannheim, Ruth Levitas ac Ernst Bloch y cyfeiriwyd atynt uchod. Yn ei chyfrol bwysig *Green Utopias*, dengys Lisa Garforth bwysigrwydd hanfodol iwtopiaeth fel modd o fynegi gobeithion a breuddwydion ar gyfer cymdeithas wahanol yng nghyd-destun newid hinsawdd a'r argyfwng ecolegol dirfodol sy'n bygwth dyfodol ein planed.[14] Disgrifia'r meddyliwr Cymreig Raymond Williams, a fu'n ddylanwad pwysig ar ddatblygiad athroniaeth wleidyddol ecolegol yn ei flynyddoedd olaf, yntau iwtopia fel 'a transformed social life of the future' yn ei ysgrif ar y berthynas rhwng ffuglen iwtopaidd a ffuglen wyddonol.[15] Cyfeiria ymhellach at y 'willed transformation' o gymdeithas sy'n nodweddu nofelau o'r ddwy ffurf, fel *News from Nowhere* William Morris (1890) a *The Dispossessed* gan Ursula K. Le Guin (1974).[16]

Daw cryn dipyn o'r syniadau a mentrau a drafodir yn y penodau sy'n dilyn o hanner cyntaf yr ugeinfed ganrif, a'r degawdau rhwng y rhyfeloedd byd yn arbennig. Arweiniodd erchyllterau'r Rhyfel Byd Cyntaf at ddadrithiad eang yng Nghymru ond hefyd at benderfyniad i adeiladu byd gwell ac i wneud popeth posib i osgoi cyflafan debyg yn y dyfodol. Does dim prinder tystiolaeth gyfoes o'r dyheadau hyn gan fod y wasg Gymraeg a Chymreig yn ei hanterth yn y cyfnod hwn, gyda chylchgronau newydd fel *The Welsh Outlook* a'r *Efrydydd* wedi'u sefydlu yn rhannol i roi llwyfan ar eu cyfer, fel y gwelwn. Roedd y wasg enwadol yn parhau'n gryf, a chyhoeddai'r mudiad sosialaidd yng Nghymru amrywiaeth o bapurau a phamffledi yn rheolaidd. Golygai cryfder addysg ymhlith y dosbarth gweithiol yn y cyfnod hwn, a'r sefydliadau a'i gefnogai fel Cymdeithas Addysg y Gweithwyr, bod ystod eang o gyfranwyr a darllenwyr yn ymhél â'r cylchgronau a chyhoeddiadau hyn hefyd, ac roedd eu hamrywiaeth a'r nifer ohonynt yn rhoi llwyfan rheolaidd i drafod syniadau o bob math. Tueddwyd yn aml yn hanesyddiaeth yr ugeinfed ganrif i ystyried degawdau cynnar y ganrif honno fel rhai tywyll o ddadrithiad ac anobaith yn unig. Ond fel y dadleuodd John Davies yn ei sylwadau ar ysgrif gan Tecwyn Lloyd lle haerodd 'na fu gwleidyddiaeth Cymru erioed mewn cyflwr is na mwy diffrwyth nag ydoedd rhwng, dyweder, 1920 a 1940', dim ond rhan o'r darlun llawn sy'n cael ei gynnwys mewn dyfarniadau o'r fath:

> I filoedd lawer o Gymry, cyfnod o obaith, o wawr newydd, oedd blynyddoedd cynnar y ganrif hon; am y cyfnod rhwng 1920 a 1940, yr hyn a glywais i yn fy mhlentyndod oedd hanesion am arwriaeth y Streic Fawr, buddugoliaeth etholiad 1929, twf y W. E. A., ymweliadau â Choleg Harlech a dyfodiad llaeth i blant ysgol.[17]

Bu rhai o'r grwpiau a'r tueddiadau a amlygir yn y gyfrol hon, fel y mudiad gardd bentrefi a chynllunio trefol, yn rhan yr un mor bwysig o'r 'wawr newydd' a brofwyd yng Nghymru'r ugeinfed ganrif gynnar.

Ceir ambell ffigwr canolog sy'n clymu'r themâu at ei gilydd yn y penodau sydd i ddilyn, fel yn bennaf George M. Ll. Davies a'r pensaer Alwyn Lloyd, a fu'n rhan o nifer o'r mentrau gwahanol iwtopaidd eu naws a welwyd yng Nghymru'r cyfnod hwn. Yn achos George M. Ll. Davies, cwmpasodd ei yrfa a'i fywyd heddychiaeth, cynllunio trefol a gardd bentrefi, mentrau'r Crynwyr yn y 1930au, yr 'addysg newydd' (*the new* neu *progressive education*), a diwygio'r carchardai, a dengys ei waith y cysylltiadau agos rhwng y themâu a'r meysydd hynny. Cyfeiriodd yn ei hunangofiant at ysbrydoliaeth arloeswyr ym myd addysg fel Johann Pestalozzi a Maria Montessori a phwysigrwydd ceisio efelychu eu menter yng Nghymru yng nghysgod twf awdurdodaeth y 1930au a'r 1940au.[18] Trwy ei waith cynharach gyda phobl ifanc yn ystod y Rhyfel Byd Cyntaf cafodd gyfle i roi ei syniadau ynglŷn â phwysigrwydd 'personolyddiaeth' (*personalism*) ar waith am y tro cyntaf. Datblygodd y syniadau hyn i fod yn weledigaeth unedig o heddychiaeth a byw yn ddi-drais a gyffyrddai pob agwedd o fywyd cymdeithasol, nid materion yn ymwneud â rhyfel yn unig.

Ceisir yn fwriadus hefyd roi sylw i ffigyrau llai adnabyddus mae eu gwaith pwysig ym meysydd cymdeithasol a syniadaethol wedi mynd yn angof i raddau helaeth. Ffigyrau fel yr academydd cyfreithiol J. Eryl Hall Williams a fu'n gefnogwr brwd o ddiwygio cyfundrefn carchardai y Deyrnas Unedig o'r 1940au i'r 1980au. Roedd tad Williams yn rhan o'r fenter i sefydlu gardd bentref yn ardal Rhiwbeina yng Nghaerdydd ac yn wrthwynebwr cydwybodol yn y Rhyfel Byd Cyntaf, fel ei fab yn ystod yr Ail. Gwelwn yn rheolaidd yn y penodau dilynol bod yr ysbryd iwtopaidd yn clymu un genhedlaeth at y nesaf yng Nghymru'r ugeinfed ganrif, fel yn achos ymgyrchwyr di-drais Cymdeithas yr Iaith o'r 1960au ymlaen a ddilynodd esiampl yr heddychwyr a gwrthwynebwyr cydwybodol Cymreig a'u rhagflaenodd.

Beth a geir yn y penodau sy'n dilyn, felly, yw ymgais i ddangos gwerth parhaol clwstwr o syniadau yn ymwneud â didreisedd, diwygio carchardai, addysg a'r amgylchedd. Amlygwyd rhain mewn gwahanol brosiectau iwtopaidd eu natur yng Nghymru yn ystod yr ugeinfed ganrif ac fe'i datblygwyd nid yn unig gan y Cymry eu hunain, ond hefyd gan feddylwyr o du hwnt i'r ffin a fu'n weithgar yno am gyfnodau, megis arweinydd yr arbrawf ym Mrynmawr, Peter Scott, a'r pensaer sosialaidd dylanwadol, Raymond Unwin. Syniadau a ddibrisiwyd neu a ddirmygwyd yn aml oedd y rhain ond sydd bellach i weld ymhell o flaen eu hamser. Rhydd pob un o'r pedair pennod sy'n dilyn sylw manwl i gwestiwn cymdeithasol penodol yn yr ugeinfed ganrif sy'n parhau'n berthnasol tu hwnt yn y ganrif bresennol, sef, yn gyntaf, tai a chynllunio trefol; yn ail, gwaith, diweithdra a sut i ymateb iddo; yn drydydd, y carchardai a'r gyfundrefn gyfiawnder troseddol; ac yn olaf, heddwch a sut orau i'w sicrhau. Y gobaith trwy wneud hynny yw cynnig peth goleuni ar broblemau cymdeithasol sylfaenol cyfoes nad ydynt wedi eu datrys o bell ffordd ers dyddiau'r mentrau a ddisgrifir. Mae'r syniadau a mentrau penodol a drafodir yn y pedair pennod sy'n dilyn wedi eu dethol gan eu bod hefyd yn amlygu agweddau o bedair prif thema, sef didreisedd; cydweithrediad a chydberchnogaeth; gwrth-awdurdodaeth; a rhyddid. Rhanna'r gwahanol fentrau a phrosiectau a neilltuwyd sylw iddynt, ymhellach, ymrwymiad cyffredinol i amlygu didreisedd (*nonviolence*) fel ffordd o fyw ymarferol, yn hytrach na syniadaeth neu athroniaeth yn unig.

Canolbwyntir yn y bennod gyntaf ar waith y mudiad gardd bentrefi a chynllunio trefol cynnar yng Nghymru, yn bennaf trwy ddatblygiad y 'Welsh Town Planning and Housing Trust' (WTPHT) o'r 1910au ymlaen, mudiad a dderbyniodd gefnogaeth sylweddol oddi wrth lywodraeth leol ac sy'n enghraifft dda o'r modd y gellir rhoi syniadau iwtopaidd i ddefnydd ymarferol gyda chefnogaeth ariannol a gweinyddol priodol. Rhagflaenodd gwaith y WTPHT y twf ym maes cynllunio trefol a arweiniodd at ddarparu tai cyngor o safon i'r dosbarth gweithiol yng Nghymru wedi'r Ail Ryfel Byd yn arbennig, a bu ei hymgyrchu'n sbardun pwysig i'r chwyldro cymdeithasol hwn. Ym mlwyddyn y ddeddf gynllunio trefol gyntaf ym 1909, clodforodd Thomas Jones, gweinyddwr dylanwadol a hyrwyddwr diflino o'r achos cenedlaethol, y mudiad cydweithredol am fentro i freuddwydio yn y maes: 'gwelsant weledigaethau am ardd-ddinasoedd, megis Port Sunlight a Letchworth, lle y gallai dynion weithio i wasanaethu'r naill y llall, a chaffael tai i breswylio ynddynt yn deilwng o'r enw cartrefi.'[19] Ceisir dangos yn y bennod hon pa mor bellgyrhaeddol a nodedig bu gwaith y mudiad a ysbrydolwyd gan eu breuddwydion yng Nghymru, gyda chefnogaeth Cymry dylanwadol fel Jones a David Davies a'i deulu.

Yn yr ail bennod trafodir gwaith ac arbrofion cymdeithasol y Crynwyr yn y 1920au a'r 1930au yn sgil y dirwasgiad mawr economaidd a darodd cymoedd de Cymru yn arbennig o galed.

Yn wahanol i achos cynllunio trefol, gorfodwyd iddynt gymryd arweiniad dros yr ymateb hwn yn absenoldeb camau pwrpasol digon effeithiol a chyflawn gan lywodraeth Brydeinig Geidwadol y cyfnod, un o'r amrywiaeth o adleisiau alaethus rhwng dauddegau'r ganrif ddiwethaf a'r un presennol yng Nghymru. Ceisir dangos sut y bu'r canolfannau a sefydlodd y Crynwyr ym Mrynmawr, Trealaw a mannau eraill yng Nghymru yn ddylanwadol hefyd yn eu hymateb i broblem diweithdra a'u hymagwedd i natur gwaith a'i ystyr yn gyffredinol. Erys oriau gwaith a hamdden a sut i'w trefnu yn gwestiwn cymdeithasol sy'n ganolog i iwtopiaeth gyfoes, ac roedd y math o fentrau a sefydlodd Peter Scott a'i ddilynwyr ym Mrynmawr, er enghraifft, yn arwyddocaol iawn yn y cyswllt hwn.

Bu amryw o'r un cymeriadau a fu yng nghanol trefnu canolfannau'r Crynwyr yn ne Cymru, fel George M. Ll. Davies, yn rhan bwysig o drafodaethau yng Nghymru ynglŷn â thema'r drydedd bennod, sef diwygio'r carchardai. Neilltuir sylw manwl yn y bennod hon i syniadau a gwaith rhai o'r prif arloeswyr Cymreig yn y maes hwn yn yr ugeinfed ganrif, megis Merfyn Turner a J. Eryl Hall Williams. Gobeithiaf ddangos pa mor flaengar a chwyldroadol y bu eu gwaith a pha mor ddefnyddiol y gall fod yng nghyd-destun yr argyfwng cyfoes yng ngharchardai Cymru a'r Deyrnas Unedig a'r drafodaeth ddilynol ynghylch eu had-drefnu neu hyd yn oed eu diddymu. Ceir trafodaeth yn yr un bennod ynghylch ymatebion amryw o Gymry blaenllaw fel Lewis Valentine i'w profiadau personol o gaethiwed a'r dadleuon grymus dros ddiwygio'r carchardai yr aethant ymlaen i'w cyhoeddi.

Pontia profiadau rhai o'r awduron uchod o gael eu carcharu ar sail eu daliadau gwleidyddol â thema'r bedwaredd bennod sy'n ymdrin ag un o'r mwyaf amlwg ymysg y credoau hynny, sef heddychiaeth. Trwy ganolbwyntio ar waith a mentrau dau fudiad Cymreig a sefydlwyd yn y cyfnod rhwng y rhyfeloedd byd, sef Urdd y Deyrnas ac Undeb Heddychwyr Cymru, amlygir pa mor gynhwysfawr ac eangfrydig oedd gweledigaeth heddychwyr Cymreig yn y cyfnod hwnnw, gweledigaeth a oedd yn cynnig braslun pwrpasol ar gyfer ail-drefnu ac ail-adeiladu cymdeithas yn ei holl agweddau ar seiliau di-drais sy'n parhau'n berthnasol heddiw. Gwneir defnydd helaeth o'r cyhoeddiadau a ymddangosodd dan eu henw, fel cyfres Pamffledi Heddychwyr Cymru a chylchgrawn *Yr Efrydydd*, i amlinellu ac egluro'r weledigaeth hon. Fel yn achos y penodau blaenorol, daw gwaith awduron iwtopaidd pwysig sydd wedi cael eu hesgeuluso'n gyffredinol yn hanesyddiaeth y cyfnod i'r amlwg wrth drafod y cyhoeddiadau hyn, yn fwyaf arbennig Gwenan Jones a D. R. Thomas. Bu'r ddau yn nodedig o gynhyrchiol a blaengar eu syniadau ynghylch addysg yn arbennig, a cheisir dangos pa mor ddefnyddiol yr erys eu gwaith wrth ystyried cwestiynau cyfoes yn y maes hwn. Rhydd y bennod hon sylw hefyd i gloi ar y cysylltiad agos rhwng y traddodiad heddychol a chymdeithas amgen (*alternative society*) y mudiad comiwnau a ymgartrefodd yng Nghymru'r 1960au a'r 1970au.

Robert Owen a Sosialaeth Gymreig

Cyn symud ymlaen i drafod y themâu a amlinellir uchod mewn manylder, dylid yn gyntaf roi darlun cryno o'r seiliau yr adeiladwyd mentrau iwtopaidd yr ugeinfed ganrif yng Nghymru arnynt. Fe welir eu bod wedi'u gwreiddio gan fwyaf yn nhwf sosialaeth yn y ganrif flaenorol, ac yn benodol y math o sosialaeth iwtopaidd y bu'r Cymro Robert Owen (1771–1858) yn bennaf gyfrifol am ei hysbrydoli a'i helaethu. Does dim prinder ffynonellau Cymraeg ar syniadau arloeswr cydweithrediad o'r Drenewydd, a gwneir defnydd o'r ysgrifau a chyfrolau lu gan R. O. Roberts, T. Ceiriog Williams ac amryw eraill sy'n trafod ei waith yn y braslun dilynol. Ar ôl gadael Drenewydd yn ddeng mlwydd oed, gwnaeth ei lwyddiant aruthrol ym myd busnes a'r diwydiant cotwm ym Manceinion Owen yn ŵr cyfoethog a llwyddiannus tu hwnt erbyn ei ugeiniau. Prynodd felin gotwm Lanarc Newydd gyda'i bartneriaid o'i dad-yng-nghyfraith, David Dale, ym 1799 ac aeth ymlaen i'w wedd newid yn un o fentrau diwydiannol a chymdeithasol pwysicaf ei gyfnod. Bu'r arbrawf yn Lanarc Newydd yn gyfle iddo roi ei syniadau ynghylch cydweithrediad ac addysg ar waith, a bu ei lwyddiant yn gyfrifol am ei enwogrwydd a thwf sosialaeth iwtopaidd a'r mudiad Owenaidd yn ei sgil. Yn ei erthygl ar y fenter i gylchgrawn *Y Dysgedydd* ym 1932, disgrifia J. Lewis Williams Owen fel 'tad llu o sefydliadau newydd' a gafodd gyfle i'w arbrofi â hwy am y tro cyntaf yno, megis yr ysgolion i fabanod a phlant ifanc y gweithwyr, y banciau cynilo, a'r siopau cydweithredol a sefydlwyd.[20] Bu'n sail hefyd i'r math o fentrau iwtopaidd y dysgwn mwy amdanynt yn y penodau sy'n dilyn, yn ôl Williams, fel 'Garden Cities ein dyddiau ni, a lleoedd fel Bournville yn Birmingham a Port Sunlight yn Birkenhead.'[21]

Un o ddaliadau mwyaf dylanwadol Owen oedd ei gred ym mhwysigrwydd sefydlu cymunedau cydweithredol fel dull o ailadeiladu cymdeithas ar seiliau newydd a chreu cytgord rhwng eu haelodau, fel yr adlewyrchir yn enw un o'r enwocaf ohonynt, 'New Harmony'.[22] Gwnaed dwy ymgais i sefydlu cymunedau hunangynhaliol ar sail ei syniadau yng Nghymru yng nghanol y bedwaredd ganrif ar bymtheg, ond mentrau byrhoedlog a gweddol aflwyddiannus y bu'r ddwy. Grŵp o Oweniaid o ardal Lerpwl a gychwynnodd cymuned Pant Glas yn sir Feirionnydd ym 1839 a thua blwyddyn yn unig fu ei hoes. Eu gobaith oedd rhedeg fferm gydweithredol ar ystâd Pant Glas, ond o fewn ychydig fisoedd cofnododd un o'r aelodau, John Gregory, mai ugain acer yn unig oedd yn addas i'w haredig ac, ymhellach, 'even this small quantity is interspersed with rocks and large heaps of stones and the greater part of this is so steep that the horses can scarcely draw the empty plough up the hills.'[23] Bu'r ail fenter, sef cymuned Garnlwyd yn sir Gaerfyrddin a sefydlwyd ym 1848, ychydig yn fwy llwyddiannus, a goroesodd nes canol y 1850au. Trefnwyd y fenter dros ddau can acer deunaw milltir o Gaerfyrddin gan y 'Leeds Redemption Society', a'r gobaith oedd adeiladu tai a ffatrïoedd esgidiau lle byddai'r gweithwyr yn byw a bwyta yn gomiwnol. Pedair ar ddeg o aelodau yn unig oedd i'r gymuned yn ei blynyddoedd cynnar ac er gwaethaf ymgyrch egnïol y Gymdeithas yn Leeds i ennill mwy o aelodau ni lewyrchodd y fenter fel y gobeithiwyd, a daeth i ben ym 1855.[24]

Ceir amlinelliad diddorol o'r iwtopiaeth a ysbrydolodd mentrau Owenaidd o'r fath a'i ddylanwad ar y Cymry yng nghyfrol D. Tudwal Evans, *Sosialaeth*, un o'r cyntaf ar y pwnc yn y Gymraeg, a gyhoeddwyd ym 1911. Dywed yn y bennod gyntaf iddo ddysgu mwy 'am Sosialaeth Ddelfrydol neu Freuddwydiol wrth ddarllen gweithiau Syr Thomas More (*Utopia*); Rousseau; William Morris (*News from Nowhere*), Edward Bellamy; a Robert Blatchford.'[25] Â ymlaen i ddisgrifio prif nodweddion y gymdeithas ddelfrydol a ddarlunnir yn eu gwaith, gan gynnwys cydraddoldeb dosbarth, absenoldeb llywodraeth a llysoedd barn, a chydraddoldeb rhwng dynion a menywod, a olygai 'na allai dyn ddweyd mai ei eiddo ef fyddai ei wraig a'i blant, cenfigen ddiflannai, a malais a digter gymerent adenydd ac aent ar ffo'. Mae'r amodau byw yn y baradwys newydd yn ymdebygu'n agos, ymhellach, i ddelfrydau'r mudiad gardd bentrefi a oedd wrthi'n ymgryfhau yn y cyfnod hwn:

> Ceid yno adeiladau gorwych teilwng o gelf a delfryd William Morris ei hun. Tŷ a gardd, pentref a pharc a welid ym mhob man. Y bwthyn llwm, afiach, a'r stryd front ei golwg a'i moes fyddant yn eiddo'r gorffennol. Byddai gwyneb y ddaear yn drigfan addas i efengyl y nef. Ar hyd lloriau'r tai byddai llysiau a'u harogl yn beraidd. Yr awel fyddai'n llawn gan sŵn chwerthin a sain llawenydd, chwareu plant a cherddoriaeth felus.[26]

Dengys sut y bu ymgais rhai o'r Breuddwydwyr pennaf fel Robert Owen a'r Ffrancwr Henri Saint-Simon i wireddu'r cynlluniau uchod yn aflwyddiannus ar y cyfan ac i hynny arwain y sosialwyr a'u dilynodd i bwyllo ryw ychydig. 'Gwelwyd mae'n raddol graddol y cyrhaedda dyn ei baradwys,' meddai, 'y rhaid iddo dreulio blynyddau lawer ar y ffordd megys o'r Aifft i Ganaan.'[27]

I brif hyrwyddwr mudiad Cymru Fydd, Tom Ellis, yn ysgrifennu i'r *Welsh Outlook* ychydig flynyddoedd yn ddiweddarach ym

1918, ymgorfforai Robert Owen yr hen economi gymdeithasol Gymreig ac fe'i gwelai o ganlyniad fel 'the bearer of *Neges Cymru* to the modern world.'[28] Bu'r blaid Lafur yn ei ddegawdau cynnar yn gefnogwyr hefyd, mewn egwyddor o leiaf, i roi mesur o hunan-lywodraeth i Gymru. Fel y dangosodd Gwynfor Evans – meddyliwr iwtopaidd pwysicaf Cymru'r ugeinfed ganrif, fe ellir dadlau – yn ei erthygl ar y pwnc ym 1943, dadleuodd Arthur Henderson, un o arweinwyr Llafur, o blaid cyflwyno'r mesur hwn ym 1918 ar y sail ganlynol: 'Given self-government Wales might establish itself as a modern Utopia, and develop its own initiative, its own arts, its own national culture, its ideal of democracy in politics, industry and social life, as an example and an inspiration to the rest of the world.'[29]

Darlunnir dylanwad eang syniadau William Morris, un o'r sosialwyr iwtopaidd mwyaf eang ei ddylanwad a ddilynodd Robert Owen, ymhellach yn erthygl yr ysgolhaig Gomer M. Roberts ar ei waith i'r *Traethodydd* i nodi canmlwyddiant ei enedigaeth ym 1934. Disgrifia nofel iwtopaidd enwog Morris, *News from Nowhere* (1889), fel breuddwyd a 'gweledigaeth o beth y gallai'r byd fod'. Mae'n amlwg o'i sylwadau i'w waith gael cryn effaith arno a darllenwyr Cymreig eraill. 'Darllenir llawer *Utopia* o bryd i'w gilydd,' meddai yn edmygus, 'o weledigaeth Thomas More ddoeth a duwiol, i freuddwydion rhyfedd H. G. Wells; ond i rai ohonom nid oes hoffusach dychymyg am fywyd na breuddwyd William Morris.'[30] Disgrifir 'Newyddion o Dim-un-lle' fel gwaith mwyaf nodedig Morris yn erthygl golygydd cylchgrawn yr Undodiaid arno yn yr un flwyddyn. Gwelai'r awdur y posibilrwydd o wireddu'r ddelfryd a gyflwynir yn y nofel yn sgil datblygiadau gwyddonol a thechnolegol yr ugeinfed ganrif. 'Er mai ym mro y breuddwydion y mae y gymdeithas ddelfrydol,' meddai yn obeithiol, 'mae ein ffydd yn gryf y sicrheir cyfiawnder drwy gyfrwng addysg a moddion heddychol.'[31] Bu syniadau Morris a'r mudiad Celf a Chrefft (*Arts and Crafts Movement*) a ysbrydolodd yn sicr yn ddylanwad uniongyrchol ar y mudiad cynllunio trefol a gardd bentrefi yng Nghymru yn negawdau cynnar yr ugeinfed ganrif, fel y gwelwn yn y bennod nesaf. Neilltuodd yr un golygydd sylw i'r nofel iwtopaidd cyntaf oll gan Thomas More yn ei nodiadau misol y flwyddyn ganlynol ar achlysur ei ddyrchafu i restr seintiau'r Eglwys Gatholig. Sylwodd yn arbennig i More ddadlau yn ei bortread o ynys Iwtopia dros ddiwrnod naw awr i bob gweithiwr ac i bob un dderbyn 'digonedd o angenrheidiau bywyd'.[32] Dengys iddo ddadlau yn ei nofel hefyd dros ryddid yr unigolyn i addoli yn ôl ei gydwybod, er na fu'r un mor eangfrydig yn ymarferol.

Cyfeirir at nofel iwtopaidd William Morris mewn cyfrol arall dipyn mwy cynhwysfawr a chytbwys nag un Tudwal Evans ar brif egwyddorion sosialaeth, sef *Y Werin a'i Theyrnas*, David Thomas, a gyhoeddwyd y flwyddyn flaenorol. Gwêl Thomas, awdur, golygydd a sosialydd a wnaeth gyfraniad amhrisiadwy i drafod a datblygu'r syniadaeth o fewn y diwylliant Cymraeg, *News from Nowehere* fel 'breuddwyd tlws am fywyd o dan gyfundrefn Cymuniaeth'.[33] Yn gynharach yn y gyfrol, rhydd ddadansoddiad o syniadau cysylltiedig y sosialwyr iwtopaidd, gan gynnwys Charles Fourier a Saint-Simon, ynghyd â Robert Owen. Cydnebydd fod peth rhinwedd a sylwedd yn eu syniadau, ond mae'n ddigon craff i weld eu gwendidau hefyd:

> Gwelai'r oll o'r rhai hyn mai cymdeithas gydweithredol oedd y ffurf uchaf ar gymdeithas, ond nid oeddynt hwy na Robert Owen wedi dysgu fod Gwerin Lywodraeth yn angenrheidiol i wneud Sosialaeth gyflawn. Dymunent weld masnach wedi ei gosod ar sylfeini cydweithredol, ond ni ddychmygasant mai drwy gyfrwng y Wladwriaeth werinol yr oedd hynny i ddod. Dynion o flaen eu hoes oeddynt hwy, wedi cael gafael ar ran o'r gwirionedd.[34]

Llwydda yn ogystal i grynhoi un o'r problemau ynghylch cynlluniau iwtopaidd o'r fath sy'n cael ei gysylltu'n aml â gwaith Robert Owen, sef ei dueddiad i lithro 'i'r amryfusedd cyffredin o dybied y dylai pawb fyw'n union fel y dymunai efe, a gwnaeth ei gynllun yn rhy unffurf a chaeth; ond yr oedd gwreiddyn y mater ganddo, serch hynny.'[35]

Ymhelaethodd Thomas ar waith Robert Owen mewn ysgrif ddiddorol ar 'Y Blaid Lafur a Radicaliaeth Gymreig' a gyfrannodd i gylchgrawn *Y Genhinen* ym 1924. Dywed bod syniadaeth newydd wedi cymryd lle rhyddfrydiaeth yng Nghymru'r ganrif newydd sef 'CYMDEITHAS-iaeth', a disgrifia ei rinweddau mewn termau iwtopaidd, delfrydgar iawn.[36] 'Yn lle'r rhaib a'r trachwant, a'r ysbryd hunanol a ddeffroir ymhob dyn o dan y gyfundrefn fasnachol benrhydd bresennol,' meddai, 'fe gaiff dynion gyfle i weithio mewn ysbryd gwahanol, ac oddi ar gymhellion gwahanol, pan fydd y wlad wedi'i threfnu yn Gymdeithas Newydd'.[37] Anoga roi pob cyfle i unigolion anturiaethus 'dorri llwybrau newyddion yng ngwasanaeth cymdeithas' cyn belled â bod cydweithrediad ei holl aelodau yn eu hangori. Sefydlodd ei gyfeillion agos, Mary a Silyn Roberts, Gymdeithas Addysg y Gweithwyr yng Ngogledd Cymru ac aeth ymlaen i olygu cylchgrawn y mudiad, *Lleufer*, am dros ugain mlynedd. Cyflwynodd Silyn ei weledigaeth sosialaidd iwtopaidd mewn cyfres o ysgrifau ar 'Y Ddaear Newydd' ym 1908.[38] Dehonglai sosialaeth fel modd i sefydlu teyrnas Duw ar y ddaear, delfryd a rannai gydag amryw o'i gyd-Gymry, fel y gwelwn, a chyfeiriodd at y camau pendant oedd eisoes wedi cael eu cymryd tuag at wireddu'r weledigaeth. Ond rhybuddiodd hefyd mai 'camgymeriad dybryd fuasai tybio am foment fod y ddaear newydd wedi ei pherffeithio'.[39]

Disgrifir Robert Owen fel 'Yr Utopiad Ymarferol' yn ysgrif y Parchedig David Evans yntau arno i gylchgrawn yr Undodiaid ym 1946. Clodfora ei ymgais fawr yn yr Alban i brofi gwerth sosialaeth gydweithredol. 'Cododd Lanarc Newydd, yn ôl a ddywed un awdur,' meddai yn edmygus, 'o fod yn uffern heb un llygedyn o ddaioni i liniaru dim o'i hagrwch i fod agosed i nefoedd ar y ddaear a dim a ellir yn rhesymol ddisgwyl.'[40] Fe'i hamddiffynna hefyd yn erbyn y cyhuddiad cyffredin ei fod yn 'annuw', a chwestiyna pa mor Gristnogol oedd ei feirniaid mewn gwirionedd:

Pwy yw gwir ddilynwyr Iesu? Yn sicr, nid a edrydd gredoau
ar y Sul, hyd yn oed pe gwir y credoau, ac â wâd ysbryd
bywyd y proffwyd o Nasareth ddyddiau'r wythnos. Onid
amlygir y gwir ysbryd Cristionogol yn a wnaed gan Robert
Owen, "i godi'r dyn sydd ar lawr"?[41]

Ond efallai mai'r ymdriniaeth fwyaf deallus a soffistigedig â
syniadau Owen i ymddangos yn y Gymraeg yn yr ugeinfed
ganrif yw cyfrol R. O. Roberts a gyhoeddwyd ddwy flynedd yn
ddiweddarach. Ceir pennod arbennig o ddiddorol ar bwysigrwydd
ei arbrofion cymdeithasol sy'n cymharu ei waith â rhai o'r
mentrau byddwn yn rhoi sylw iddynt yn y penodau a ddilynir, fel
gwaith y Crynwyr ym Mrynmawr a'r Rhondda yn y 1930au. Er
mor edmygus a chefnogol oedd Roberts o arbrofion cymdeithasol
o'r fath, roedd yn amharod i'w disgrifio fel rhai iwtopaidd. Gwna
raniad clir rhwng syniadau gorau Owen a'r rhai mwyaf afrealistig,
a welai fel rhai iwtopaidd yn ôl ei ddiffiniad gwyliadwrus o'r
cysyniad: 'Mae gwahaniaeth rhwng idëalaeth ac utopiaeth ac nid
utopiaidd ond proffwydol oedd llawer o syniadau Owen – er fod
ganddo hefyd syniadau a oedd yn utopiaidd a bas.'[42] Iwtopaidd
neu beidio, roedd ei waith a'i syniadau yn werth eu dathlu a'u
hefelychu yn nhyb Roberts, a thanlinella yn y bennod olaf ar
Owen a Chymru pa mor amharod bu ei genedl i wneud hynny am
gyfnod hir yn sgil ei anffyddiaeth ddi-flewyn-ar-dafod.

Cyfeirir at y 'Comiwnyddion utopaidd' fel Owen, Saint-
Simon a Charles Fourier yn rhagair W. J. Rees i'w gyfieithiad
cryno o'r Maniffesto Comiwnyddol a gyhoeddwyd i ddathlu ei
ganmlwyddiant yr un flwyddyn a chyfrol R. O. Roberts. Noda
Rees yn gyntaf bod Comiwnyddiaeth wedi tyfu ers dyddiau Karl
Marx a Friedrich Engels yn rym llywodraethol dros chwarter
o'r ddaear, a phriodola ei lwyddiant i'r ffaith ei fod yn 'mynegi
cwrs datblygiad hanes ac yn ateb dyheadau dynion am fyd
gwell.'[43] Mae'n cydnabod i Owen ym Mhrydain a Saint-Simon
a Étienne Cabet yn Ffrainc ddangos y posibiliadau o 'sefydlu
cymdeithas newydd' ar seiliau Comiwnyddol trwy eu harbrofion

cydweithredol.[44] Ond arweiniodd methiant rhai o'u harbrofion mwyaf uchelgeisiol fel trefedigaethau 'Icaria', Cabet a 'New Harmony', Owen yn Unol Daleithiau America at argyfwng i'r mudiad y bu syniadau Marx yn fodd i'w oresgyn. Yn hytrach nag 'apelio at ewyllys da'r ddynoliaeth yn gyffredinol', fel y gwnai Owen a'i ddilynwyr, credai Marx mai trwy uno'r 'dosbarth proletaraidd' yn unig y gellid creu chwyldro a fyddai'n dileu'r gyfundrefn ddosbarth bresennol ac yn arwain at fyd gwell.[45]

Prif ddilynwr a hyrwyddwr syniadau Robert Owen o fewn y diwylliant Cymreig yn negawdau olaf y bedwaredd ganrif ar bymtheg oedd R. J. Derfel (1824–1905), sosialydd brwd a drigodd ym Manceinion am y mwyafrif o'i oes. Aeth Derfel mor bell â honni y dylai Owen gymryd lle Dewi Sant fel nawddsant Cymru. Yn ei ragair manwl a deallus i'r ddwy gyfrol o ysgrifau Derfel a olygodd, dengys Gwenallt iddo bledio achos 'cymundebiaeth' ar sail gwaith Robert Owen yn arbennig o gryf. Cyfieithiad o derm Owen a'i ddilynwyr *communionism* neu *communalism* yw cymundebiaeth ac adlewyrchai eu cred y gellid perffeithio cymdeithas ar y ddaear. Rhannai Derfel yr un gobaith, yn ôl Gwenallt: 'Cafodd Derfel ei Filflwyddiannaeth oddi wrth Robert Owen. Y mae'n wir i Derfel yn ei ysgrif ar "Robert Owen, y Socialist" (*Y Cymro*, Mai 24, 1893) feio Robert Owen am gam-amseru'r Milflwyddiant, ond ni wnaeth Derfel ond ei ohirio am ychydig.'[46] Noda Gwenallt i'r Ffabiaid, carfan mwy pragmataidd o fewn y mudiad llafur a ddaeth i amlygrwydd cynyddol ar ddechrau'r ugeinfed ganrif, feirniadu Owen a'i ddilynwyr am eu rhamantiaeth, ond dywed bod Derfel 'yn fwy o Oweniad nag yr ydoedd o Ffabiad.'[47] Yn ei ysgrif ar Gymundebiaeth i'r *Cymro* ym 1892, disgrifia Derfel 'cydfeddiannaeth a brawdoliaeth' fel ei hanfod. Rhestra'r prif amodau byw y byddai cymundebiaeth yn eu sicrhau i bawb fel a ganlyn: bwyd 'maethlon a iachus'; dillad 'trwsiadus a da'; tai helaeth a chysurus; addysg gyflawn i blant i gyd; ac amser hamdden a 'moddion adloniant yng nghyrraedd pawb'.[48] Roedd yn argyhoeddedig y byddai'r drefn newydd hon yn sicr o arwain at 'wynfyd' i'r lliaws o'r boblogaeth.[49] Credai'n gryf hefyd y gellid priodi sosialaeth gyda chenedlaetholdeb, a bu'n gyson o blaid ymreolaeth i Gymru, cred sy'n ei glymu â'r mwyafrif o'r meddylwyr iwtopaidd Cymreig o'r ugeinfed ganrif a'i ddilynodd, fel y gwelwn.

Derfel yn ddiau oedd un o arwyr pennaf T. E. Nicholas, bardd a chomiwnydd a wnaeth gyfraniad enfawr i barhau ei genhadaeth yn yr ugeinfed ganrif, a'i fab Islwyn ap Nicholas, awdur amryw o gyfrolau defnyddiol ar feddylwyr mwyaf radical hanes Cymru. Yn ei gyfrol ar Derfel, dengys Islwyn pa mor iwtopaidd a delfrydgar oedd ei gyffes ffydd ychydig fisoedd cyn ei farwolaeth. Ynddi disgrifiodd ei weledigaeth, fel William Morris o'i flaen, o baradwys ar y ddaear: 'I want to make the earth a paradise, here and now, for all the people; a heaven of goodness, love and justice, truth, health, plenty and happiness ... I would make a heaven on this earth, as good as any heaven above, if I could'.[50] Bu tad Islwyn yn disgrifio ei weledigaeth yntau o'r baradwys ddaearol hon dros gyfnod hirfaith mewn cerddi grymus fel 'Rwy'n gweld o bell'. Cyhoeddwyd y soned hon, a ysbrydolwyd gan emyn adnabyddus Watcyn Wyn, yn ei gyfrol olaf o gerddi ym 1963 a wna'n glir nad oedd ei weledigaeth wedi pylu dros y degawdau ers cyhoeddi gweithiau proffwydol eu naws fel *Salmau'r Werin* hanner canrif a mwy ynghynt. Gwêl oleuni ar 'orwelion pella'r byd' ac atega o'r newydd mai:

> Pethau dros dro yw tlodi a brenhinoedd,
>> Tristwch, gorthrymder dyn ar ddyn, a chad;
> Gwelaf o bell fyddinoedd y gwerinoedd
>> Yn gyrru'r treiswyr o bob gwlad.[51]

Mae teyrngedau ei gyfeillion a gyhoeddwyd i ddathlu ei gyfraniad wedi ei farwolaeth ym 1971 yn pwysleisio mai delfrydwr a breuddwydiwr oedd Nicholas yn anad dim. Dywed Ithel Davies, er enghraifft, mai'r 'sosialydd delfrydol' R. J. Derfel oedd y dylanwad gwleidyddol mwyaf arno ac iddo freuddwydio: 'Am yr hyn y gallai bywyd fod i bawb, hynny oedd yn meddiannu ei holl feddwl.'[52] Cyfeiria Pennar Davies yntau at y '(f)reuddwyd meseianiadd' sy'n sylfaen i farddoniaeth Nicholas, a rhydd sawl enghraifft o'r 'cydblethu ar syniadaeth y chwyldro sosialaidd a'r delfrydiaeth Gristnogol' sy'n nodweddu ei waith.[53] Gwêl debygrwydd yn hynny o beth rhwng cerdd fel 'Gweriniaeth a Rhyfel' a gwaith dau fardd y bu eu canu iwtopaidd yn ddylanwadol tu hwnt yn rhyngwladol, sef Walt Whitman ac Edward Carpenter. Dyfarna i ddelfrydiaeth y mudiad llafur yn ei ddegawdau cynnar gael ei fynegiant 'mwyaf tanllyd' yn y Gymraeg mewn cerddi o'r fath.[54]

Un o'r syniadau iwtopaidd ymarferol a apeliodd fwyaf at sosialwyr Cymreig yn negawdau cynnar yr ugeinfed ganrif oedd yr ardd ddinas. Sefydlwyd y 'Garden City Association' cenedlaethol cyntaf ym 1901 trwy ysbrydoliaeth Ebenezer Howard a'r weledigaeth a gyflwynodd yn ei lyfr dylanwadol *To-morrow: A Peaceful Path to Real Reform* dair blynedd ynghynt. Tref wedi ei chynllunio a'i drefnu ar linellau cydweithredol a fyddai'n cyfuno'r gorau o'r wlad a'r ddinas oedd prif weledigaeth Howard. Byddai'r ardd ddinas ddelfrydol a ddychmygai wedi'i leoli yn ddigon pell o ganol y dinasoedd mawr i'w thrigolion elwa o'r awyr mwy glân ac agored, ond byddai gorsaf rheilffordd yn ei ymyl yn hanfodol er mwyn galluogi iddynt deithio i'w gwaith yn hwylus, a hefyd i ddenu gwaith yno. 'Town and Country' yng ngeiriau Howard ei hun, 'must be married, and out of this union will spring a new hope, a new life, a new civilisation.'[55] Byddai poblogaeth pob gardd ddinas wedi'i gyfyngu i fwyafswm o drideg mil er mwyn osgoi'r problemau yn ymwneud â gorboblogi a diffyg lle a oedd mor gyffredin yn ninasoedd Oes Fictoria, a byddai ardal wledig yn amgylchynu pob menter o'r fath i'w defnyddio ar gyfer amaeth a hamdden.

Y rhan hanfodol arall o gynllun Howard oedd ei benderfyniad y dylai'r trigolion berchen y tir ar y cyd a rhannu cyfrifoldeb dros weinyddu'r ardal mewn modd cydweithredol, yn ogystal â rhannu unrhyw elw a fyddai'n dilyn o gynnydd yng ngwerth y tir er mwyn lles y gymuned yn unig. Bu'r pensaer Raymond Unwin, gyda chefnogaeth y mudiad tai cydweithredol oedd yn tyfu yn gydamserol ac a gefnogai syniadau Howard, yn rhan o ymgais gynnar i wireddu'r weledigaeth trwy gynllunio pentref New Earswick i gwmni Joseph Rowntree yn Swydd Efrog. Ond daeth y cyfle cyntaf i ddatblygu gardd ddinas gyflawn pan lwyddodd y 'Garden City Pioneer Company' i brynu 3,818 o aceri ar ystâd Plas Letchworth ym 1903. Unwin a'i frawd-yng-nghyfraith Barry Parker a gynlluniodd gardd ddinas Letchworth, a fu'n llwyddiant nodedig yn negawd cyntaf yr ugeinfed ganrif. Datblygwyd gardd bentref ar raddfa lai yn ardal Hampstead o Lundain yn yr un cyfnod a ddaeth a sylw ffafriol pellach i'r mudiad.[56] Yn gyffredinol gardd bentrefi neu ardd faestrefi a lwyddwyd i'w datblygu yn bennaf oherwydd y costau uchel tu hwnt oedd ynghlwm wrth adeiladu gardd ddinas gyflawn. Yn y bennod gyntaf, gwelwn i Unwin, gyda chymorth ei ddisgybl Cymreig Alwyn Lloyd yn arbennig, chwarae rhan bwysig yn nhwf nodedig y mudiad gardd bentrefi a chynllunio trefol cynnar yng Nghymru, mudiad a'i wreiddiwyd yn gadarn yn nelfrydiaeth ac optimistiaeth sosialaeth iwtopaidd.

Nodiadau

1   Gweler gwefan Geiriadur Prifysgol Cymru, *Geiriadur Prifysgol Cymru*, cyrchwyd 22 Gorffennaf 2024.

2   A. L. Morton, *The English Utopia* (London: Lawrence & Wishart, 1952), t. 11.

3   Karl Mannheim, *Ideology and Utopia: An Introduction to the Sociology of Knowledge* (New York: Harvest Books, 1936), tt. 262–3. Cyhoeddwyd y gyfrol yn Almaeneg yn wreiddiol ym 1929.

4   Ruth Levitas, *The Concept of Utopia* (Oxford: Peter Lang, 2011), t. 9.

5   Colin Ward, *New Town, Home Town: The Lessons of Experience* (London: Gulbenkian Foundation, 1993), t. 141.

6   Ethel Mannin, *Bread and Roses: An Utopian Survey and Blueprint* (London: MacDonald and Co., 1944), t. 3. Bu Mannin, a oedd yn anarchydd a heddychwraig, yn siaradwr gwadd yn rhai o gyfarfodydd mudiadau heddychwyr Cymreig yng Nghymru yn y 1930au hwyr. Gweler y bywgraffiad ohoni hi a'i gŵr, y Crynwr Reginald Reynolds, Robert Huxter, *Reg and Ethel: Reginald Reynolds and Ethel Mannin* (London: Sessions Books Trust, 1993).

7   Tom Moylan, *Becoming Utopian: The Culture and Politics of Radical Transformation* (London: Bloomsbury, 2022).

8   Moylan, *Becoming Utopian*, t. 192.

9   Moylan, *Becoming Utopian*, tt. 202–3.

10 Ernst Bloch, *Das Prinzip Hoffnung* (Frankfurt: Surhkamp, 1955–9). Cyhoeddwyd yn Saesneg fel *The Principle of Hope* (Cambridge: MIT Press, 1986).

11 Gweler Lyman Tower Sargent, *Utopianism: A Short Introduction* (Oxford: Oxford University Press, 2010) tt. 109–11 ar gyfer crynodeb defnyddiol o'i waith.

12 Gweler Sargent, *Utopianism*, t. 5.

13 Sargent, *Utopianism*, tt. 6–7.

14 Lisa Garforth, *Green Utopias: Environmental Hope Before and After Nature* (Cambridge: Polity Press, 2018), t. 3.

15 Raymond Williams, 'Utopia and Science Fiction', *Science Fiction Studies*, 5/3, November 1978, 203–14.

16 Williams, 'Utopia and Science Fiction', 203.

17 John Davies, 'Coffáu Cenedlaetholwyr' yn *Barn*, 182, Mawrth 1978, 100. Adolygiad o Derec Llwyd Morgan (gol.), *Adnabod Deg: Portreadau o Ddeg o Arweinwyr Cynnar y Blaid Genedlaethol* (Dinbych: Gwasg Gee, 1977). Daw'r dyfyniad o ysgrif D. Tecwyn Lloyd ar Saunders Lewis yn y gyfrol hon, t. 14.

18 George M. Ll. Davies, *Pererindod Heddwch* (Dinbych: Gwasg Gee, 1943), t. 229.

19 Thomas Jones, *Cerrig Milltir* (Llandybïe: Llyfrau'r Dryw, 1942), t. 8. Daw'r dyfyniad o araith Jones ar y mudiad llafur yng Nghymru a draddodwyd yn ystod Gŵyl Lafur ym Mhafiliwn Caernarfon ym 1909.

20 J. Lewis Williams, 'Robert Owen o'r Drenewydd a New Lanark', *Y Dysgedydd*, 111, Mehefin 1932, 183.

21 Williams, 'Robert Owen o'r Drenewydd', 184.

22 Gweler D. Gwyn Jones, *Robert Owen, 1771–1858* (Caerdydd: Gwasg Prifysgol Cymru, 1968), tt. 44–6.

23 W. H. G. Armytage, *Heavens Below: Utopian Experiments in England, 1560–1960* (London: Routledge & Kegan Paul, 1961), t. 243.

24 Gweler Armytage, *Heavens Below*, tt. 213–15.

25 D. Tudwal Evans, *Sosialaeth* (Abermaw: William Jones a'i Fab, 1911), t. 12.

26 Evans, *Sosialaeth*, tt. 27–8.

27 Evans, *Sosialaeth*, t. 28.

28 *The Welsh Outlook*, 4/3, Mawrth 1917, 96.

29 Gwynfor Evans, 'Rebuild from the Foundations', *Wales*, 2, Hydref 1943, 25.

30 Gomer M. Roberts, 'William Morris (1834–1896)', *Y Traethodydd*, LXXXIX/393, Hydref 1934, 234.

31   *Yr Ymofynnydd*, XXIV/3, Mawrth 1934, 42.

32   *Yr Ymofynnydd*, XXV/5, Mai 1935, 69.

33   David Thomas, *Y Werin a'i Theyrnas* (Caernarfon: Cwmni y Cyhoeddwyr Cymreig, 1910), t. 346.

34   Thomas, *Y Werin a'i Theyrnas*, t. 302.

35   Thomas, *Y Werin a'i Theyrnas*, t. 301.

36   *Y Genhinen*, XLII/6, Tachwedd 1924, 292.

37   *Y Genhinen*, Tachwedd 1924, 293.

38   Gweler cofiant gwerthfawr David Thomas i'w ffrind *Silyn (Robert Silyn Roberts), 1871–1930* (Lerpwl: Gwasg y Brython, 1956), t. 76.

39   Thomas, *Silyn*, tt, 76–7.

40   David Evans, 'Robert Owen – Yr Utopiad Ymarferol', *Yr Ymofynnydd*, XLVI/10, Hydref 1946, 146.

41   Evans, 'Robert Owen', 147.

42   R. O. Roberts, *Robert Owen Y Dre Newydd* (Llandysul: Y Clwb Llyfrau Cymreig, 1948), t. 58.

43   W. J. Rees, *Y Maniffesto Comiwnyddol* (Caerdydd: Pwyllgor Cymreig y Blaid Gomiwnyddol, 1948), t. 14.

44   Rees, *Y Maniffesto Comiwnyddol*, t. 8.

45   Rees, *Y Maniffesto Comiwnyddol*, t. 14.

46   D. Gwenallt Jones (gol.), *Detholiad o Ryddiaith Gymraeg R. J. Derfel, Cyfrol I* (Llandysul: Y Clwb Llyfrau Cymreig, 1945), t. 44.

47   Jones, *Detholiad o Ryddiaith, Cyfrol I*, t. 44.

48   Ceir yr ysgrif yn ei chyfanrwydd yn D. Gwenallt Jones, *Detholiad o Ryddiaith Gymraeg R. J. Derfel, Cyfrol II* (Llandysul: Y Clwb Llyfrau Cymreig, 1945), t. 65. Gweler cyfrol Martin Wright, *Wales and Socialism: Political Culture and National Identity Before the Great War* (Cardiff: University of Wales Press, 2016) ar gyfer ymdriniaeth lawn a chyfoethog â datblygiad sosialaeth yng Nghymru.

49   D. Gwenallt Jones (gol.) *Detholiad o Ryddiaith Gymraeg R. J. Derfel, Cyfrol II*, t. 67.

50   Islwyn ap Nicholas, *R. J. Derfel* (London: Foyles, 1944), tt. 30–1.

51   T. E. Nicholas, *'Rwy'n Gweld o Bell* (Abertawe: Gwasg John Penry, 1963), t. 14. Cyhoeddwyd ei gyfrol *Salmau'r Werin* (Wrecsam: Hughes a'i Fab) ym 1909.

52   Ithel Davies, 'T. E. Nicholas: Y Dyn a'r Cyfaill' yn J. Roose Williams (gol.), *T. E. Nicholas: Proffwyd Sosialaeth a Bardd Gwrthryfel* (Bangor: Pwyllgor Cymreig y Blaid Gomiwnyddol, 1972), tt. 22–3.

53   Pennar Davies, 'T. E. Nicholas: Bardd o Ddyneiddiwr' yn Williams (gol.), *T. E. Nicholas*, t. 35.

54   Davies, 'T. E. Nicholas', tt. 38–9.

55   Dyfynnir Howard yn George Woodcock, *Anarchy or Chaos* (London: Freedom Press, 1944), t. 104. Gweler hefyd Gillian Darley, *Villages of Vision: A Study of Strange Utopias* (London: Granada Publishing, 1978).

56 Gweler cyfrolau Stephen V. Ward, *The Garden City: Past, Present and Future* (London: Routledge, 1992) a *The Peaceful Path: Building Garden Cities and New Towns* (Hatfield: University of Hertfordshire Press, 2014).

1

Cynllunio Trefol, Gardd Bentrefi a'r 'Welsh Town Planning and Housing Trust'

Yn ei hunangofiant disgrifia'r heddychwr mawr George M. Ll. Davies, ffigwr canolog iwtopaidd ei syniadau a gweithredoedd a fydd yn ailymddangos trwy gydol y gyfrol hon, waith y 'Welsh Town Planning and Housing Trust' (WTPHT) y bu'n rhan bwysig ohono yn y 1910au fel menter i osod 'sylfeini dinasyddiaeth newydd'.[1] Bwriad y bennod hon yw olrhain camau'r anturiaeth iwtopaidd ei naws honno trwy ddisgrifio'r hyn a gyflawnid gan y WTPHT a phrosiectau cyffelyb ym maes tai a chynllunio trefol y bu George M. Ll. Davies, Lleufer Thomas, David Davies ac eraill yn ymwneud â hwy yn y 1910au a'r cyfnod rhwng y rhyfeloedd byd. Tyfiant a datblygiad o syniadau'r mudiad gardd bentrefi yn niwedd y bedwaredd ganrif ar bymtheg a dechrau'r ugeinfed ganrif oedd y mentrau hyn i raddau helaeth, mudiad a'i hysbrydolwyd yn ei dro gan feddylwyr iwtopaidd canolog fel William Morris a Raymond Unwin. Bu Unwin yn rhan bwysig o weithredu'r syniadau hynny yng Nghymru ei hunan trwy ei waith fel pensaer, fel y gwelwn. Un o'i ddilynwyr pennaf, a'i gynorthwyydd personol yn amryw o'r ardd bentrefi a gynlluniodd, oedd un o Gymry Lerpwl mwyaf blaenllaw ei oes, T. Alwyn Lloyd, a cheir sylw manwl i'w gyfraniad hollbwysig fel iwtopiad ymarferol yn y bennod hon.

Y 'Welsh Town Planning and Housing Trust'

Sefydlwyd y 'Welsh Town Planning and Housing Trust' yn ffurfiol ym 1913 fel mudiad gwirfoddol, anfasnachol, ansectyddol ac anwleidyddol, yn ôl ei ddisgrifiad ei hun. Haelioni David Davies, a'i chwiorydd, Margaret a Gwendoline, a alluogodd i'r fenter a'r mudiad gardd bentrefi lwyddo yng Nghymru gan iddynt fuddsoddi'n sylweddol i ariannu a chychwyn gweithgaredd yr Ymddiriedolaeth. Datblygodd y gwaith o seiliau cadarn a osodwyd gan ddau fudiad arall yn y blynyddoedd blaenorol, sef y 'South Wales Garden Cities and Town-Planning Association' (SWGCTPA) yn y de, a'r 'Welsh Housing Association' yn y gogledd ddwyrain yn arbennig. Yn ôl adroddiad y *Welsh Outlook* ar ei gweithgareddau, trefnodd y SWGCTPA gyfres o gynadleddau a chyfarfodydd cyhoeddus llwyddiannus i hyrwyddo cynllunio trefol yng Nghaerfyrddin, Llanelli, Abertawe, Maesteg, Treorci, Pendyrus, Machen, Blaina, Brynmawr, Aberdâr a threfi eraill.[2] Bu'r gymdeithas yn gyfrifol hefyd am ymgyrch frwdfrydig i ychwanegu baddonau pen pwll i'r gweithfeydd glo yn ne Cymru. Ei llwyddiant mwyaf nodedig yn ei blynyddoedd cynnar oedd datblygu'r ardd bentref yn ardal Rhiwbeina o Gaerdydd a sefydlwyd gyntaf trwy waith Stanley Jevons, athro economeg yng ngholeg Prifysgol Cymru, a'r 'Housing Reform Company' a gychwynnodd ym 1912.[3] Yn ôl trysorydd yr SWGCTPA, D. Lleufer Thomas, cyfuno grwpiau crefyddol a llafur y cyfnod mewn mudiad cryf dros ddiwygio tai oedd ei phrif amcan.[4] Sefydlwyd y 'Welsh Housing Association' ym 1908 a bu'n ymgyrchu a gweithredu'n fwyaf egnïol yng ngogledd Cymru. Bu'n arbrofi gydag adeiladu nifer o dai newydd yn ardal Wrecsam, er enghraifft, gwaith a barhaodd y WTPHT, fel y gwelwn, yn ogystal ag ailddatblygu ardal o dai slym yng Nghaernarfon.[5]

Unwyd y cymdeithasau cynllunio trefol yng ngogledd a de Cymru trwy ddatblygiad y WTPHT. Buddsoddodd David, Margaret a Gwendoline Davies £50,000 o'u cyfoeth teuluol enfawr er mwyn sefydlu'r mudiad fel cwmni 'joint stock' yn y man cyntaf lle byddai unrhyw elw blynyddol yn cael ei gyfyngu i bump y cant. Yr oedd unigolion blaenllaw fel yr Aelod Seneddol Ivor Herbert a'r Arglwydd Kenyon ymhlith y cyfarwyddwyr a benodwyd, yn ogystal â David Davies ei hun.[6] Rhestrodd y cadeirydd dylanwadol, D. Lleufer Thomas, amcanion y mudiad newydd yn ei bamffled ar hanes ei flynyddoedd cynnar. Ei brif fwriad oedd casglu a dosbarthu gwybodaeth, addysgu'r cyhoedd a chynorthwyo ar 'non-party lines in influencing, promoting and improving legislation, and to take private or public action in regard' i'r materion canlynol: a) datblygu trefi, pentrefi a maestrefi yn null 'Garden City'; b) cynllunio trefi, pentrefi a rhanbarthau a hybu arolygon dinesig; c) cynllunio dinesig; ch) y ddarpariaeth o dai, tyddynnod (*smallholdings*), a rhandiroedd gan awdurdodau lleol a chymdeithasau cydweithredol; d) gwella safon tai ac amodau glanweithdra yn gyffredinol; e) gwarchod llwybrau cerdded a thiroedd comin, a rhwystro llygru afonydd a 'the abatement of all avoidable industrial nuisances arising from smoke, dust and noxious effluents'; f) y defnydd o ddeunyddiau lleol wrth adeiladu tai a'r anogaeth o grefftwaith lleol; ff) gwella addysg yng nghefn gwlad. Ymysg prif ddulliau ymarferol y mudiad o wireddu'r amcanion uchod, rhestrwyd archwilio cyflwr tai mewn gwahanol ardaloedd a pharatoi adroddiadau yn sgil hynny; cyhoeddi pamffledi a llenyddiaeth amrywiol ar syniadau'r mudiad cynllunio trefol a gardd bentrefi; gwasgaru gwybodaeth ynghylch amodau cymdeithasol ac iechyd, a hefyd deddfau yn ymwneud â thai ac iechyd cyhoeddus a'u gweinyddu; trefnu cynadleddau a darlithoedd; cyfweld â thirfeddianwyr, adeiladwyr, penseiri ac eraill; a threfnu dirprwyaethau i awdurdodau lleol.[7]

Traddododd Lleufer Thomas ddarlith bwysig ar anghenion penodol Cymru o ran cynllunio rhanbarthol yng nghynhadledd yr SWGCTPA ym 1915 a gyhoeddwyd fel pamffled ychydig flynyddoedd yn ddiweddarach. Canolbwyntiodd ar dde Cymru a'r cymoedd diwydiannol, gan danlinellu'r diffyg llefydd chwarae a pharciau addas i blant ac oedolion eu mwynhau yno. Roedd graddfa a chyflymder y diwydiannu a brofwyd yn yr ardal wedi arwain at broblemau amgylcheddol difrifol, dadleuodd:

> The original natural beauty of many a valley has been entirely
> disfigured, the hillsides denuded of their trees, the streams
> polluted, and hideous refuse heaps piled up not only as blots
> on the landscape but as a serious menace to the lives of those
> who dwell beneath their shadow.[8]

Dylid gwneud defnydd o'r cyfreithiau Cynllunio Trefol a basiwyd er 1909 er mwyn ymateb i'r problemau hyn drwy ddarparu mwy o lefydd agored, gwarchod coed a phlannu rhai newydd, a gweithredu rheolau llymach i atal llygru afonydd a phentyrru gwastraff o'r pyllau glo. Credai y dylid cynnal arolwg rhanbarthol cyflawn hefyd i anghenion yr ardal a sefydlu Comisiwn Cynllunio a Datblygu Trefol. Ond y cam cyntaf a mwyaf sylfaenol oedd gwneud amodau byw a gwaith 'cleaner, wholesomer, and sweeter, than they are at present, to rid the physical environment of all that is ugly and depressing.'[9] Gwelai hynny fel cam angenrheidiol i sicrhau na fyddai anghydfod diwydiannol yr ardal yn datblygu'n fwyfwy chwyldroadol ac yn peryglu gwareiddiad yn ei sgil.

Ymhelaethodd Lleufer Thomas ar ystyr ac oblygiadau cynllunio trefol mewn erthygl i flwyddlyfr cyntaf y WTPHT ym 1916 ar y Broblem Tai yng Nghymru. Dadleuodd na ddylai adeiladwyr, cyhoeddus neu breifat, gael yr hawl i godi pa bynnag fath a nifer o dai a hewlydd y dymunant o fewn neu ar gyrion tref. Dylai'r dinasyddion eu hunain chwarae rhan 'by a process of collective thinking and constructive civic effort', yn hytrach, ym mhenderfynu sut ddylai unrhyw dref neu ardal dyfu a datblygu, ac enw'r broses honno oedd cynllunio trefol.[10] Ychwanegodd, ymhellach, mai ymgais i gynrychioli a mynegi'r 'corporate ideal of its citizens, the social soul of its people' oedd y gwaith pwysig hwn. Ond pwysleisiodd mai gweithgaredd ymarferol ydoedd, yn hytrach na delfryd uchelgeisiol neu gostus. Yn yr un modd, mewn erthygl ar y mudiad cynllunio trefol i'r blwyddlyfr nesaf ym

1917, tanlinellodd Charles Ruthen, pensaer ac ysgrifennydd er anrhydedd y 'Welsh Housing Association', mai dull o roi mwy o reolaeth dros eu cymuned i drigolion tref oedd y broses fwriadus hon. 'Shortly it may be said that the community shall control,' meddai, 'and through its proper representative authority, direct the development and growth of a district with a business-like eye fixed upon future needs and demands.' Ceir pwyslais iwtopaidd pendant i'w gasgliadau yn ogystal: 'More light and more air; more freedom and accessibility; and more beauty – this is the creed of the modern town-planner.'[11]

Cyfrannai gyflwr gwael tai'r dosbarth gweithiol yn y cyfnod hwn yn sylweddol at broblemau iechyd difrifol. Tanlinellir hynny yn y ffaith i 75,000 farw o ddarfodedigaeth yr ysgyfaint rhwng 1904 a 1914, gyda chyfradd uwch o farwolaethau yng Nghymru nag yng ngweddill ynysoedd Prydain.[12] Disgrifia George M. Ll. Davies yn ei hunangofiant sut y ceisiodd David Davies, Llandinam ddefnyddio peth o'r cyfoeth teuluol anferth a ddaeth o'r pyllau glo a sefydlodd ei dad i ostwng y lefelau uchel o'r ddarfodedigaeth yng Nghymru'r cyfnod hwn trwy hyrwyddo a chefnogi ysbytai a sanatoria arbennig. Ond wedi cyfnod o adfer eu hiechyd yn y sefydliadau hynny gwelwyd yn rheolaidd bod afiechyd y cleifion yn dychwelyd unwaith iddynt fynd adref i'w cartrefi llaith a thruenus. 'Felly gofynnodd i mi gydweithredu ag ef,' meddai, o ganlyniad, 'a cheisio myned at wreiddyn y drwg trwy adeiladu nifer o faesdrefi (*Garden Villages*) yng Nghymru er mwyn egluro i'r wlad beth oedd yn bosibl ac yn ymarferol i godi tai rhad, iach a heulog a chyfleus a hardd.'[13]

Llwyddodd yr Ymddiriedolaeth i godi a chefnogi gardd bentrefi yn y 1910au mewn sawl gwahanol ardal o Gymru, fel y gwelwn, gan gynnwys yn Wrecsam, y Barri, Llanidloes, Machynlleth a Chaerdydd. Gwelai'r gwaith hynny fel rhan o genhadaeth ehangach i drawsffurfio Cymru'n gymdeithasol: 'Teimlais wrth weled y pentrefi heirdd yn codi, a gerddi digonol a choedydd prydferth o'u hamgylch, fy mod yn cyffwrdd realiti yng Nghymru, ac yn gosod sylfeini'r ddinasyddiaeth newydd.'[14]

Cyfeirir at y cysyniad hwn o 'ddinasyddiaeth newydd' yn fynych yn erthyglau nifer o'r ffigyrau eraill mwyaf amlwg y mudiad ar eu gwaith. Crëwyd llwyfan newydd ar eu cyfer trwy fenter arall a ariannodd teulu David Davies, sef cyhoeddi'r cylchgrawn misol newydd *The Welsh Outlook* o Ionawr 1914 ymlaen. Disgrifiwyd cynnydd y mudiad gardd bentrefi yn rheolaidd ynddo, a chyfrannodd diwygwyr tai blaenllaw yng Nghymru fel Eryl Hall Williams erthyglau yn gyson, yn ogystal ag arloeswyr o dros y ffin fel Raymond Unwin. Mae'r rhifynnau cyntaf yn llawn gobaith ac optimistiaeth y blynyddoedd cyn chwalfa'r Rhyfel Byd Cyntaf. Bu George M. Ll. Davies yn gyfrannwr rheolaidd i'r cyfnodolyn mentrus o'r cychwyn yn rhinwedd ei swydd gyda'r WTPHT. Yn un o'r rhifynnau cynnar yn Chwefror 1914 ceir ysgrif ganddo ar gyflwr echrydus tai llawer o blith y dosbarth gweithiol yng Nghymru.[15]

Yn yr un rhifyn, ceir adroddiad llawn ar ddatblygiad y cynlluniau gardd bentref oedd eisoes ar waith yng Nghymru dan ofal y WTPHT. Ym Merthyr Tudful nodir bod y bythynnod cyntaf yr ardd bentref a adeiladwyd yno yn cyflwyno 'a striking contrast to the many old and insanitary houses in the borough.'[16] Yn Wrecsam hefyd roedd yr Ymddiriedolaeth a'r 'Co-Partnership Housing Society' lleol wedi dod i feddiant dros 180 acer o dir yn ardal Acton o'r dref, gerllaw'r gweithfeydd glo lle'r oedd tai cyntaf yr ardd bentref eisoes wedi cael eu hadeiladu. Ac ym Machynlleth ffurfiwyd cymdeithas 'Tregerddi Machynlleth Cyf' yr haf blaenorol i adeiladu gardd bentref ger y dref. Byddai pedair ar bymtheg o dai yn cael eu hadeiladu yn y lle cyntaf, 'some of which are being built to form a quadrangle facing a plantation of tall pine trees.'[17] Byddai gerddi priodol, maes chwarae, a lle ar gyfer rhandiroedd a chadw ieir yn rhan o'r datblygiad hefyd. Yn yr un ardal, roedd gardd bentref bychan arall wrthi'n cael ei hadeiladu yn Llanidloes, a nodir mai'r amcan oedd cwblhau'r ugain o dai cyntaf erbyn yr haf.

Ychydig fisoedd yn ddiweddarach cyfrannodd prif bensaer y mudiad gardd bentref ym Mhrydain, sef Raymond Unwin, erthygl yn gofyn 'can we town-plan the valleys'.[18] Bu Unwin yn gweithio'n agos gydag Alwyn Lloyd, pensaer y WTPHT, ar gynllunio gardd bentref Hampstead yn y 1900au a'r 1910au cynnar, fel y gwelwn, a bu Cymry eraill yn rhan bwysig o ddatblygu'r mudiad ym Mhrydain, gan gynnwys Thomas Idris, cadeirydd cyntaf y 'Council of the Garden City Movement' a sefydlwyd ym 1907.[19] Roedd un o Gymry Llundain dylanwadol y cyfnod yn ffigwr blaenllaw hefyd, sef Aneirin Williams, cadeirydd cyntaf yr ardd ddinas wreiddiol yn Letchworth.[20] Daeth Williams i Landrindod i roi darlith ar hanfodion y mudiad yng nghynhadledd gyntaf yr Ysgol Gwasanaeth Cymdeithasol Cymreig ym 1911. Cyfrannodd bennod i un o'r llyfrau cyntaf ar y mudiad i gael ei gyhoeddi ym 1913 yn manylu ar hanes a nodweddion y fenter yn Letchworth.[21] Cyfeiriodd Cecil Harmsworth, cadeirydd y 'Garden City and Town Planning Association', yn yr un gyfrol at y diddordeb cynyddol yn y mudiad yn ne Cymru yn arbennig, 'a part of the country that has long enjoyed an evil pre-eminence in the matter of bad housing'.[22] Roedd gardd bentrefi eisoes wrthi'n cael eu cynllunio yng Nghaerdydd, Abertawe, Merthyr Tudful a'r Rhondda, yn ôl Harmsworth, ac yn y gogledd roedd cynllun cyffelyb ar droed yn Wrecsam. Gwelai ddyfodol llewyrchus ar gyfer syniadau'r mudiad yng Nghymru: 'We may confidently trust that Mr Howard's appeal will continue to exercise an ever-increasing influence on the imaginative people of Wales'.[23]

Raymond Unwin a'i frawd-yng-nghyfraith Barry Parker fu'n bennaf gyfrifol am gynllunio gardd ddinas Letchworth a bu'n cynghori amryw o ddatblygiadau cyffelyb ar raddfa lai yng Nghymru. Yn ei erthygl i'r *Welsh Outlook* gwelai gyfle i'r ymdeimlad cenedlaethol oedd ar gynnydd yng Nghymru fynegi ei hun drwy'r mudiad cynllunio trefol, wedi'r cyfan 'why should the development of Welsh towns and villages be any longer hampered by by-laws invented to meet other conditions, and adapted to a country of quite different characteristics?'[24] Gwnaed yr un math o ddadleuon gan rhai o arweinwyr y mudiad yng Nghymru a welai'r angen i ddatganoli rheolaeth dros gynllunio i awdurdodau

Cymreig fel cam hollbwysig i gwrdd â'r argyfwng tai. Credai Unwin bod angen adeiladu tai yn y cymoedd ar lethrau deheuol yn hytrach na'r rhai gogleddol gan fod Cymru'n wlad o law cyson a stormydd rheolaidd. Sicrhau mwy o olau ac awyr iach i'r trigolion oedd y prif angen, yn unol â syniadau'r mudiad gardd ddinas a phentref yn gyffredinol, a gwelai Deddf Gynllunio Trefol 1909 fel yr allwedd i oresgyn esgeulustod a chamgymeriadau'r tirfeddianwyr mawr yn ne Cymru.

Un o'r prosiectau mawr cyntaf i'r WTPHT ymgymryd ag ef oedd datblygu gardd bentref ar gyrion Wrecsam. Cydweithiodd dau hen gyfaill o blith Cymry Lerpwl yn agos i sicrhau llwyddiant y fenter hon, sef George M. Ll. Davies a'r pensaer Alwyn Lloyd, ffigwr allweddol bwysig y dychwelwn ato yn y man. Wedi iddo gael ei benodi'n Ysgrifennydd y mudiad, aeth Davies i Gaerdydd i gyd-letya gyda Lloyd a'i wraig am gyfnod cyn symud i gartref ei hun yn Stryd Bute. Bu'n teithio'n rheolaidd yn ôl i ardal Wrecsam yn y cyfnod hwn, un o blith deg safle a brynodd y WTPHT yn ei flynyddoedd cynnar ac un o'r mwyaf o ran maint. Tynnodd sylw at yr angen i wella tai'r dosbarth gweithiol yn ardal ddiwydiannol gogledd ddwyrain Cymru yn ei erthygl ar 'Houses and Hovels in Wales' y cyfeiriwyd ati uchod. Dyfynna'n helaeth o dystiolaeth y Prif Arolygydd Iechyd lleol er mwyn dangos pa mor annigonol ac aflan oedd mwyafrif helaeth o dai'r gweithwyr. Yn Rhosllannerchrugog, er enghraifft, o'r 631 tŷ a archwiliwyd roedd 568 â dwy ystafell yn unig, sef un ystafell fyw ac un ystafell wely, gan amlaf. Cyfeiriodd yr Arolygydd at 'a grouping of houses in such haphazard fashion, that the tenants derive the minimum advantages of light and pure air and enjoy the maximum of discomfort.'[25]

Yn ôl adroddiad y *Border and Counties Advertiser* ar y prosiect arfaethedig yn Wrecsam, bwriad y WTPHT yn gyffredinol oedd sicrhau bod y tai newydd a adeiladwyd ar ei ystadau lawer mwy iachus a deniadol na'r hyn a ddarparwyd i weithwyr yn gyffredinol, 'by arranging for the provision of ample open spaces, recreation grounds, gardens and allotments, and these amenities, secured at the outset, would be preserved in perpetuity'.[26] Defnyddiwyd dulliau cydweithredol fel rhan allweddol o'r fenter er mwyn annog cyfranogaeth y tenantiaid eu hunain yn y gwaith ac i feithrin 'a new social spirit'. Disgrifiodd Alwyn Lloyd y fenter yn Wrecsam mewn llythyr i'r *Manchester Guardian* ym 1911 ar gynllunio trefol yng Nghymru fel 'a magnificent opportunity for public action regarding the housing of the people in this area'.[27] Bu arloeswr y mudiad, Raymond Unwin, yn Wrecsam y flwyddyn ganlynol i roi darlith ar 'Town Planning in Wales' a bu ei gyngor o gymorth amhrisiadwy i Lloyd wrth ddatblygu prosiectau'r WTPHT yno ac yn ne Cymru.[28] Cofnodir yn ail adroddiad blynyddol y mudiad ym 1915 y byddai 250 o dai wedi eu cwblhau yng ngardd bentref Wrecsam erbyn diwedd y flwyddyn, gyda glowyr o'r pwll cyfagos yng Ngresffordd a'u teuluoedd yn ffurfio'r mwyafrif o'r tenantiaid, er gwaethaf amheuon lleol: 'Most of these are being occupied by colliers, and in spite of a popular fallacy to the contrary, they are making good use of their gardens and of the many conveniences provided in the new houses.'[29] Roedd pedwar deg pedwar o'r tai wedi eu cwblhau a'u llenwi erbyn diwedd blwyddyn gyntaf y prosiect ym 1914 ac roedd yr holl dai yn cynnwys cyflenwad eu hunain o drydan, nwy a dŵr. Yn ôl taflen wybodaeth a ysgrifennodd George M. Ll. Davies i'r tenantiaid o blith y tair mil o weithwyr yr oedd disgwyl iddynt gael eu cyflogi ym mhwll glo Gresffordd, adeiladwyd y tai yn bennaf gyda'r bwriad o gadw'r rhent mor isel â phosibl wrth gynnig ystod o gyfleusterau newydd fel neuadd gymunedol, maes chwarae a llyfrgell iddynt ar yr un pryd. Byddai rhandiroedd ar gael i'r tenantiaid hefyd a gwobr flynyddol ar gyfer yr ardd orau.[30]

Yn ei adlewyrchiadau ar ei brofiadau fel ysgrifennydd cymdeithas denantiaid yr ardd bentref ym 1921, dengys H. E. K. Adams i erddi'r tai yno gael eu gofalu amdanynt a'u datblygu'n gelfydd iawn. Credai y dylai pob tŷ mewn tref neu ddinas gael gardd o faint digonol yn rhannol oherwydd bod y lleihad cyffredinol diweddar mewn oriau gwaith wedi cynyddu'r amser ar gyfer hamdden ac ymlacio. Roedd y rhyfel hefyd wedi tanlinellu pwysigrwydd rhoi'r gallu i deuluoedd dyfu bwyd eu hunain, a bu trigolion gardd bentref Wrecsam yn llwyddiannus iawn yn hynny o beth. 'One tenant had not bought a vegetable of any kind for the past six years and states that he has plenty all year round,' meddai, 'and also gives away a lot to friends and neighbours. During the short time he has been exhibiting he has won 20 first, 16 second and 11 third prizes for all classes of vegetables.'[31] Ar ôl talu am hadau a gwrtaith, canfu'r tenant hwn iddo wneud elw o £15 mewn blwyddyn ar werthu cynnyrch ei ardd, neu tua phum swllt a chwe cheiniog yr wythnos. Noda i'r Gymdeithas Arddwrol a ffurfiwyd yng ngardd bentref y Barri ffynnu'n sydyn hefyd, gan wneud elw o dros £30 mewn blwyddyn trwy werthu ffrwythau a llysiau'r aelodau. Credai ymhellach y dylid ymestyn clybiau a sefydliadau hamdden yr ardd bentrefi yng Nghymru i gynnwys mwy o gyfleoedd i'r dosbarth gweithiol elwa o addysg uwch trwy drefnu ysgolion haf a dosbarthiadau nos. Roedd dosbarthiadau o'r fath eisoes wedi cael eu cynnal yng ngardd bentref Wrecsam ers sawl blwyddyn ac enillodd amryw o'r myfyrwyr dystysgrifau a chymwysterau o ganlyniad.[32]

Dadrithiwyd George M. Ll. Davies gan ei waith i'r WTPHT erbyn 1915, pan symudodd ymlaen i weithio dros Gymdeithas y Cymod mewn prosiect arbrofol gyda phobl ifanc ym Melton Mowbray, swydd Caerlŷr, gwaith y dychwelwn ato ym mhennod tri. Fel heddychwr ymroddedig a ddatblygodd athroniaeth ei hun o 'bersonolyddiaeth', gwelai nad oedd datblygu gardd bentrefi yn unig yn ddigonol: 'In your pleasant garden villages you may have roses on your porch and rows with your neighbours.'[33] Ond gallai edrych yn ôl ar y cyfnod ar yr un pryd gydag edmygedd ynghylch yr hyn a gyflawnwyd yn wyneb difaterwch a beirniadaeth gyffredinol. Cyfeiriodd at y gwrthwynebiad y derbyniodd y syniad o greu gardd bentrefi yn y 1910au cynnar mewn ysgrif ym 1934:

They would tell you that the houses would not stand or would not let, that only long-haired men and short-haired women would live in them, that you could not swing a cat in the rooms, that the workers would keep ducks in the baths and make ash-tips of the gardens and so forth.'[34]

Bu ei gyfaill Alwyn Lloyd yn rhan allweddol o barhau gwaith y WTPHT a sicrhau ei lwyddiant wedi 1915.

Alwyn Lloyd

T. Alwyn Lloyd, gan Powys Evans (Amgueddfa Genedlaethol Cymru)

Ganed Thomas Alwyn Lloyd yn Lerpwl ym 1881. Roedd ei rieni o sir Ddinbych yn wreiddiol ac yn rhan o gymuned gref a llewyrchus Cymry Lerpwl yn niwedd Oes Fictoria.[35] Yn Llyfrgell Bensaernïaeth Prifysgol Caerdydd, adran y bu Lloyd yn ffurfiannol yn ei datblygu a'i hybu, ceir ffeil anferth o doriadau papur newydd a gasglodd dros gyfnod o hanner canrif ynglŷn â'i ymwneud â gardd bentrefi, cynllunio trefol a materion cyhoeddus eraill. Mae trwch y ffeil ag amrywiaeth y papurau newydd a chylchgronau a gesglir ei ysgrifau ac erthyglau o'u plith yn dystiolaeth gadarn o ba mor ganolog y bu yn natblygiad y mudiad gardd bentrefi yng Nghymru. Dengys hefyd iddo weithio'n agos gyda phrif benseiri'r mudiad yn y Deyrnas Unedig, yn bennaf Raymond Unwin a gynlluniodd yr ardd bentrefi cyntaf yn New Earswick a Hampstead yn y 1900au, yn ogystal â'r ardd ddinas yn Letchworth fel y nodwyd eisoes, un o ddwy yn unig a gwblhawyd ym Mhrydain. Ymunodd Lloyd â'r 'Garden City Association' yn nyddiau cynnar y mudiad ym mlynyddoedd cyntaf yr ugeinfed ganrif a bu'n ysgrifennydd gweithgar iawn i'r gymdeithas yn Lerpwl yn ôl y dystiolaeth o'r papurau lleol a geir yn ei ffeil doriadau. Yn ôl adroddiadau'r *Liverpool Courier*, er enghraifft, bu'n darlithio'n rheolaidd ar ran y gymdeithas ym 1903 a daeth sylfaenydd y mudiad, Ebenezer Howard, i roi araith wrth ei ochr y flwyddyn honno.[36] Arweiniodd daith o Lerpwl i'r arddangosfa fawr gyntaf yn Letchworth ym 1905, ac mewn araith i Gymdeithas Ruskin y ddinas y flwyddyn ganlynol disgrifiodd gynlluniau'r mudiad fel ymateb i ddau brif broblem sef, 'the tremendous evils arising from overcrowding in the large centres of population, and the depopulation or gradual emptying of the rural districts.'[37]

Ym mhennawd erthygl yn canmol gweithgareddau'r mudiad yn Lerpwl ym 1907, disgrifir ei haelodau fel 'Practical Utopians', disgrifiad sy'n gweddu'n berffaith i waith a gyrfa gyfan Alwyn Lloyd ym maes cynllunio.[38] Ysgrifennodd lythyr yn ymateb i'r erthygl sy'n disgrifio cynlluniau'r mudiad i ddatblygu gardd bentref yn Lerpwl mewn mwy o fanylder. Datgela hefyd mai

goresgyn rhaniadau dosbarth amlwg y ddinas oedd ei obaith
mawr trwy gynllunio ac adeiladu maestref newydd gydag
amrywiaeth o wahanol fathau o dai, 'so that the segregation
of classes into different districts, which is such an unfortunate
feature in our civic life, will be obviated.'[39] Ysgrifennai'n
gyson i'r papurau lleol a chenedlaethol, a dengys y llythyrau a
gyhoeddwyd dylanwad cryf y mudiad Celf a Chrefft a rhai o'i
enwau mawr fel William Morris a Walter Crane ar ddatblygiad ei
syniadaeth fel gŵr ifanc yn y 1900au.[40] Roedd ei ymlyniad wrth
sosialaeth a'i gefnogaeth o'r undebau llafur yn deillio'n rhannol
o'r dylanwad hwn gan iddynt barchu a meithrin crefftwaith y
gweithiwr unigol yn wyneb dylanwad dinistriol diwydiannaeth
a chyfalafiaeth Oes Fictoria. Clodfora'r undebau am godi statws
y gweithiwr cyffredin mewn llythyr a gyhoeddwyd yn y *Daily
News* ym 1910 a chytuna â dyfarniad arlunydd y mudiad,
Walter Crane, mai hwy oedd 'the lineal descendants of the old
guilds, and it is principally to them that we should look for
the directing of the revival of handicraft in the future.'[41] Yn yr
un flwyddyn mynegodd ei edmygedd o waith a chenhadaeth
sosialaidd William Morris mewn llythyr i bapur *The New
Age* yn collfarnu'r cynllun diffygiol ar gyfer y Neuadd Goffa a
oedd wrthi'n cael ei ddatblygu yng ngardd bentref Hampstead.
Credai y byddai'n dwyn anfri parhaol ar 'the illustrious name of
William Morris' i'w gysylltu ag adeilad diolwg o'r fath.[42]

Parhaodd i hyrwyddo'r mudiad gardd bentref a dinas yn
egnïol yn y 1910au cynnar, a dengys adroddiad yn y *Westminster
Herald* ar ddarlith a draddododd i'r Oxted and Surrey Lit and
Deb Society ym 1911 nad i'r gorffennol yn unig yr edrychai i
adfywio cymdeithas. 'The future development of cities' oedd
pwnc ei ddarlith, a disgrifiodd ddatblygiadau diweddar yn
ninasoedd ar y cyfandir fel Cologne a Frankfurt i ddangos ei
fod o blaid syniadau a thechnegau pensaernïol modern, er nad
oedd yn hoff o'r 'skyscrapers' a adeiladwyd yn gynyddol dros
yr Iwerydd.[43] Yn yr un cyfnod daeth i gysylltiad cynyddol gyda
David Davies fel rhan o ymgais Aelod Seneddol sir Drefaldwyn

i annog ymgyrch er mwyn gwella iechyd y dosbarth gweithiol yng Nghymru. Deallwyd yn fuan fod ymdrin â phroblemau tai ac amodau byw yn gam cynnar hanfodol yn y gwaith hwnnw, a daeth Lloyd yn un o'i gynghorwyr mwyaf blaenllaw. Ceir darlun o raddfa a difrifoldeb y broblem tai yng Nghymru yn erthygl y *Montgomeryshire County Times* ar y sefyllfa ym Machynlleth yn haf 1912:

> At Machynlleth the responsible statement is made that "in some cases structures are being held up by the dresser and other furniture" that windows in kitchens do not open, and that there are houses without back doors; that in Maengwyn Street there is a court unfitted as the dwelling place of human beings, and that houses are over-crowded. Notices have been served upon people to quit insanitary houses, but, according to the Surveyor, these have not been complied with "because there are no other houses for the people to go into." This is the difficulty which the local medical officer comes up against, and nothing short of a housing scheme which involves considerable expense can solve the grievous problem.[44]

Cydsynia'r erthygl yn frwdfrydig â phenderfyniad David Davies i ofyn am gyngor arbenigol Alwyn Lloyd i geisio ymateb i'r problemau uchod. Derbyniodd ei apwyntiad fel pensaer menter newydd Davies sêl bendith y 'Garden Cities and Town Planning Association' yn ei gylchgrawn swyddogol hefyd. Nodwyd bod Lloyd wedi gweithio fel cynorthwyydd Raymond Unwin i ddatblygu gardd bentref Hampstead er 1908 a bod ei apwyntiad yn rhoi cyfle i hybu'r mudiad yn gyffredinol:

> He will have enormous opportunities in his new field of labour, where the principles of this Association are rapidly gaining ground and where, owing to the practical interest of Mr Davies, himself a member of the council, we may shortly hope to see concrete examples of model development.[45]

Ymdaflodd Lloyd i'w waith newydd yng Nghymru gyda'r un egni ac ymroddiad a'i ymgyrchu i'r mudiad dros y ffin ers dechrau'r ganrif.

Yn adroddiad y *Manchester Guardian* ar fenter ddiweddaraf David Davies y gwanwyn canlynol, nodwyd mai ymestyn yr egwyddorion a weithredwyd yn llwyddiannus wrth ddatblygu Letchworth, Hampstead, Port Sunlight, Bournville a mentrau tebyg i Gymru oedd un o'i brif amcanion.[46] Deilliai'r angen yn rhannol o ba mor araf y bu'r awdurdodau lleol yno i ymateb i broblemau tai'r cyfnod a'r pwerau newydd a ddaeth i'w heiddo yn sgil deddf gynllunio trefol 1909, a basiwyd trwy ddylanwad y gwleidydd Rhyddfrydol radical John Burns yn bennaf.[47] Nodwyd ymhellach mai yn Wrecsam y byddai ystâd gyntaf y WTPHT yn cael ei datblygu ac y byddai Raymond Unwin yn gweithredu fel ymgynghorydd i'r pensaer swyddogol Alwyn Lloyd. Lleolwyd ei swyddfa yn 21 Park Place, Caerdydd dan ofal yr Ysgrifennydd George M. Ll. Davies, a fu'n rheolwr banc yn Wrecsam cyn hynny. Roedd Alwyn Lloyd wedi trafod y cynllun ar gyfer Wrecsam fel dechrau delfrydol i waith y mudiad yng Nghymru yn ystod cynhadledd genedlaethol a gynhaliwyd yn Neuadd y Ddinas, Caerdydd y gwanwyn blaenorol.[48] Gwelir pa mor ddelfrydgar oedd ei safbwynt fel aelod mwyaf blaenllaw a gwybodus y mudiad yng Nghymru yn ei erthygl ar gynllunio bythynnod i'r gweithwyr ym mlwyddlyfr 1917 y WTPHT lle dadleuodd: 'The homes of the People should have just as much skill and care expended on their design as the houses of the wealthier classes.'[49] Galwodd ar ei gydweithwyr yn y maes i sicrhau bod y ddelfryd hon yn cael ei gwireddu wedi i'r rhyfel ddod i ben: 'Let us all – local authorities, reformers, architects and builders – see to it that the many thousands of humble homes to be built in the future are properly designed and carefully planned, so that we may all take a justifiable pride in them.'[50]

Bu Lloyd yn pwyso'n gyson trwy ei waith i'r WTPHT ar y llywodraeth a'r awdurdodau lleol yng Nghymru i wneud arolwg llawn o anghenion tai pob sir ac ardal yng Nghymru.

Fe'i dyfynnwyd yng nghasgliadau pamffled Lleufer Thomas ar gynllunio rhanbarthol ym 1919 i wneud y pwynt nad oedd ychydig o gynllunio lleol mewn ambell bentref a stryd yn ddigonol: 'We must think in terms of whole *districts* of the coalfield, instead of in terms of isolated *valleys* or *towns*'.[51] Mewn erthygl ar y camau nesaf yn y gwaith arolygu hwnnw ym 1922, mynegodd ei gred bod cynllunio gofalus o'r fath yn rhan o chwyldro tawel a allai drawsnewid cymdeithas:

> If our industrialism and our inefficient social conditions are to be purged of their unlovely effects there must be careful thought and preparation for the future. By this I do not mean only care for mechanical improvement, the cheapening of production or for higher wages, but a peaceful revolution that will result in an all-round improvement in the whole "atmosphere" in which industry and social life is carried on.[52]

Gwelai un arall o aelodau mwyaf gweithgar a dylanwadol y Gymdeithas, sef Eryl Hall Williams, a fu'n rhan ganolog o lwyddiant gardd bentrefi Rhiwbeina a Barri, nad gwella amgylchiadau materol tenantiaid y gwnâi mentrau o'r fath yn unig ond hefyd meithrin ysbryd newydd o gydweithrediad a hunanreolaeth dros eu bywydau. Yn ei erthygl ar gymdeithasau gwasanaethau cyhoeddus ('public utility societies') ym 1922, dadleuodd:

> These societies prove that the housing problem is not solved by mere attention to the material aspect, and most local authorities have still to learn that their extensive housing schemes will be a failure unless and until a new spirit is fostered through associating the tenants in the tasks of the control and management of these new communities and providing such facilities as will ensure the wise and profitable use of leisure.[53]

Bu Williams yn wrthwynebwr cydwybodol yn ystod y Rhyfel Byd Cyntaf ac yn ffrind a chydweithiwr i George M. Ll. Davies yn y banc yn Wrecsam cyn hynny. Ei ffrind, yn wir, a'i darbwyllodd i adael ei swydd yn y banc er mwyn cychwyn gyrfa ym maes tai a chynllunio trefol yng Nghaerdydd. Aeth ei fab, John Eryl Hall Williams, ymlaen i fod yn ffigwr dylanwadol hefyd ym maes diwygio carchardai, fel y gwelwn ym mhennod tri.[54]

Mynegir yr un ysbryd iwtopaidd, ddelfrydgar yn adolygiad un arall o brif hyrwyddwyr ac ymgyrchwyr y mudiad yng Nghymru, sef Edgar Chappell, o gyfrol Edward Carpenter, *Towards Industrial Freedom*, i'r *Welsh Outlook* ym 1918.[55] Roedd Carpenter yn un o sosialwyr iwtopaidd mwyaf adnabyddus a dylanwadol diwedd Oes Fictoria a degawdau cyntaf yr ugeinfed ganrif, yn ogystal ag ymgyrchydd arloesol dros hawliau anifeiliaid, yr amgylchedd, a phobl LHDTC+. Gwyddwn i'w lyfrau gael eu trysori yng Nghymru gan ddarllenwyr fel tad Waldo Williams, Edwal.[56] Yn ei hatgofion o'r teulu dywedodd Dilys, chwaer Waldo, am ei thad ei fod 'yn radical o'r radd flaenaf, ac yn sosialydd o'r un garfan a William Morris. Ei arwr, neu o'r hyn lleiaf un o'i arwyr, ydoedd Edward Carpenter'.[57] Cadwodd Waldo gyfrolau Carpenter fel *England's Ideal* yn rhan o'i lyfrgell ei hun a bu ei syniadau yn ddylanwad pwysig ar ei waith a'i feddylfryd.[58] Bu Carpenter yn ffrind a chydweithiwr agos i William Morris, a nodir yn adolygiad Chappell bod ei gyfrol yn rhannu'r un delfrydau â gweithiau iwtopaidd ei gyfaill, fel *News from Nowhere*. Fel Morris, galwad i ailadeiladu cymdeithas ar seiliau newydd a geir yng nghyfrol Carpenter, meddai, ag apêl daer am 'a new spirit in our social and industrial life – a spirit of mutual help and equality.'[59] Credai fel ei gyfaill hefyd bod rhaid ailgyflwyno prydferthwch i fywyd pob dydd a gwneud gwaith yn fwy creadigol a rhydd, a'i droi'n bleser yn y broses.

Dengys Chappell bod y gyfraith a'r heddlu, yn ôl dadl Carpenter, yn bodoli'n bennaf i gynnal ac amddiffyn y gyfundrefn gymdeithasol bresennol a'i anghyfartaledd o ran cyfoeth: 'In a communist order, concerning the practicability of which

Carpenter has no doubt, external government and all its agencies would be unnecessary'.[60] Â Chappell ymlaen i gydnabod nad oedd angen i ddarllenwyr dderbyn pob agwedd o ddamcaniaethau gwleidyddol Carpenter i allu edmygu ei ffydd yn naioni cynhenid y natur ddynol. 'He may dismiss and probably will dismiss the earlier chapters as the speculations of an impractical Utopian' meddai, ond serch hynny, 'if he catches the spirit of the author … he will feel better for having read them'.[61] Yr un ffydd ac ysbryd ddelfrydgar a fynegir trwy weithiau ymarferol ac ysgrifau Chappell ac arweinwyr eraill y mudiad gardd bentrefi a chynllunio trefol yng Nghymru.

Agwedd bwysig arall o waith Alwyn Lloyd oedd ei ymgyrchu cyson dros gryfhau addysg bensaernïol yng Nghymru. Roedd yr Aelod Seneddol ac arweinydd mudiad Cymru Fydd, Tom Ellis, wedi galw mor bell yn ôl â 1896 am Ysgol Bensaernïol i Gymru mewn araith a draddododd yng Ngholeg Prifysgol Cymru, Bangor. Deilliai'r angen yn bennaf o ddiffygion amlwg cynllunio yng Nghymru yn nhyb Ellis. 'Is it not true that too many of our colliery and industrial villages and towns are appalling deserts of stone and wood and iron,' meddai, 'without design or colour, shoddy and shameful in their workmanship, sterile if not malignant in their influence upon the men and women who have to live in them and upon the minds of children who play and grow within sight of them'.[62] Yn ei erthygl ar y pwnc i'r WTPHT ym 1918, dywed y gwleidydd sosialaidd J. A. Lovat-Fraser i lowyr De Cymru gyflwyno cynnig gerbron y gynhadledd Tai a Llafur a gynhaliwyd yng Nghaerdydd y gwanwyn blaenorol i ddarparu cyfleusterau ar gyfer addysg mewn Cynllunio Trefol. Eiliwyd y cynnig gan S. O. Davies, a aeth ymlaen i fod yn Aelod Seneddol sosialaidd radical o ysbrydoliaeth, ar ran yr 'Anthracite Miners Association'.[63] Dadleuodd Lovat-Fraser fod Deddf Gynllunio Trefol 1909 heb gael ei weithredu rhyw lawer yng Nghymru oherwydd diffyg staff gyda'r arbenigedd angenrheidiol yn y maes. Dywedodd prif dirfesurydd Caerdydd wrtho ei fod yn awyddus i wneud mwy o waith cynllunio trefol ond na allai ddarganfod cynorthwyydd gyda'r cymwysterau i'w helpu 'for love nor money'.[64]

Gwellodd y sefyllfa wedi'r Rhyfel Mawr ac yn ei erthygl ar gynnydd yn y maes ym 1925, amlygodd Alwyn Lloyd unwaith eto pa mor bwysig oedd yr ochr greadigol, ddychmygus i gynllunio trefol a rhanbarthol. 'To be really effective, Town and Regional Planning should require to be more than mere machinery, codes regulating the number of houses to the acre, road widths and so on. They should possess imagination, be in fact "civic design".'[65] Gwelai ddatblygu addysg yn y maes fel yr allwedd i feithrin y doniau creadigol angenrheidiol hynny, a bu sefydlu'r Adran Bensaernïaeth a Chynllunio Dinesig yng Ngholeg Technegol Caerdydd wedi'r Rhyfel Byd Cyntaf ym 1920 yn garreg filltir hollbwysig i gwrdd â'r her. Pum mlynedd a hanner yn ddiweddarach roedd yr adran eisoes yn ôl Lloyd ymhlith yr un ar bymtheg yn unig o fewn yr Ymerodraeth Brydeinig gyfan i dderbyn cydnabyddiaeth swyddogol o'r 'Royal Institute of British Architects' (R.I.B.A). 'It has indeed,' meddai ymhellach, 'created a record in the annals of arichtectural education, by obtaining these results in such a short time'.[66] Roedd tua phumdeg o fyfyrwyr yn astudio yno ym 1925, gyda dau ar hugain yn cymryd y cwrs llawn pum mlynedd, gan gynnwys rhai menywod yn eu plith. Ymgorfforwyd cynllunio trefol a dinesig yn llawn yn y cwrs a deuai cynllunwyr trefol profiadol i ddarlithio'n rheolaidd ar y pwnc a goruchwylio gwaith y myfyrwyr. Dan arweiniad y pennaeth, W. S. Purchon, bu'r adran yn flaengar hefyd mewn gwaith addysgu tu hwnt i'r coleg o fewn y gymuned, gan drefnu darlithoedd ac arddangosfeydd cyhoeddus yng Nghaerdydd, Casnewydd, Abertawe a threfi eraill, a thrwy gydweithio gydag ysgolion uwchradd lleol. Delfryd Lloyd oedd i'r ysgol ddod yn rhan o Brifysgol Cymru ac i'r myfyrwyr dderbyn gradd o ganlyniad, a gwireddwyd ei uchelgais yn y 1940au. Aeth ymlaen i hyfforddi a mentora un arall o Gymry Lerpwl ac un o brif benseiri Cymraeg yr ugeinfed ganrif, Dewi-Prys Thomas, yn ystod y 1940au. Bu Thomas yn ei dro yn bennaeth yr adran am gyfnod hir o'r 1960au i 1981.[67]

Ymhelaethodd Lloyd ar ei syniadau ynghylch pwysigrwydd addysg mewn erthygl i flwyddlyfr y WTPHT ym 1927 ar 'The Enjoyment of Architecture'. Credai nad oedd pensaernïaeth wedi derbyn ei statws priodol fel un o'r prif gelfyddydau ('the mistress art') ym myd addysg a diwylliant cyfoes er gwaetha'r ffaith ei fod hefyd y mwyaf democrataidd o'u plith: 'We require no entrance fee to view this art, no highly specialised training to enjoy it, nor is a large income necessary in order to appreciate it, or even practice it in a modest way.'[68] Trwy adeiladu ar seiliau cadarn addysg mewn hanfodion pensaernïaeth, gallai pawb ei fwynhau trwy ddefnyddio eu llygaid a'u deallusrwydd wrth grwydro Cymru yn ei dyb ef. Fel yn ei ysgrifau eraill o'r 1920au, pwysleisia agwedd ysbrydol y gelfyddyd a olygai fod arwyddocâd llawer ehangach iddo nag adeiladu yn unig. Gwelai fai ar yr enwadau Anghydffurfiol yn hynny o beth am ei esgeuluso yn y mwyafrif o'u hadeiladau yng Nghymru ac o ganlyniad 'there can be no enjoyment of architecture, or even, it seems to me, of religious experience, under such conditions.'[69] Ymhellach, dadleuodd y dylai cynllun adeilad crefyddol adlewyrchu ei bwrpas enwadol a defosiynol oherwydd 'architecture is just as essential to our spiritual development as theology, music, or the reading of devotional works'.[70] O ran ei grefydd bersonol, roedd Lloyd yn Grynwr, a bu'n rhan o amryw o'r prosiectau cymdeithasol a gefnogodd Cymdeithas y Cyfeillion yn negawdau cynnar yr ugeinfed ganrif. Roedd yn aelod, er enghraifft, o fwrdd cyfarwyddwyr cyntaf menter a lansiodd y Gymdeithas ym 1918, sef 'The Pioneer Trust'. Bwriad y fenter hon oedd creu 'The New Jerusalem' wedi diwedd y Rhyfel Mawr trwy gefnogi a hyrwyddo cynllunio ac adeiladu trefi newydd.[71] Arweiniodd gwaith yr ymddiriedolaeth at sefydlu'r ail ardd ddinas gyflawn yn Welwyn ym 1920.

Cafodd gyfle i fynegi ei ddelfrydau a'i syniadau trwy'r Gymraeg yn y 1930au mewn erthyglau i gylchgronau newydd fel *Y Ford Gron*. Yn y cyntaf mewn cyfres o erthyglau ar 'Y Prydferth yng Nghymru' a gyhoeddwyd yn un o gylchgronau Urdd Gobaith

Cymru ym 1933, gwnaeth ddatganiad cryf, diamwys o blaid cynllunio trefi a thai yn fwy gofalus a meddylgar:

> Tyfodd y rhan fwyaf o'n trefi mawr heb na phlan na chynllun gan esgor ar anrhefn, undonedd, a bryntni. Pan adeiladir tref newydd neu pan ychwanegir at hen dref, dylai'r tai fod yn dai da, yn gweddu y naill i'r llall, ac yn dilyn rhediad y tir. Dylid hefyd gadw'r tai byw, a'r siopau, a'r ffatrïoedd, ar wahân, yn lle cymysgu'r cwbl driphlith draphlith fel y gweneir yn aml yn awr. Dylid gofalu bod parciau a meysydd chwarae yn y rhan o'r dref lle y bo'r tai byw. Yn unig trwy feddwl mewn pryd y sicrheir trefi cymen, glan, ac iachus. Trwy gynllunio fel hyn y cedwir ein trefi yn gryno, ac y rhwystrir yr adeiladau sy'n codi o boptu'r priffyrdd fel rhyw rubanau blêr.[72]

Dengys ei erthygl hefyd sensitifrwydd ac ymwybyddiaeth gynnar o gwestiynau amgylcheddol. Tanlinellodd bwysigrwydd gofalu nad oedd coed yn cael eu torri lawr yn ddiangen wrth ledu ffyrdd, 'y mae'n hawdd iawn torri coeden, ond cymer flynyddoedd lawer i dyfu un.'[73] Dadleuodd ymhellach y dylid plannu coed newydd wrth ymyl ffyrdd newydd, 'a gall perchnogion tai ochr y ffordd wneud eu rhan drwy wneud gerddi bychain o flaen eu tai a pherth ddestlus ar ochr y ffordd yn hytrach na chodi wal fric a haearn ar honno.' Unwaith eto darlunia bensaernïaeth a chynllunio fel drych o werthoedd a safonau moesol ac ysbrydol cymdeithas, yn hytrach na mater ymarferol yn unig, '*Cymeriad* dyn sy'n bwysig, a hynny sy'n bwysig mewn tref a thŷ, mewn ffordd a phont. A ydyw'n ddidwyll? A ydyw'n ddirodres? A ydyw'n foesgar? A ydyw'n weddus? – ffordd go dda i brofi adeilad – a phrofi gŵr ieuanc hefyd o ran hynny.'[74]

Yr ail yng nghyfres *Y Capten* ar y prydferth yng Nghymru oedd erthygl yr athro arloesol Edmund Jones. Bu Jones yn brifathro dylanwadol yn y Bermo am bron i ddeugain mlynedd nes ei ymddeoliad ym 1931. Yn ôl cofnod Griffith Milwyn Griffiths iddo yn *Y Bywgraffiadur Cymreig*, credai y dylid rhoi lle pwysig i'r Gymraeg ac i'r celfyddydau cain ill dau mewn addysg ac addurnwyd waliau ei ysgol gyda darluniau'r meistri.[75] Cafodd gyfle yn ei ysgrif ar 'Gelfyddyd yn ein bywyd dyddiol' i'r *Ford Gron* i sôn am ddau o'i brif arwyr yn hynny o beth, sef John Ruskin a William Morris. Ceisiodd hawlio Morris fel Cymro hyd yn oed, gan haeru: 'Dylem ni Gymry fod yn falch o William Morris gan mai Cymro ydoedd yntau, a dylem hefyd barchu ei enw fel un a wnaeth gymaint i godi chwaeth y wlad ym mhethau cyffredin bywyd.'[76] Mewn erthygl fer ar y dyn ei hun a gyfrannodd i'r un cylchgrawn ychydig yn ddiweddarach, dangosodd bod ei wreiddiau yng Nghymru a bod 'yr "ap" Cymreig wedi aros yn y teulu hyd amser ei hen daid'.[77] Priodolodd gariad Morris at natur i'w gefndir teuluol Cymreig a'i fagwraeth ar gyffiniau Epping Forest yn Essex. Yn sgil y Chwyldro Diwydiannol dadleuodd Jones fod pobl Prydain wedi colli golwg ar werth prydferthwch ym mywyd pob dydd, ond cododd dau broffwyd yn ail hanner y bedwaredd ganrif ar bymtheg i'w deffro, sef Ruskin a Morris. Un o gyfraniadau mwyaf Morris oedd cychwyn y mudiad Celf a Chrefft, meddai, 'sydd yn ennill nerth bob blwyddyn, ac mewn canlyniad daw mwy o bobl o hyd i werthfawrogi prydferthwch yn eu hamgylchedd hwy eu hunain'.[78] Gwelai angen cynyddol ar gyfer y gwerthfawrogiad hwnnw yng Nghymru'r cyfnod wedi'r Rhyfel Byd Cyntaf wrth i 'adeiladau hagr' luosogi. Yn eu plith roedd 'byngalos' niferus 'sydd yn cymryd lle'r hen fythynnod' a thai bric coch 'sydd yma ac acw'n llygad-rythu arnom'.[79]

Gwelir dylanwad William Morris a'r Mudiad Celf a Chrefft ar bamffled a ysgrifennodd Alwyn Lloyd i Gyngor Diogelu Harddwch Cymru, mudiad arall newydd pwysig rhwng y rhyfeloedd byd y bu'n weithgar tu hwnt ar ei ran. Yn 'Pentrefi a Threfi Cymreig Mwy Lliwgar: Y Modd i'w Cael', a gyfieithwyd i'r Gymraeg gan Iorwerth Peate, prif ergyd neges Lloyd yw sicrhau bod prydferthwch yn rhan o fywydau pob dosbarth cymdeithasol, nid y rhai mwyaf breintiedig yn unig. Yn hynny o beth, dadleuodd dros ddod â mwy o amrywiaeth a bywyd i drefi a phentrefi Cymru trwy baentio'r tai yn fwy amryliw. 'A siarad yn gyffredinol,' meddai, 'ofnasom liw yng Nghymru gan ddewis yn hytrach, neu o leiaf oddef, y llwm a'r llwydaidd yn ymddangosiad ein hadeiladau.'[80] Credai bod llwydni unffurf y mwyafrif o'r tai teras yng nghymoedd de Cymru wedi dwysáu'r iselder ysbryd a sbardunodd y dirwasgiad economaidd diweddar ymhlith eu trigolion. Clodforodd, ymhellach, y mentrau cymdeithasol gyda dynion di-waith yn rhai o'r trefi hyn fel Brynmawr, a aeth ati i drawsffurfio tomenni o sbwriel diwydiannol yn erddi neu'n byllau nofio, gwaith y dychwelwn ato yn y bennod nesaf. Dadleuodd hefyd dros blannu mwy o goed a pherthi trwy Gymru gyfan er mwyn efelychu'r 'lles anhygoel' a ddilynodd gwaith diweddar o'r fath ym mhentrefi Bro Morgannwg a 'hyd yn oed yn yr ardaloedd diwydiannol dangoswyd bod y glowyr a'r gweithwyr tref yn arddwyr da o roddi cyfleusterau rhesymol iddynt a'u helpu trwy esiampl dda'.[81] Dylai'r awdurdodau lleol wneud defnydd cynyddol o'r deddfau tai a chynllunio a basiwyd ers diwedd y Rhyfel Byd Cyntaf i hyrwyddo gwaith harddu o'r fath, yn nhyb Lloyd, ac i sicrhau bod coed yn cael eu plannu o amgylch unrhyw dai newydd. Cyfeiria wrth gloi at 'y bobl "ymarferol"' a wrthwynebai gwaith cynllunio o'r fath ac a welai'r ymgais 'at ddwyn prydferthwch i fywyd pobl gyffredin yn ddim namyn penwendid.'[82] Ond ar sail ei brofiad fel pensaer a chynlluniwr credai i'r gwrthwyneb 'nad oes gwell ffordd o "ledaenu llawenydd yn rhad" nac o wella amgylchedd pentrefol na honno o ddefnyddio lliw-galch, paent siriol, tirglas a choed.'[83] Yn sgil argyfwng ecolegol ein canrif bresennol, ymddengys neges Lloyd yn y pamffled hwn yn arbennig o broffwydol.

Parhaodd i apelio dros fwy o ofal i'r amgylchedd ac yn erbyn y math o ddatblygu digynllun a resynodd Edmund Jones amdano yn ei erthygl 'Drwy Gynllun y Meithrinir Tlysni'r Tai a'n Tiroedd' i'r *Ford Gron* ddwy flynedd yn ddiweddarach. Dengys i ddatblygiadau technolegol a thrafnidiaeth sydyn y cyfnod wedi'r Rhyfel Byd Cyntaf arwain at lanast a difrod cynyddol yng nghefn gwlad Cymru. Wrth i'r wlad ddatblygu'n faes trydanol pwysig, 'codwyd polion a gwifrau trydan dros y tir i bob cyfeiriad, yn arbennig y rhannau gwylltaf. Cynhyddodd trafnid moduron yn aruthr.'[84] Credai bod y sbwriel a ddaeth yn sgil modurwyr a 'cherddetwyr' yn eu miloedd yn 'echrydus'. Ymhellach, lledwyd heolydd yn sylweddol wedi'r Rhyfel ac 'aberthwyd harddwch y wlad yn aml er mwyn cyflymder'. Nid troi'r cloc yn ôl oedd ei amcan, serch hynny, ond cynllunio'n fwy gofalus i gyfateb â'r datblygiadau cymdeithasol diweddar. 'Gan fod rhaid saernïo ffyrdd newydd,' meddai, 'pam na allwn ni eu cynllunio a'u harddu a choed a gwrychoedd, fel yr ymdoddent mor ddymunol ag a aller yn agwedd y fro, megis y gwna'r hen briffyrdd a lonydd y wlad?'[85] Gwelai Deddf Gynllunio Tref a Gwlad 1932, y diweddaraf a mwyaf cyflawn mewn cyfres o ddeddfau tebyg ers y cyntaf ym 1909, fel cyfle i wneud hynny gan ei fod yn rhoi pwerau newydd yn nwylo cynghorau sirol. 'Bellach gellir cadw rheolaeth ar hysbysebion, a chynllunio bröydd yn fanwl ymlaen llaw;' o ganlyniad, meddai, 'gellir cadw adeiladau hanesyddol a llecynnau o harddwch neu ddiddordeb arbennig; gellir gwahardd llanastra, difrodi coed a diwreiddio blodau gwylltion yn ddieisiau.'[86] Ei obaith mawr oedd y byddai'r cynghorau yn gwneud defnydd o'r grymoedd hyn.

Coronwyd ei ymwneud egnïol ac amrywiol â'r mudiad cynllunio trefol gyda'i apwyntio'n gadeirydd y 'National Housing and Town Planning Council' ym 1932, y Cymro cyntaf i ddal y safle hwnnw. Roedd y gymdeithas gynllunio trefol yng Nghymru yn awyddus i'w longyfarch yn ei blwyddlyfr a'i ddiolch am ei wasanaeth iddynt ers ei sefydlu ugain mlynedd ynghynt, 'for few men have given greater and more valuable service to the various movements for promoting good housing, the development of garden villages and suburbs and town planning generally.'[87] Ychydig amser yn ddiweddarach ym 1934 fe'i benodwyd yn Llywydd y 'Town Planning Institute' ac yn ei ddarlith agoriadol rhybuddiodd yn erbyn gadael i'r cynnydd sydyn mewn ceir ar yr heolydd dros y ddegawd flaenorol lywio polisi cynllunio yn ormodol. Y perygl a welai'n benodol 'is that we may become obsessed by the magnitude of traffic potentialities and to take quite inadequate steps to ensure that other elements in the plan are given effect to.'[88] Cafodd gyfle i ymhelaethu ar ei syniadau trwy gyfrannu cyfrol at gyfres *The New World* a gyhoeddodd cwmni George Routledge yn Llundain ym 1935. Ceir yr un cyfuniad o ddelfrydiaeth optimistaidd ac ymarferoldeb pragmataidd sy'n nodweddu ei erthyglau i'r wasg Gymreig yn *Planning in Town and Country*. Mae'n cynnwys pennod ar y mudiad gardd bentref sy'n cyfeirio at lwyddiannau mentrau cydweithredol y WTPHT yng Nghymru.[89] Wrth gloi'r gyfrol trwy alw am arolwg cenedlaethol cyflawn ar gyfer cynllunio trefol trylwyr, pwysleisia eto nad troi'r cloc yn ôl oedd bwriad ei genhadaeth ond yn hytrach derbyn y ffaith bod amgylchiadau cymdeithasol yn newid yn barhaol a bod rhaid ymateb yn fwy hyblyg a chreadigol i'r newidiadau hynny. Dylid sicrhau ar yr un pryd bod ein treftadaeth ddiwylliannol yn cael ei warchod a'i drysori trwy beidio gadael i werthoedd masnachol gael blaenoriaeth ormodol, ond credai:

> It is not merely the sentimental side of this question which needs to be emphasized. Too much has been made of the plea for keeping old conditions of life as they were. Everything in our civilization is in a state of flux, including, unhappily, our standard of values ... As has been pointed out, the tragedy is not that changes are taking place, because they are inevitable and natural, but that as they occur we seem unable to adapt ourselves to them and to an orderly process of development in town and country.[90]

Fel iwtopiad ymarferol o'r iawn ryw, bu gyrfa gyfan Alwyn Lloyd fel pensaer a chynlluniwr trefol yn ymgais i gyfuno'r elfennau mwyaf gwerthfawr o hanes celfyddydol Cymru gyda datblygiadau diweddar o ran technoleg er mwyn gwella amodau byw, ac yn fwy na hynny safon ac ansawdd bywyd pob dydd ei phobl.

Trefniadau Comwinol a'r WTPHT

Efallai mai'r erthygl fwyaf iwtopaidd o'r cyfan i ymddangos ym mlwyddlyfr y WTPHT oedd un Arthur Trystan Edwards, pensaer dylanwadol Cymreig arall, ar 'Communal Living' ym 1923. Cychwynna'r erthygl trwy hawlio bod newidiadau cymdeithasol diweddar wedi tanlinellu'r angen ar gyfer arbrofi gyda threfniadau byw o'r fath. Y prif grŵp a fyddai'n elwa o'r arbrawf, dadleuodd ymhellach, fyddai menywod a oedd wedi ymuno â'r byd gwaith yn ystod ac wedi'r Rhyfel Mawr:

> Of all the social factors which provide an occasion for new developments in domestic architecture the entry of women into industry, business, and the professions is, perhaps, the most important. It is obviously unfair that before and after a full working day people should be obliged to devote their scanty leisure to household tasks.[91]

Un o brif fanteision trefniadau byw comiwnol fyddai cymryd peth o'r baich bron annioddefol o ysgwyddau gwragedd trwy gynnig darpariaeth ar gyfer un o'r tasgau hynny, sef coginio: 'In such cases a communal kitchen or restaurant readily accessible to all the families residing in one block or quadrangle might be a great boon.'[92] Yn hytrach na theuluoedd yn cymryd eu tro i baratoi'r prydau yn y gegin hon, byddai unigolyn yn cael ei benodi i wneud y gwaith. Defnyddiodd yr ardd ddinas gyntaf a'r mentrau cyffelyb a'i dilynodd fel enghraifft o lwyddiant trefniadau o'r fath:

> Co-operative house-keeping has already been practiced with success in Letchworth and other places, and if any group of people wish to make an experiment in that direction they can soon settle between themselves who should be in charge of catering and what arrangements should be made for establishing it upon a sound financial basis.'[93]

Mantais posibl pellach trefniadau byw o'r fath i fenywod yn arbennig fyddai darparu meithrinfa gydweithredol yn ôl Edwards,

> It would undoubtedly be of advantage if in every group of dwellings there were a large nursery inexpensively furnished. The young people who now play the supervisory role in the street could do so just as well in a sheltered place, specially adapted to the needs of children.

Dadleuodd dros ddarparu ystafell gyffredin i oedolion hefyd a fyddai ar gael iddynt astudio a chymdeithasu, ac edrychai ymlaen at amser pan fyddai gyda phob teulu yn y wlad 'access to a social room in which music and dancing and other entertainments can take place'.[94] Pwysleisiodd nad ymosod ar fywyd teuluol traddodiadol oedd pwrpas annog trefniadau byw o'r fath ond yn hytrach ei amddiffyn gan fod amodau byw cyfredol y mwyafrif o'r boblogaeth mewn tai bychan, hynafol yn ei ddifrodi i'r fath raddau trwy gyfyngu ar ryddid a chysur ei aelodau unigol. Adlais yn ei chyfanrwydd yw erthygl Edwards o ddiddordeb rhyngwladol cynyddol mewn trefniadau byw comiwnol wedi'r Rhyfel Byd Cyntaf. Arweiniodd y drafodaeth hon y bu menywod yn arbennig o flaenllaw ynddi at arbrofion helaeth a llwyddiannus mewn cynllunio ac adeiladu tai a fflatiau comiwnol nid yn unig yn yr Undeb Sofietaidd ond yn Fienna a'r gwledydd Llychlynnaidd hefyd.[95]

Yn gyffredinol bu'r WTPHT yn flaengar tu hwnt yn ei agweddau tuag at hawliau menywod, gan roi sylw cyson i'w anghenion arbennig o ran tai ac amodau byw. Adlewyrchir hynny mewn nifer o erthyglau yn ei flwyddlyfr yn y 1910au a 1920au sy'n trafod y pwnc ac yn rhoi llais i rai o fenywod amlwg y cyfnod, fel y gwelwn. Sefydlodd y mudiad is-bwyllgor ym 1916 yn ôl Lleufer Thomas, 'consisting mainly of women, to inquire into matters affecting the planning and arrangement of houses from the housewife's point of view, and the possibility of adopting labour-saving devices in household work.'[96] Casglodd pwyllgorau lleol o fenywod wybodaeth mewn gwahanol ardaloedd o Gymru yn sgil hynny a chredai Thomas mai dyma'r 'first Women's House-planning Investigation ever instituted.'[97] Yn ei herthygl ar 'Welsh Housing and Women Voters' i flwyddlyfr y WTPHT ym 1919, dadleuodd Winifred Coombe Tennant, y fenyw gyntaf i'w gael ei phenodi yn Ynad Heddwch yng Nghymru y flwyddyn ganlynol, y gallai'r 'Housing Question' fod yn fodd i danio dychymyg menywod a'u hannog i godi eu llais.[98] Yn ei hysgrif ar broblemau tai o safbwynt y fenyw y flwyddyn flaenorol roedd Miss E. P. Hughes o'r Barri hithau wedi tanlinellu bod yr hawliau a enillodd menywod yn ystod ac yn sgil y Rhyfel Mawr yn gofyn am newidiadau cyfatebol yng nghynllun tai. 'The six million new women voters will want leisure to fit themselves for new duties,' meddai, 'and the only satisfactory way of getting leisure is to do your work efficiently in shorter time.'[99] Dylid cynllunio'r miloedd o dai newydd oedd eu hangen yn dilyn y rhyfel, credai felly, gyda gofal arbennig bod gwaith tŷ yn gallu cael ei gyflawni mor effeithiol â phosibl 'and with the least expenditure of time and energy'. Ceir erthygl yn yr un rhifyn ar 'The Labour Saving House', ac yn gyffredinol mynegwyd uchelgais iwtopaidd i ryddhau menywod yn arbennig o faich trwm a chyson gwaith tŷ yng nghyhoeddiadau'r mudiad. Haerir yn yr erthygl hon bod y Rhyfel wedi deffro gwragedd tŷ i'r ffaith bod rhan helaeth o'u gwaith yn 'needless drudgery' a dylid yn sgil hynny gynllunio tai a chyfarpar ar eu cyfer yn ofalus a goleuedig er mwyn lleihau eu baich cymaint â phosibl.[100]

Roedd Alwyn Lloyd yn ymwybodol o bwysigrwydd yr angen hwn wrth gynllunio'r tai ar gyfer gardd bentrefi Cymreig, a bu'n trafod y pwnc mewn ysgrif ar ddulliau'r mudiad o ddatblygu ystadau newydd ym 1916. Dylai pob tŷ a gynlluniwyd gynnwys cegin o faint sylweddol a phantri, credai, oherwydd fel arall, yn gyffredinol, 'a great part of the life of the working-class housewife is often spent in badly arranged, dingy back-kitchens and sculleries'.[101] Dylai'r tai gynnwys cyn lleied â phosibl o ofod diangen yn y neuadd a'r landin er mwyn lleihau gwaith tŷ hefyd.

Cyfrannodd erthygl bellach ar 'Women and Housing' i flwyddlyfr 1921 lle dadleuodd nad arbed arian y dylid gwneud yn unig yn sgil y dirwasgiad ond parhau i edrych tu hwnt i faterion economaidd tuag at ddelfrydau mwy uchelgeisiol. Roedd parhau i roi sylw i safbwyntiau menywod wrth gynllunio yn rhan bwysig o hynny: 'At the risk of repetition, I think it is desirable to set down again the opinion of the women of the country, as shown by evidence taken in recent years, with regard to the accommodation, comfort and fittings of their homes.'[102] Collfarnodd rhai o'r datblygiadau tai trefol diweddar yng Nghymru am beidio rhoi ystyriaeth i'w hanghenion ac i anghenion comwinol yn gyffredinol.

Pwysigrwydd Cydweithrediad

Wrth i Arthur Trystan Edwards, Alwyn Lloyd ac eraill roi sylw i'r posibiliadau o fyw'n gomwinol a chynyddu cydraddoldeb rhwng y ddau ryw yn eu hysgrifau i gyhoeddiadau'r WTPHT, i Eryl Hall Williams, un o'r cyfranwyr mwyaf cyson, annog dulliau cydweithredol o fyw a threfnu cymdeithas oedd prif bwrpas mentrau'r mudiad. Yn hynny o beth mae ei ysgrifau yn nodweddiadol o'r hyn a ddisgrifiodd Lleufer Thomas fel 'sustained idealism' y mudiad.[103] Mynegir yr un dyhead i feithrin cydweithrediad a'r hyn a ddisgrifiodd Williams ym 1922 fel 'the spirit of association' yn y mwyafrif helaeth o'i gyhoeddiadau.[104] Yn yr un erthygl, haera bod arloeswyr y mudiad gardd bentref yng Nghymru yn dechrau gweld eu llafur diflino yn dwyn ffrwyth erbyn hynny o ran meithrin ysbryd newydd o gytgord a chydweithio trwy roi'r cyfle i denantiaid drefnu a rheoli bywyd cymdeithasol yn eu cymunedau. Roedd y cymdeithasau tenantiaid a grëwyd yn darparu ystod eang o gyfleusterau a gweithgareddau hamdden yn yr ardd bentrefi Cymreig o ganlyniad, gan gynnwys corau a chyngherddau, clybiau darllen, darlithoedd a sesiynau trafod, rhandiroedd a chymdeithasau garddio, a hyd yn oed cyfleoedd i fasnachu'n gydweithredol. Disgrifia'r tenantiaid yn pererindota o un ardd bentref i'r llall i rannu a chymharu profiadau, a dengys cofnodion y mentrau yn Rhiwbeina a'r Barri i'w trigolion ymweld â'i gilydd yn rheolaidd yn y blynyddoedd cynnar yn arbennig.[105]

Gwelai Lleufer Thomas ddulliau cydweithredol fel yr allwedd i oresgyn y broblem tai yng Nghymru yn ei ysgrif ar y pwnc ym 1916. Mewn cenedl mor wledig â Chymru o fythynnod, ffermydd a daliannau bychan yn bennaf, 'civilisation must rest largely on a co-operative basis' yn ei dyb ef.[106] Ond yn hytrach na'u hadeiladu'n wasgaredig fel y gwnaed yn y gorffennol, dylid cynnull tai wrth ei gilydd i annog cydweithrediad rhwng eu trigolion cymaint â phosibl, a hyd yn oed gynnig dulliau o berchnogaeth gomiwnol iddynt. Dylid darparu cyfleusterau fel neuaddau pentref a llyfrgelloedd i gynnig cyfleoedd ar gyfer cystadlaethau dawnsio, eisteddfodau a hamdden yn gyffredinol fel rhan o'r trefniadau, wedi'r cyfan nid mater o 'bricks and mortar' yn unig oedd cynllunio.[107] Roedd cynllunio pentrefi Cymru'n ofalus yn hanfodol yn y dyfodol, mewn cyferbyniad, er mwyn iddynt fod mewn cytgord â delfryd o fywyd gwledig hapus. Nid delfrydwr oedd Thomas yn unig o bell ffordd, serch hynny, a rhydd ei erthygl dystiolaeth gadarn o ba mor ddifrifol oedd y broblem tai yn nhrefi a dinasoedd Cymru yn arbennig yn y 1910au. Yng Nghaerdydd, er enghraifft, roedd 6,863 mwy o deuluoedd na'r tai oedd ar gael yn Ebrill 1911, ac yn y Rhondda gwelwyd cwymp yn y ddarpariaeth tai newydd o 1,025 ym 1909 i 308 ym 1914, er i'r swyddog meddygol lleol amcangyfrif bod poblogaeth yr ardal wedi cynyddu 4,000 yn yr un flwyddyn.[108]

Cyfeiriodd Edgar Chappell yntau at fanteision cydweithredu ym maes tai ym 1916, gan gynnwys y sicrwydd ychwanegol y gallai gynnig i denantiaid a'r ysgogiad iddynt ofalu dros eu cartrefi trwy dderbyn bonws ar y rhent a dalwyd ganddynt, yn ogystal â'r cyfle i rannu'r math o gyfleusterau hamdden a restrodd Lleufer Thomas. Ymhellach, gallai annog cydweithredu fod o fudd cymdeithasol lawer ehangach oherwydd: 'The co-operative spirit tends to a higher standard of citizenship, and co-operation provides an admirable method of training tenants in business affairs'.[109] Yn ei arolwg manwl o'r mudiad tai cydweithredol ym 1931, casgliad Eryl Hall Williams oedd mai'r cymdeithasau mwyaf llwyddiannus dros y chwarter canrif flaenorol oedd y rhai lle cafodd y tenantiaid fwyaf o gyfle i drefnu a rheoli eu gweithgareddau. Bu Cymru'n flaengar ar lefel rhyngwladol yn hynny o beth, yn ei dyb ef, gan brofi llwyddiant dulliau cydweithredol a delfrydau'r mudiad: 'Wales has been in the forefront of the housing movement, and can show some of the best examples of garden village development on co-operative lines'.[110] Deuai dyddiau cynnar y mudiad ag atgofion hapus i Williams wrth weld y gwahanol fentrau yn tyfu mewn ardaloedd gwledig, diwydiannol, ac ar gyrion trefi a dinasoedd, o gofio'r anawsterau mynych y llwyddodd yr arloeswyr i'w goresgyn. Yn y maestrefi yn enwedig bu'r datblygiadau newydd yn gartref i weithwyr coler wen fel athrawon, cyfrifwyr, clercod a gweision sifil nad oeddynt mewn sefyllfa i allu prynu tai eu hunain. Casglodd hefyd i'r gefnogaeth a chymorth a gynigiai'r WTPHT i gymdeithasau tai lleol brofi'n arbennig o effeithiol ers ei sefydlu ym 1913:

> The Trust has an experienced staff, and the organisation has been placed at the disposal of Societies on reasonable terms. This arrangement not only facilitates the registration of a Society and the carrying through of a new scheme, but it also ensures development on sound lines. Small Societies have the same advantages as the larger ones, and the Trust is in a position to undertake expeditiously the negotiations with the Government Departments and with the Local Authorities, and also to arrange the finances of the Societies.[111]

Er gwaethaf cefnogaeth hael yr Ymddiriedolaeth, llesteiriwyd datblygiad y cymdeithasau cydweithredol gan ddifaterwch a diffyg cefnogaeth yr awdurdodau lleol yn aml.

Cyn i'r Rhyfel Byd Cyntaf gychwyn bu'n gyffredin i ddatblygwyr tai preifat eu hadeiladu yn ôl patrwm cwbl unffurf, diddychymyg mewn strydoedd teras heb ddarprau gerddi o unrhyw faint. Bu cynlluniau'r mudiad gardd bentref yn dipyn o her iddynt felly ac o ganlyniad: 'Every possible objection was met with when the first Garden Villages were planned, and it was then argued that it was wasteful to reduce the density of development to twelve houses to the acre'.[112] Bu tenantiaid dosbarth gweithiol a oedd wedi cyfarwyddo ers cyhyd â byw mewn tai teras cyfyng yn araf i werthfawrogi manteision y cynlluniau newydd hefyd, ac un o heriau mwyaf y blynyddoedd cynnar oedd goresgyn eu rhagfarnau, yn ôl Eryl Hall Williams. Ond ychydig iawn o anogaeth a dderbyniodd arloeswyr y mudiad yn eu gwaith yr adeg hynny ac yn y blynyddoedd a ddilynodd. Credai y gallai'r mudiad dyfu'n fwy dylanwadol a llwyddiannus gyda chefnogaeth briodol o'r awdurdodau lleol yng Nghymru a'r llywodraeth. O'i sicrhau gwelai ddyfodol disglair i'r mudiad, 'and the country will gain from the extension of the principles of self-help and co-operation in housing'.[113] Er gwaethaf diffyg nawdd a chefnogaeth lawn yr awdurdodau lleol yng Nghymru, llwyddodd cwmni'r 'Welsh Garden Cities Ltd' erbyn 1915 i adeiladu bron i ddwy fil o dai mewn wyth ardal yn ne Cymru a gynlluniwyd gydag amcanion cynllunio a chydweithredu'r mudiad gardd bentrefi ehangach fel sail iddynt. Roedd elfen o gydbartneriaeth a chydweithrediad rhwng y tenantiaid yn elfen o'r datblygiadau hyn yng Nghilfach Goch, Fernhill, Hengoed, Gorseinion a Phengam, felly.[114]

Mae'n ddiau, serch hynny, i ddiffyg cefnogaeth ddigonol o'r awdurdodau lleol, ynghyd ag effeithiau'r dirwasgiad economaidd, arwain at fethiant rhai o'r ardd bentrefi a gychwynnwyd yng Nghymru yn y 1910au i ddatblygu lawer ymhellach wedi'r Rhyfel Byd Cyntaf. Gwelwyd enghraifft o hynny yn yr ardd bentref a agorwyd yn ystod y Rhyfel ym Mhorth Tywyn, sir Gaerfyrddin ar ystâd deuddeg ar hugain acer. Yn ôl blwyddlyfr y WTPHT ar gyfer 1920, adeiladwyd 104 o dai yno yn ystod ac ers y Rhyfel Mawr, gyda'r bwriad i adeiladu 196 o dai ychwanegol dan nawdd cynllun newydd y llywodraeth wedi hynny. Lleolwyd yr ardd bentref hon ym Mhorth Tywyn yn bennaf er mwyn rhoi cartref i'r gweithwyr mewn ffatri arfau yn Llanelli ychydig filltiroedd o'r safle. Cyflogwyd dros ddwy fil o weithwyr yno yn ystod y Rhyfel, ond wedi i dirwasgiad economaidd y 1920au daro'r ardal bu'n rhaid cau'r ffatri. Rhwystrodd hynny ddatblygiad pellach yr ardd bentref i raddau helaeth a bu llawer o'r tenantiaid yn ddi-waith am gyfnodau hir. Er gwaethaf y ffaith i renti gael eu gostwng ac i'r cymhwyster cyfalaf i denantiaid newydd gael ei leihau o £50 i £5, roedd nifer o'r tai yn wag erbyn canol y 1920au.

Cymharol fyrhoedlog fu'r cymdeithasau a ffurfiwyd i ddatblygu'r ardd bentrefi ym Machynlleth a Llanidloes hefyd. Yn ôl arolwg Eryl Hall Williams o gynnydd y mudiad yng Nghymru ym 1931, roedd y cymdeithasau yn y ddwy dref wedi cael eu dirwyn i ben erbyn hynny a'r tai a adeiladwyd ar gyfer yr ardd bentrefi wedi eu gwerthu i'w tenantiaid.[115] Yn ôl ei gofiannydd, bu methiant awdurdodau lleol i gefnogi mentrau o'r fath ac i ymwneud â chynllunio trefol yn fwy cyffredinol yn rhan o ddadrithiad George M. Ll. Davies gyda'i waith i'r WTPHT, ynghyd ag elfen o anghydweld ac 'ymgiprys am elw ac arian y tu mewn i'r Ymddiriedolaeth ei hun'.[116] Er gwaethaf gwaith hyrwyddo diflino'r Ymddiriedolaeth casglodd un arall o'i gweithwyr mwyaf egnïol, Edgar Chappell, ym 1929 bod anwybodaeth ynglŷn â chynllunio trefol yn dal yn gyffredin tu hwnt yng Nghymru. Cynyddodd y ffaith bod Deddf Cynllunio 1925 wedi cryfhau ac uno'r pwerau a roddwyd gyntaf i awdurdodau lleol weithredu cynlluniau trefol yn neddfau blaenorol 1909 a 1919 ei rwystredigaeth gyda'u harafwch ymhellach.[117]

Gardd Bentref Barri

Bu'r fenter ym Marri dipyn mwy llwyddiannus na'r enghreifftiau uchod yng nghanolbarth Cymru. Sefydlodd y WTPHT gwmni gwasanaeth cyhoeddus ('public utility company') er mwyn datblygu gardd bentref yno ym 1914. Cefnogodd Cyngor Dosbarth Dinesig y Barri y fenter trwy neilltuo ardal sylweddol o dir ar gyfer prosiect cynllunio trefol.[118] Yng nghyfarfod cyntaf Bwrdd

Cyfarwyddwyr y 'Barry Garden Suburb Limited' a gynhaliwyd yn y Brotherhood Rooms ym Medi 1914, ystyriodd yr aelodau gynlluniau a gyflwynodd Alwyn Lloyd ar gyfer yr ardd faestref newydd yn y Barri, ac fe'i benodwyd yn swyddogol fel pensaer y fenter y noson honno. Nodwyd bod Mr W. J. Evans o'r Ocean Coal Co. Ltd wedi cael ei ofyn i fuddsoddi cyfalaf digonol yn y 'Barry Garden Suburb Limited', yn ogystal ag unrhyw fenthyciad gellid ei sicrhau o'r Llywodraeth, i adeiladu deg ar hugain o'r cant o dai cyntaf yno ar gyfer gweithwyr y cwmni.[119] Roedd Alwyn Lloyd a George M. Ll. Davies yn bresennol yn y cyfarfod bwrdd nesaf a phenodwyd Davies yn Ysgrifennydd Anrhydeddus. Cytunodd yr Ocean Coal Company fuddsoddi swm digonol i adeiladu 52 o dai yng ngham cyntaf datblygu gardd faestref y Barri, gyda'r gwaith i gael ei gwblhau erbyn haf 1916. Cefnogodd y WTPHT y fenter yn ariannol hefyd gyda'r amcan o gadw rhenti mor isel â phosibl yn ystod y rhyfel i'r tenantiaid. Ymhellach, cytunwyd na fyddai disgwyl i denantiaid fuddsoddi'n wythnosol yn y cynllun yn ystod y rhyfel ac ychwanegwyd y nodyn canlynol i'r daflen wybodaeth a ddarparwyd iddynt: 'To meet special circumstances and until further notice the Directors have decided that where desired by an applicant, they will not require the payment of weekly investment instalments during the War, provided that a first deposit of £5 is made'.[120]

Ceir rhestr o'r tenantiaid cyntaf a'u galwedigaethau yng nghofnodion cyfarfod y Bwrdd yn Nhachwedd 1915 sy'n cynnwys yn eu plith tair ar ddeg o weithwyr y cwmni rheilffordd lleol ('Barry Railway Company'), yn ogystal ag optegydd, siopwr, clerc dŵr, teiliwr, peiriannydd morol, goruchwyliwr gwaith, gwerthwr glo, athrawes, menyw briod a gweddw.[121] Ganwyd babi cyntaf yr ardd bentref ym mis Hydref 1916 ac yn yr un mis trefnwyd ymweliad llwyddiannus i'r ardd bentref gyfagos yn Rhiwbeina. Erbyn Medi 1917 roedd yr hanner cant o dai a adeiladwyd wedi eu llenwi a threfnwyd agoriad swyddogol a sioe arddwrol i ddathlu'r achlysur. Daeth ffigyrau mwyaf blaenllaw y mudiad fel Lleufer Thomas a David Davies i annerch y dorf a ffilmiwyd y dathliadau a'u dangos drachefn yn Theatr Royal, Barri.[122] Cafwyd adroddiadau yn amryw o bapurau lleol de Cymru yn ogystal, a bu'r *Garden Cities and Town Planning Magazine* yn llawn canmoliaeth o'r fenter, a gwaith Alwyn Lloyd yn arbennig:

> The site is easily the most picturesque of all garden suburbs, the existing houses overlooking the Channel and the Devon coast. The first piece to be developed stands about 200 feet above the sea level, and the site is particularly difficult in view of the steep gradients. Mr Lloyd has, however, laid out the ground in such a manner that where the worst gradient occurs the land is laid out for an open space. The houses already completed are excellent in character and design, and although built entirely with private money and without any sort of Government subsidy, a three-bedroom house is let at 6s 6d a week. There are few sites offering greater possibilities of striking developments than this[.][123]

Y mis canlynol daeth cynrychiolydd o'r 'Bombay Industrial Commission' yn India i ymweld â'r ardd bentref newydd, a mynegodd ei edmygedd o'r prosiect i Alwyn Lloyd.[124] Bu'n rhaid i Lloyd adael ei rôl yn y Barri dros dro yn Hydref 1917 gan iddo gael ei alw i weithio gyda 'War Victims Relief Committee' y Crynwyr. Pan ddychwelodd i Gymru ychydig wedi diwedd y rhyfel, datblygwyd ail ran yr ardd bentref gyda hanner cant a dau o dai yn cael eu hadeiladu ym 1919. Bu'r Barry Railway Company yn rhan allweddol o sicrhau bod y rhan olaf o'r cynllun yn cael ei gwblhau trwy fuddsoddi'n helaeth yn yr wyth deg dau o dai ychwanegol a adeiladwyd ym 1924 a 1925. Rhentwyd y tai newydd hynny i weithwyr y cwmni a bu Deddf Gynllunio Tai 1924 yn hwb i'r fenter trwy gynnig cymhorthdal blynyddol i'w gefnogi.

Tai ac Ymreolaeth i Gymru

Mater arall y bu'r WTPHT yn awyddus i'w drafod a'i annog oedd datganoli grym o Lundain i Gymru. Nodwyd yng ngholofn olygyddol blwyddlyfr 1919 bod yr Ymddiriedolaeth wedi sylweddoli o'i dyddiau cynharaf, 'Wales' need of decentralisation in all matters affecting housing. In former years it expressed the view in the form of a demand for a Local Government Board *for*, and *in*, Wales.'[125] Cyflwynodd femorandwm i Bwyllgor Ailadeiladu'r Cabinet ym 1916 o ganlyniad yn argymell y dylid creu Bwrdd Llywodraeth Leol Amaethyddiaeth ar gyfer Cymru'n benodol ac y dylai materion yn ymwneud â thai yng Nghymru wledig gael eu gweinyddu gan y bwrdd newydd hwnnw. Yn ôl Lleufer Thomas byddai hynny'n paratoi'r ffordd ar gyfer cynllun ehangach o ddatganoli Cymreig.[126] Gwnaeth Alwyn Lloyd gysylltiad uniongyrchol rhwng cynllunio rhanbarthol ac Ymreolaeth ('Home Rule') i Gymru mewn erthygl i Flwyddlyfr 1920, gan gyflwyno datganoli fel y ffordd fwyaf synhwyrol o oresgyn 'the present chaotic condition of administrative affairs.'[127] Dadleuodd bod pobl ymarferol eu bryd yn cytuno'n gynyddol yng Nghymru y dylid cydnabod problemau yn ymwneud ag addysg, crefydd, busnes ac amaethyddiaeth, yn ogystal â thai, fel rhai *Cymreig* yn benodol a'u datrys trwy fecanwaith gweinyddol a'i gwreiddiwyd yng Nghymru. Credai ymhellach y gallai Cymru wneud cyfraniad trwy hynny ar y llwyfan rhyngwladol 'and her newer Nationalism should be moulded on such lines as would help, rather than hinder, the League of Nations, that *international* solution, which we realise is the only hope for the world's peaceful development'.[128]

Dwy flynedd yn ddiweddarach, rhestrodd Lleufer Thomas hunan-lywodraeth i Gymru fel un o amcanion y WTPHT wrth edrych i'r ddegawd nesaf yn ei arolwg o gyflawniadau'r ddegawd flaenorol: 'Self-government for Wales, and pending its realisation, a determined opposition to every anti-devolution act or line of policy on the part of the Government'.[129] Roedd rhai o'r pwyntiau eraill yn y rhestr flaenoriaethau yn hynod flaengar ac uchelgeisiol hefyd, gan gynnwys dileu mwg o'r pyllau glo, sicrhau mannau agored a 'reservations' naturiol ar gyfer defnydd cyhoeddus, cynnal arolwg cyflawn gyda chefnogaeth y llywodraeth o iechyd a bwyd y genedl gyfan, yn ogystal ag annog pob awdurdod lleol yng Nghymru i ymwneud yn ffurfiol â chynllunio trefol. Dylid annog dulliau cydweithredol ym mywyd gwledig hefyd a chreu cyfleusterau hamdden fel llyfrgelloedd cylchredol a neuaddau pentrefi.

I hyrwyddo'i waith ymhellach trefnodd y WTPHT gyfres o gynadleddau blynyddol o 1915 ymlaen, yn ogystal â'r lenyddiaeth bropaganda a gyhoeddodd yn rheolaidd. Y mwyaf uchelgeisiol o'r rhain oedd cynhadledd a drefnwyd ar y cyd gyda'r Ysgol Gwasanaeth Cymdeithasol Cymreig yn Llandrindod yn haf 1921. Cynrychiolwyd cymdeithasau tai o Riwbeina, y Barri, Porth Tywyn a Wrecsam yn y gynhadledd trwy gynlluniau a ffotograffau o'u gwaith, yn ogystal ag ystadau eraill ym Margam a Mynydd Cynffig. Danfonodd y 'Garden City Association' gasgliad o luniau yn dangos cynlluniau trefol yn Efrog, Birmingham, Kilmarnock, Dunfermline a chyn belled â Kolkata. Cafwyd enghreifftiau eraill o gynlluniau tramor ar gyfer Berlin, Fienna, Dusseldorf, Mannheim, Paris a Newark yn yr Unol Daleithiau. Cyflwynodd Edgar Chappell ddwy ddarlith yn ystod y gynhadledd ar natur y broblem tai yng Nghymru a fynegodd ei ddicter ynglŷn â'r difrod amgylcheddol y bu tirfeddianwyr a pherchnogion y pyllau glo yng Nghymru yn gyfrifol amdano. Roedd y diwydianwyr a'u hadeiladwyr wedi diystyried pwysigrwydd gwarchod prydferthwch naturiol de Cymru yn arbennig, a chollfarnodd y llygredd i'r afonydd a'r awyr, y difrodi coed a'r anharddu cyffredinol y bu i'w trachwant ganiatáu. 'The dumping of huge tips' meddai ymhellach, 'such as that at Bargoed in the vicinity of dwellings should be regarded as a crime against the community.'[130] Ym 1919 trefnwyd cyfres o ysgolion penwythnos yn ystod yr haf yng Nghaerdydd, Wrecsam, Bangor ac Abertawe a fu'n hynod boblogaidd. Traddodwyd cyfres o ddarlithoedd ar ran yr Ymddiriedolaeth ar bynciau fel egwyddorion y mudiad gardd ddinas a 'Housing from a Woman's

Point of View'. Mynychodd torf o dros 3,000 y cyfarfod cyhoeddus a gynhaliwyd i gloi'r ysgolion yn Neuadd y Parc, Caerdydd.

Casgliad

Beth yn union a gyflawnwyd felly yn y blynyddoedd a ddilynodd y Rhyfel Byd Cyntaf a Deddf Gynllunio Tai 1919? Dengys adroddiad ystadegol a gyflwynir ym mlwyddlyfr y WTPHT i 931 o dai gael eu hadeiladu yng Nghymru gan gymdeithasau cyhoeddus rhwng 1919 a 1923.[131] Cymharai hynny gyda'r 12,575 o dai a adeiladwyd gan awdurdodau lleol a'r 6,680 trwy fentrau preifat, cyfanswm o 20,514 o dai newydd, gyda 3,784 pellach wrthi'n cael eu hadeiladu yn Hydref 1925.[132] Roedd pwysau cyson y WTPHT a'i phrif hyrwyddwr Alwyn Lloyd ar gyfer arolwg rhanbarthol wedi llwyddo i arwain at sefydlu pwyllgorau cynllunio rhanbarthol yn nwyrain, de a gorllewin Morgannwg a dwyrain sir Gaerfyrddin erbyn 1924 gyda chynlluniau trefol wedi cael eu sefydlu gan gynghorau Caerdydd, Abertawe, Wrecsam a Chasnewydd yn ogystal. Roedd yr awdurdodau lleol mewn amryw o drefi Cymreig llai o faint hefyd wedi cychwyn cynlluniau tebyg, gan gynnwys ym Medwas, Pen-y-bont, Fflint, Porthcawl, Aberystwyth, Y Bont-faen a Llandudno. Fel y nodwyd yn adroddiad G. L. Pepler, cyn-Lywydd y 'Town Planning Institute', yn ei adroddiad ar ddatblygiadau cynllunio yng Nghymru, 'the object of regional planning is to establish a policy of conservation and development that shall give unity of aim to all progressive forces within the nation.'[133]

Serch hynny, ni fu'r awdurdodau lleol i gyd mor awyddus i fod yn rhan o'r gwaith, ac yn ei arolwg cyffredinol ar ddiwedd y 1920au nododd Edgar Chappell mai deg ar hugain yn unig o'r 176 awdurdod lleol oedd wedi cymryd hyd yn oed y camau cyntaf i faes cynllunio trefol erbyn hynny, gan gynnwys saith o'r tair ar ddeg sir. 'In view of the apathy shown by Welsh local authorities,' meddai, yn sgil hynny, 'vigorous local propaganda is still necessary.'[134] Gwelai angen cynyddol ar gyfer y gwaith wrth i drafnidiaeth gynyddu'n gyflym ar heolydd Cymru, gan ddod â'r dref a'r wlad mewn cyswllt agosach â'i gilydd, ac wrth i bentrefi a fu'n anghysbell tu hwnt yn flaenorol gael eu datblygu'n raddol yn gyrchfannau i ymwelwyr. Erbyn 1932 roedd y nifer o dai a adeiladwyd yng Nghymru ers 1919 wedi codi i 78,930, gyda 1,559 o'r rheiny yn rhai cymdeithasau cyhoeddus.[135] Yn sgil y dirwasgiad economaidd difrifol roedd y cyfanswm blynyddol o dai newydd wedi gostwng yn gyffredinol ac roedd rhai o'r problemau ffurfiwyd y mudiad i ddelio â hwy yn dal yr un mor gyffredin yn ôl ysgrifennydd y WTPHT:

> The last reports of the Medical Officers of Health tell the old story of overcrowding; of damp, unhealthy, insanitary dwellings; of tuberculosis patients occupying the same room, and even sharing the same bed, because of the lack of room, as healthy occupants; of families dwelling in cellars and shanties; of hovels of two rooms, and of even one; of dead members of families in the rooms where are all the meals are cooked and eaten; of danger to health.[136]

Casglodd Edgar Chappell yn yr un rhifyn o'r blwyddlyfr mai Cymru oedd y rhan mwyaf 'backward' ym Mhrydain o ran cynllunio trefol a dim ond yn ddiweddar iawn yr ystyriodd ffigyrau blaenllaw yr awdurdodau lleol y mater o ddifrif.[137]

Er mor ymylol y gall gweithgaredd y WTPHT ymddangos yn wyneb y math o dlodi a dioddefaint a ddisgrifiwyd uchod, roedd y gwaith a gyflawnwyd dan ei enw o bwysigrwydd hirdymor a pharhaol. Yn un peth llwyddodd y mentrau a adeiladwyd gyda'i gefnogaeth ariannol ac ymarferol i osod sylfaen cadarn ar gyfer cymdeithasau tai cydweithredol yng Nghymru. Bu'r ardd bentrefi a ddatblygwyd yn Wrecsam, Rhiwbeina a'r Barri, ymhlith eraill, yn llwyddiant yn bensaernïol a chymdeithasol ar eu telerau eu hunain hefyd. Mae'r mwyafrif ohonynt wedi cael eu cadw a'u diogelu'n ffurfiol hyd heddiw i sefyll fel enghraifft barhaol o sut y gall ymgyrch gydweithredol lwyddo i greu amodau byw ac amgylchedd iach, pleserus a diogel i unigolion a theuluoedd o bob dosbarth cymdeithasol. Yn y bennod nesaf gwelwn sut y chwaraeodd rhai o'r unigolion a fu'n fwyaf gweithredol a dylanwadol yn y mudiad cynllunio trefol yng Nghymru ran bwysig hefyd yn yr ymateb iwtopaidd ei naws a brofwyd i ddirwasgiad argyfyngus y 1920au a 1930au, gan gynnwys George M. Ll. Davies ac Alwyn Lloyd. Gwelir yn un cyfuniad o optimistiaeth ddelfrydgar ac ymarferoldeb yn y mentrau a ddatblygwyd yn rhai o'r trefi a phentrefi a darodd yr argyfwng economaidd hwy'n fwyaf trwm, fel Brynmawr a Threalaw.

Nodiadau

1 George M. Ll. Davies, *Pererindod Heddwch* (Dinbych: Gwasg Gee, 1945), t. 24.

2 *The Welsh Outlook*, Mai 1914, 1/5, 229.

3 Gweler Llion Wigley, '"Mae yno dŷ rhwng gerddi yn ymyl tre Caerdydd": Gardd-bentref Rhiwbeina a'r Dosbarth Canol Cymraeg, 1912–1939', *Y Traethodydd*, CLXXVI, Ionawr 2023, 220–39, ar gyfer stori lawn gardd bentref Rhiwbeina.

4 *The Welsh Outlook*, 1/5, Mai 1914, 229.

5 D. Lleufer Thomas, *The Welsh Housing and Development Association: Its Record and Its Program* (Cardiff: The Welsh Housing and Development Association, 1922), t. 3.

6 Llyfrgell Pensaernïaeth Prifysgol Caerdydd, Toriadau Papur Newydd Alwyn Lloyd (TPNAL), *Manchester Guardian*, 9 Mai 1913.

7 Thomas, *The Welsh Housing and Development Association*, tt. 1–2.

8 D. Lleufer Thomas, *The Regional Treatment of Housing and Development Problems in South Wales* (Cardiff: The Welsh Housing and Development Association, 1919) t. 5.

9 Thomas, *The Regional Treatment of Housing*, t. 15.

10 D. Lleufer Thomas, 'The Housing Problem in Wales', *The Welsh Housing and Development Yearbook*, 1916, t. 30.

11 Charles T. Ruthen, 'The Town Planning Movement in Wales', *The Welsh Housing and Development Yearbook*, 1917, t. 66.

12 E. H. Griffiths, *George M. LL. Davies: Heddychwr Mawr Cymru, Cyfrol 1* (Caernarfon: Llyfrfa'r Methodistiaid Calfinaidd, 1967), t. 41.

13 Davies, *Pererindod Heddwch*, tt. 23–4.

14 Davies, *Pererindod Heddwch*, t. 23.

15   George M. Ll. Davies, 'Hovels and Houses in Wales', *The Welsh Outlook*, 1/2, Chwefror 1914, 10–12.

16   *The Welsh Outlook*, 1/2, Chwefror 1914, 45.

17   *The Welsh Outlook*, 1/2, Chwefror 1914, 45.

18   Raymond Unwin, 'Can we town-plan the Valleys', *The Welsh Outlook*, 1/4, Ebrill 1914, 155–60.

19   Jen Llywelyn, *Pilgrim of Peace: A Life of George M. Ll. Davies* (Talybont: Y Lolfa, 2016), t. 62.

20   Nodwyd mewn erthygl yn un o'r papurau cenedlaethol ar 'Healthy Homes in Wales' ym 1909: 'It is curious that three Welshmen were concerned in the promotion of the Letchworth Garden City', TPNAL, *Daily Chronicle*, 26 Tachwedd 1909.

21   C. B. Purdom (gol.), *The Garden City: A Study in the Development of a Modern Town* (London: Dent, 1913).

22   Purdom, *The Garden City*, t. 297.

23   Purdom, *The Garden City*, t. 298.

24   Unwin, 'Can we town-plan the Valleys', 155.

25   Davies, 'Houses and Hovels in Wales', 11.

26   TPNAL, *Borders and Counties Adverstier*, 14 Mai 1913.

27   TPNAL, *Manchester Guardian*, 19 Hydref 1911.

28   TPNAL, *Wrexham Leader*, 15 Mai 1912.

29   *The Welsh Outlook*, 2/11, Tachwedd 1915, 412–13.

30   Gweler Llywelyn, *Pilgrim of Peace*, tt. 66–7.

31   H. E. K. Adams, 'Gardens and Open Spaces for the New Houses', *The Welsh Housing and Development Yearbook*, 1921, t. 94.

32   Adams, 'Gardens and Open Spaces for the New Houses', t. 97.

33   George M. Ll. Davies, *Essays Towards Peace* (London: Sheppard Press, 1946), t. 100.

34   Davies, *Essays Towards Peace*, tt. 99–100.

35   Gweler cofnod Evan David Jones ar fywyd Lloyd yn *Y Bywgraffiadur Cymreig*, *https://bywgraffiadur.cymru/article/c4-LLOY-ALW-1881?&query=THOMAS%20ALWYN%20(1881%20-%201960),%20pensaer%20a%20chynllunydd%20trefol%20|%20Y%20Bywgraffiadur%20Cymreig&lang[]=cy&sort=score&order=desc&rows=12&page=1*, cyrchwyd 21 Hydref 2024.

36   TPNAL, *The Liverpool Courier*, 3 Tachwedd 1903.

37   TPNAL, *The Liverpool Courier*, 18 Rhagfyr 1906.

38   TPNAL, *The Liverpool Courier*, 22 Gorffennaf 1907.

39   TPNAL, *The Liverpool Courier*, 23 Gorffennaf 1907.

40   Ar gyfer cyd-destun datblygiad y mudiad, gweler Fiona MacCarthy, *William Morris: A Life for Our Time* (London: Faber & Faber, 1994) a Sheila Rowbotham, *Edward Carpenter: A Life of Liberty and Love* (London: Verso, 2009).

41   TPNAL, *The Daily News*, 15 Medi 1910.

42   TPNAL, *The New Age*, 14 Gorffennaf 1910.

43 TPNAL, *The Westminster Herald*, Hydref 1911.

44 TPNAL, *Montgomeryshire County Times*, 17 Awst 1912.

45 TPNAL, *Garden Cities and Town Planning Magazine*, Gorffennaf 1912.

46 TPNAL, *Manchester Guardian*, 9 Mai 1913.

47 Gweler Dennis Hardy, *From Garden Cities to New Towns: Campaigning for Town and Country Planning, 1899–1946* (Abingdon: Spon Press, 2011), ar gyfer datblygiad y mudiad cynllunio trefol yn gyffredinol yn y cyfnod hwn.

48 TPNAL, *South Wales Daily News*, 30 Mawrth 1912.

49 T. Alwyn Lloyd, 'The Planning of Cottages', *The Welsh Housing and Development Yearbook*, 1917, t. 102.

50 Lloyd, 'The Planning of Cottages', t. 102.

51 Thomas, *The Regional Treatment of Housing*, t. 14.

52 T. Alwyn Lloyd, 'Next Steps in Regional Survey', *The Welsh Housing and Development Yearbook*, 1922, t. 83.

53 Eryl Hall Williams, 'Public Utility Societies', *The Welsh Housing and Development Yearbook*, 1922, t. 74.

54 Gweler y cyfweliad gyda John Eryl Hall Williams ar wefan yr Imperial War Museum lle mae'n trafod cefndir ei dad a'i gyfeillgarwch â Davies ac Alwyn Lloyd ill dau: *www.iwm.org.uk/collections/item/object/80014863*, cyrchwyd 25 Hydref 2024.

55 *The Welsh Outlook*, 5/1, Ionawr 1918, 34.

56 Gweler Alan Llwyd, *Waldo: Cofiant Waldo Williams, 1904–1971* (Talybont: Y Lolfa, 2014), tt. 62–5.

57 Dilys Williams, 'Waldo Williams: Ychydig Ffeithiau', *Y Traethodydd*, CXXVI, Hydref 1971, 208.

58 Gweler y rhestr lawn o lyfrau Waldo Williams, sydd hefyd yn cynnwys gweithiau gan feddylwyr iwtopaidd eraill fel Martin Buber: *Cy.wikipedia.org/wiki/Rhestr o lyfrau personol Waldo Williams*, cyrchwyd 14 Hydref 2024.

59 *The Welsh Outlook*, 5/1, Ionawr 1918, 34.

60 Yn y bennod berthnasol ar 'Non-Governmental Society' dywed Carpenter fel a ganlyn: 'How Utopian it all sounds! How absurdly simple and simple-minded – to work because you like the work and desire the product ... Yet is it really impossible? From Solomon to Dr. Watts we have been advised to go to the Ant and the Bee for instruction and lo! they are unpractical and Utopian too. Can anything be more foolish than the conduct of these little creatures, any one of them will at any moment face death in defence of his tribe'. Edward Carpenter, *Towards Industrial Freedom* (London: George Allen & Unwin, 1917), t. 88.

61 *The Welsh Outlook*, 5/1, Ionawr 1918, 34.

62 Dyfynnwyd araith Tom Ellis yn J. A. Lovat-Fraser, 'The Need for Education in Architecure and Town-Planning', *The Welsh Housing and Development Yearbook*, 1918, t. 55.

63 Lovat-Fraser, 'The Need for Education' t. 56.

64 Lovat-Fraser, 'The Need for Education' t. 57.

65 T. Alwyn Lloyd, 'Progress in Architectural Education, What Wales is Doing', *The Welsh Housing and Development Yearbook*, 1926, t. 85.

66 *The Welsh Housing and Development Yearbook*, 1926, t. 85.

67 Gweler y cofnod diddorol ar Dewi-Prys Thomas yn *Y Bywgraffiadur Cymreig*, *https://bywgraffiadur.cymru/article/c14-THOM-PRY-1916#?c=0&m=0&s=0&cv=106&manifest=https%3A%2F%2Fdamsssl.llgc.org.uk%2Fiiif%2F2.0%2F1585529%2Fmanifest.json&xywh=3002%2C184%2C709%2C612*, cyrchwyd 22 Ionawr 2025. Bu Thomas ei hun yn wrthwynebwr cydwybodol yn ystod yr Ail Ryfel Byd ar sail deublyg ei heddychiaeth a'i genedlaetholdeb.

68 T. Alwyn Lloyd, 'The Enjoyment of Architecture', *The Welsh Housing and Development Yearbook*, 1927, t. 39.

69 Lloyd, 'The Enjoyment of Architecture', t. 42.

70 Lloyd, 'The Enjoyment of Architecture', t. 42.

71 Gweler W. H. G. Armytage, *Heavens Below: Utopian Experiments in England, 1560–1960* (London: Routledge & Kegan Paul, 1961), tt. 403–4.

72 T. Alwyn Lloyd, 'Y Prydferth yng Nghymru: Rhan 3', *Y Capten*, 3/3, Mawrth 1933, 62.

73 Lloyd, 'Y Prydferth yng Nghymru', 62.

74 Lloyd, 'Y Prydferth yng Nghymru', 63.

75 Gweler *Y Bywgraffiadur Cymreig*, *https://bywgraffiadur.cymru/article/c2-JONE-DAV-1869?&query=j&lang%5b%5d=en&lang%5b%5d=cy&sort=sort_name&order=asc&rows=12&page=46*, cyrchwyd 25 Hydref 2024.

76 Edmund Jones, 'Y Prydferth yng Nghymru: Rhan 2', *Y Capten*, 3/2, Chwefror 1933, 37.

77 Edmund Jones, 'William Morris', *Y Ford Gron*, 4/7, Mai 1934, 161. Ailgyhoeddwyd yr erthygl yng nghyfrol Jones, *Camre Celfyddyd* (Aberystwyth: Gwasg Aberystwyth, 1938). Gweler MacCarthy, *William Morris*, t. 3 ar gyfer cysylltiadau teuluol Morris â Chymru. Dywed: 'William Morris was intrigued by his roots in wild Wales and "its lovely ancient literature", though he never acquired more than a few words of the Welsh language, which he described as "difficult but beautiful"'. Bu Morris ar wyliau yn ardal Tywyn yng nghanol y 1870au.

78 Jones, 'Y Prydferth yng Nghymru', 37.

79 Jones, 'Y Prydferth yng Nghymru', 38.

80 T. Alwyn Lloyd, *Brighter Welsh Villages and Towns: How we can Obtain Them* (London: Council for the Preservation of Rural Wales, 1931), t. 16.

81 Lloyd, *Brighter Welsh Villages*, t. 22.

82 Lloyd, *Brighter Welsh Villages*, t. 23.

83 Lloyd, *Brighter Welsh Villages*, t. 23.

84 T. Alwyn Lloyd, 'Drwy Gynllun y Meithrinir Tlysni'r Tai a'n Tiroedd', *Y Ford Gron*, 5/9, Gorffennaf 1935, 194.

85 Lloyd, 'Drwy Gyllun', 194.

86 Lloyd, 'Drwy Gynllun', 194.

87 *The Welsh Housing and Development Yearbook*, 1932, t. 21.

88 *The Welsh Housing and Development Yearbook*, 1934, t. 16.

89 T. Alwyn Lloyd, *Planning in Town and Country* (London: Routledge, 1935), tt. 127–8.

90 Lloyd, *Planning in Town and Country*, t. 188.

91 Arthur Trystan Edwards, 'Communal Living', *The Welsh Housing and Development Yearbook*, 1923, t. 102.

92 Edwards, 'Communal Living', t. 103.

93 Edwards, 'Communal Living', t. 103.

94 Edwards, 'Communal Living', t. 103.

95 Gweler yn arbennig Helen Hester a Nick Srnicek, *After Work: A History of the Home and the Fight for Free Time* (London: Verso, 2023); Deborah Sugg Ryan, *Ideal Homes: Uncovering the History and Design of the Interwar House* (Manchester: Manchester University Press, 2020); a Andy Willimott, *Living the Revolution: Urban Communes and Soviet Socialism, 1917–1932* (Oxford: Oxford University Press, 2019).

96 Thomas, *The Welsh Housing and Development Association*, t. 9.

97 Thomas, *The Welsh Housing and Development Association*, t. 9.

98 Winifred Coombe Tennant, 'Welsh Housing and the Women Voters', *The Welsh Housing and Development Yearbook*, 1919, t. 16.

99 E. P. Hughes, 'Housing Problems from the Standpoint of a Woman', *The Welsh Housing and Development Yearbook*, 1918, t. 106.

100 'The Labour Saving House', *The Welsh Housing and Development Yearbook*, 1918, t. 110.

101 T. Alwyn Lloyd, 'The Garden Village Method of Estate Development', *The Welsh Housing and Development Yearbook*, 1916, t. 74.

102 T. Alwyn Lloyd, 'Women and Housing', *The Welsh Housing and Development Yearbook*, 1921, t. 5.

103 *The Welsh Outlook*, 10/6, Mehefin 1923, 167.

104 Williams, 'Public Utility Societies', t. 74.

105 Williams, 'Public Utility Societies', t. 75.

106 Thomas, 'The Housing Problem in Wales', t. 17.

107 Thomas, 'The Housing Problem in Wales', t. 24.

108 Thomas, 'The Housing Problem in Wales', t. 27.

109 *The Welsh Housing and Development Yearbook*, 1916, t. 52.

110 Eryl Hall Williams, 'The Co-operative Housing Movement', *The Welsh Housing and Development Yearbook*, 1931, t. 103.

111 Williams, 'The Co-operative Housing Movement', t. 103.

112 Williams, 'The Co-operative Housing Movement', t. 95.

113 Williams, 'The Co-operative Housing Movement', t. 103.

114 Gweler Andrew Bibby, *These Houses are Ours: Co-operative and Community-led Housing Alternatives, 1870–1919* (Hebden Bridge: Gritstone Publishing, 2023), t. 126.
115 Williams, 'The Co-operative Housing Movement' t. 101.
116 Griffiths, *George M. Ll. Davies*, t. 51.
117 Edgar Chappell, 'Town Planning in Wales', *The Welsh Housing and Development Yearbook*, 1929, t. 57.
118 TPNAL, *The Western Mail*, 28 Tachwedd 1914.
119 Archifau Morgannwg (AM), DGSB/1, Barry Garden Suburb Ltd Records, Cofnodion 1914–1916, 15 Medi 1914.
120 AM, DGSB/1, 17 Medi 1915.
121 AM, DGSB/1, 5 Tachwedd 1915.
122 AM, DGSB/2, Cofnodion 1916–1921, 7 Medi 1917.
123 TPNAL, *Garden Cities and Town Planning Magazine*, Hydref 1917.
124 AM, DGSB/2, 9 Hydref 1917.
125 *The Welsh Housing and Development Yearbook*, 1919, t. 4.
126 Thomas, *The Welsh Housing and Development Association*, t. 8.
127 T. Alwyn Lloyd, 'Regional Surveys and Planning in Relation to Welsh Home Rule', *The Welsh Housing and Development Yearbook*, 1920, t. 81.
128 Lloyd, 'Regional Surveys and Planning', t. 81.
129 Thomas, *The Welsh Housing and Development Association*, t. 14.
130 Edgar Chappell, *The Housing Problem in Wales* (Cardiff, 1920), t. 11.
131 'Housing Progress in Wales', *The Welsh Housing and Development Yearbook*, 1926, t. 54.
132 'Housing Progress in Wales', t. 55.
133 G. L. Pepler, 'Town and Regional Planning Progress in Wales', *The Welsh Housing and Development Yearbook*, 1925, t. 59.
134 Chappell, 'Town Planning in Wales', t. 58.
135 E. A. Charles, 'The Housing Position in Wales', *The Welsh Housing and Development Yearbook*, 1933, t. 28.
136 Charles, 'The Housing Position in Wales', t. 29.
137 *The Welsh Housing and Development Yearbook*, 1933, t. 39.

2

Arbrawf Brynmawr a Mentrau eraill y Crynwyr yng Nghymru rhwng y Rhyfeloedd Byd

Cyflwyniad

Bu nifer o'r cymeriadau a fu'n flaenllaw yn y WTPHT a'r gweithgareddau a ddisgrifiwyd ym mhennod un, fel George M. Ll. Davies ac Alwyn Lloyd, yn rhan bwysig o'r mentrau cymunedol amrywiol a ddatblygodd rhwng y rhyfeloedd byd mewn ymateb i dirwasgiad economaidd a diweithdra'r cyfnod, fel y gwelwn. Canolbwyntir yn y bennod hon ar waith y Crynwyr yng Nghymru a'r canolfannau (*settlements*) a phrosiectau a sefydlwyd ganddynt yn Nhrealaw, Rhosllannerchrugog a Brynmawr yn bennaf. Rhydd Gwynfor Evans y grynodeb ddefnyddiol ganlynol o'r mentrau yn ei bamffled ar waith ei gyfaill, George M. Ll. Davies:

> Yr hyn a ddarparent i'r di-waith a'u gwragedd oedd nid cardod ond gwaith o lawer math – gwneud celfi, sgidiau, dillad ac ati mewn clybiau, lle y caent gymdeithas glos – a hefyd ddarparu cyfleusterau addysg, diwylliant ac adloniant, gan gynnwys chwaraeon, ymarfer corff, dramâu a chorau.[1]

Er na groesawodd trigolion yr ardaloedd hyn eu hymyrraeth yn eu cymunedau yn ddi-gwestiwn na'n unfrydol o bell ffordd, fel y gwelwn, ceisir dangos bod syniadau iwtopaidd yn gymhelliad canolog tu ôl i'w harbrawf cymdeithasol uchelgeisiol a liniarodd peth o effeithiau dirwasgiad economaidd dybryd mewn cyfnod pan na fu'r llywodraeth yn barod neu'n abl i wneud. Bu'r dulliau o gydweithredu a chydweithio a fabwysiadwyd fel rhan o'r arbrawf yn fodel arloesol yng Nghymru hefyd a ddilynwyd yn helaeth ym maes datblygu cymunedol wedi'r Ail Ryfel Byd.

Maes-yr-Haf

Yn ôl atgofion George M. Ll. Davies o'r cyfnod, cyfarfod blynyddol y Crynwyr a gynhaliwyd yn Llandrindod ym 1924 oedd gwreiddyn eu hymwneud â gwaith cymdeithasol yn ne Cymru. Apeliodd y Parchedig John Morgan Jones o Ferthyr Tudful yn ystod y cyfarfod arnynt i ymweld â'r ardal i weld effeithiau'r dirwasgiad economaidd a oedd yn prysur ddwysáu.[2] Bu Davies yn bresennol mewn cynhadledd arall yn Harlech ddwy flynedd yn ddiweddarach, lle penderfynodd tri unigolyn a fu'n allweddol yn y mentrau a ddilynodd i ymweld â'r Rhondda yn ei sgil i ddysgu pa fath o waith cymdeithasol y gellid ymgymryd ag ef, sef Peter Scott a'r pâr priod William ac Emma Noble. Roedd tri o bob pedwar glöwr yn ddi-waith yn nhref Brynmawr erbyn hynny, ac yn ne Cymru ar y cyfan roedd 50,000 o lowyr yn ddi-waith a dros 25,00 yn gweithio'n rhan-amser yn unig.[3] Yn dilyn eu hymweliad, symudodd William ac Emma Noble o'u cartref yn Swindon i weithio yn y cymoedd am ddwy flynedd. Yn ôl adroddiad blynyddol cyntaf y fenter, prynwyd tŷ ym mhentref Trealaw yn y Rhondda ym 1926 fel canolfan i'w gwaith ac aethpwyd ati i'w atgyweirio a'i ddodrefnu am gost o £1,700.[4] Rhoddwyd yr enw Maes-yr-Haf i'r ganolfan, a nodir yn yr adroddiad hefyd mai dosbarth Cymraeg i oedolion dan ofal E. T. Griffiths – prifathro ysgol ramadeg gyfagos Porth – a fu'n cwrdd yn ei gartref cyn hynny oedd un o'r cyntaf i'w gael eu cynnal yno. Tyfodd y dosbarth yn sydyn o ganlyniad a bu'n rhaid ei rannu'n ddau.

Dros y gaeaf cyntaf ym Maes-yr-Haf cynhaliodd un o'r athrawon eraill, Dorothy Emmet, ddosbarthiadau ar athroniaeth foesol cyn y Nadolig a Gwladwriaeth Platon yn y flwyddyn newydd.[5] Erbyn i'r ail adroddiad blynyddol gael ei lunio ym 1929, wrth i'r galwadau ar y ganolfan gynyddu'n gyflym, sylweddolwyd, 'that the work has got beyond the experimental stage and that we must try to get Maes-yr-Haf established on a permanent basis'.[6] Fel rhan o hynny casglwyd y dylid agor canolfannau eraill tebyg er mwyn cynnig dosbarthiadau i bobl ifanc a'r di-waith ar hyd a lled y cymoedd. Tyfodd gwaith y fenter yn gyson o flwyddyn i flwyddyn, ac erbyn 1930 roedd nifer y dosbarthiadau wedi cynyddu o un ar ddeg i ddau ar bymtheg gyda chyfanswm o dros 200 o aelodau. Cyfeiriodd awdur holl adroddiadau blynyddol Maes-yr-Haf, yr ysgolhaig nodedig o Rydychen A. D. Lindsay, at wrthrych un o'r dosbarthiadau hynny yn ei gofnod o'r llwyddiant cynnar yn yr un flwyddyn. 'Our city,' meddai, wrth ddyfynnu disgrifiad Platon o'i ddinas ddelfrydol, 'once it has got a good start, goes on growing of itself like a circle.'[7] Pendronwyd dros y canrifoedd ynglŷn ag ystyr disgrifiad Platon o'r ddinas yn tyfu fel cylch, yn enwedig o safbwynt geometreg, 'but a human circle is always a growing and irradiating centre from which light and warmth spreads in all directions. Maes-yr-Haf at least is like that. It has had a good start, and its activities and influences keep on growing in all directions.'[8]

Yn sgil y galw cynyddol, tua'r un adeg gwahoddwyd Prifysgol Cymru a Chymdeithas Addysg y Gweithwyr i gynnig eu hathrawon ar gyfer rhai o'r dosbarthiadau ym Maes-yr-Haf. Dynion di-waith oedd mwyafrif eu haelodau yr oedd eu haddysg ffurfiol yn gyffredinol wedi terfynu mor ifanc â deuddeg oed. Ehangwyd y dewis o ddosbarthiadau i gynnwys pynciau fel hanes, bioleg a llenyddiaeth yn y 1930au cynnar, ac aeth un o'r aelodau mwyaf disglair, Ben Jones ymlaen i dderbyn hyfforddiant pellach yng

Ngholeg Harlech a gradd mewn economeg cyn dychwelyd i Faes-yr-Haf i arwain dosbarthiadau ei hun.[9] Sefydlwyd deg ar hugain o glybiau i ddynion di-waith erbyn 1935 gyda thua 6,000 o aelodau. Fel y nodwyd yn yr adroddiad blynyddol y flwyddyn honno, rhan ganolog o'u swyddogaeth a'u llwyddiant oedd mai'r dynion eu hunain oedd yn eu llywodraethu mewn modd democrataidd cwbl nodweddiadol o'r Rhondda.[10] Erbyn yr un flwyddyn roedd Crynwyr Maes-yr-Haf hefyd wedi trefnu rhandiroedd ar gyfer dros 17,000 o ddynion di-waith ym Morgannwg trwy sefydlu cymdeithasau cydweithredol i ddarparu offer garddio, hadau a gwrtaith ac yn hanfodol, fel y tanlinellodd George Davies, 'a'r cyfan dan eu rheolaeth hwy eu hunain'.[11]

Sefydlwyd grwpiau rheolaidd i fenywod ymgymryd â gwahanol grefftau llaw hefyd, a bu dros 3,000 yn eu mynychu'n wythnosol erbyn 1933. Trefnodd Emma Noble yn ogystal wersi dinasyddiaeth i fenywod yn unig ym 1928, a'r flwyddyn ganlynol trefnodd un arall o'r gwirfoddolwyr, Elspeth Land, chwe chlwb i ferched yn eu harddegau ddysgu crefftau, dawnsio gwerin a cherddoriaeth.[12] Roedd cynulleidfaoedd rhwng mil a dwy fil yn mynychu'r cyngherddau clasurol a darlithoedd prynhawn a gynhaliwyd yn wythnosol ym Maes-yr-Haf erbyn gwanwyn 1929 hefyd.[13] Ychwanegwyd grwpiau drama, canu, a thrafod problemau cymdeithasol cyfoes i weithgareddau'r clybiau menywod yn y 1930au cynnar, ac yn adroddiad blynyddol 1935 Maes-yr-Haf, nodwyd bod amryw o'u haelodau wedi datblygu eu gallu i arwain trwy ysgwyddo'r cyfrifoldeb o'u trefnu a'u llywodraethu.[14] Haerwyd hefyd mai ymateb i alw cynyddol menywod y Rhondda am weithgareddau tu hwnt i'w gwaith tŷ beunyddiol a wnaeth y clybiau trwy gynnig gwersi canu ac actio. Rhan o fywyd newydd mudiadau i fenywod yn gyffredinol oedd gweithgaredd y clybiau yn ôl adroddiad y flwyddyn ganlynol, ac adlewyrchiad o'r rhyddid newydd a'r problemau teuluol cymhleth yr oedd diweithdra'r 1930au yn rhannol wedi'u hesgor: 'There is less to be done at home, and more time for meetings outside'.[15]

Bu pwyllgor Maes-yr-Haf yn flaengar hefyd yn y ddarpariaeth o ofal plant yn y 1930au. Cyrhaeddodd George M. Ll. Davies yn Rhagfyr 1932 yn dilyn gwahoddiad o'r pwyllgor, ac yn ei atgofion o'r fenter dywed mai: 'Un o'r pethau hyfrytaf a drefnwyd ydoedd canolfannau chwarae, dan ofal genethod profiadol a charedig, i dros 1,400 o blant bach yn y gwahanol bentrefi nad oedd ganddynt un man i chwarae ond yr heol brysur ar nosweithiau'r gaeaf.'[16] Arweiniodd ei hen gyfaill Alwyn Lloyd fentrau tebyg i gynnig darpariaeth gofal plant fel rhan o ganolfannau'r Crynwyr ym Mrynmawr a Dowlais yn yr un cyfnod. Ceir adroddiadau ym mhapurau newydd de Cymru yn hydref 1933 ynglŷn ag agor meithrinfa awyr agored cyntaf Cymru, a gynlluniodd Lloyd ei hun, yn Nowlais. Cefnogodd Cronfa Achub y Plant a'r Arglwyddes Astor yr ymgyrch i adeiladu'r feithrinfa i ddarparu gofal ar gyfer 40 o blant difreintiedig dan ofal goruchwyliwr a hyfforddwyd yng Ngholeg Margaret McMillan, yn arloeswraig bennaf yn y maes. Yn ôl adroddiad y *Western Mail* ar ei haraith yn y seremoni agoriadol: 'These schools, said Lady Astor, did not reduce maternal responsibility or disintegrate the home. They encouraged and developed the pride of mothers in their children.'[17]

Disgrifiodd Alwyn Lloyd ei ymwneud â'r gwaith mewn araith i'r 'Royal Sanitary Institute' ym Mryste yn haf 1934. Dywedodd bod yr ysgolion awyr agored a gynlluniodd yn Nowlais a Brynmawr wedi cael eu hadeiladu'n wirfoddol gan ddynion di-waith lleol ac fe'u dodrefnwyd gyda chyfarpar a gynlluniwyd mewn ffatrïoedd lleol cysylltiedig.[18] Llwyddwyd o ganlyniad i adeiladu'r ddwy feithrinfa am oddeutu £500 yr un. Darparwyd cyfleusterau ymolchi a phrydau bwyd iachus i'r plant o'u mewn, a phwysleisiodd Lloyd mai ymateb i argyfwng arbennig o ddifrifol yr ardaloedd hyn oeddynt, yn hytrach nag ymgais i gymryd lle gwaith yr awdurdodau addysg. Cynnig cyfleusterau modern i blant rhwng dwy a pum mlwydd oed mewn ardaloedd o gyni economaidd oedd brif bwrpas y fenter, a'r amcan pellach oedd sefydlu rota o ddynion a menywod lleol i ymgymryd â'r gwaith glanhau, coginio, golchi a gofal.[19] Roedd rhan Alwyn Lloyd yn y prosiect yn gwbl nodweddiadol o'i gefnogaeth gyffredinol o gynlluniau ymarferol iwtopaidd cyffelyb i wella bywydau'r dosbarth gweithiol trwy gydol ei oes.

Y Malthouse

Un o'r mentrau mwyaf poblogaidd a llwyddiannus a gychwynnodd canolfan Maes-yr-Haf oedd gwersyll haf y Malthouse ym mro Morgannwg. Dros fisoedd y gaeaf ym 1932/3 bu carfan o wirfoddolwyr di-waith yn llafurio'n ddygn i drawsffurfio hen fragdy segur ger yr arfordir tua deugain milltir o Faes-yr-Haf yn llety i hyd at gant o ymwelwyr ar y tro. Cynnig cyfle iddynt gael wythnos o seibiant ac awyr iach ar lan y môr oedd pwrpas y gwersyll, ac yn adroddiad blynyddol 1934 rhestrwyd ymhlith yr ymwelwyr 'all sorts and conditions of unemployed miners, old soldiers, young toughs, Communists, Chapel Deacons, men from Somerset, Gloucester, North Wales etc'.[20] Roedd 'anarchy' i'w ddisgwyl yn sgil y fath gymysgedd cymdeithasol, ond llwyddwyd i gyd-dynnu a chyd-fwynhau yn hwylus a didrafferth. Neilltuwyd amser George M. Ll. Davies i ofalu dros y gwersyll yn flynyddol o'r cychwyn a bu dros fil o ddynion di-waith yno bob haf. Cyfeiriodd yntau yn ei hunangofiant at y gymysgedd ryfedd 'a gynrychiolid ganddynt – hen ac ieuainc, blaenoriaid ac ymladdwyr, hen filwyr a Chomiwnistiaid ifainc, Gwyddelod o Iwerddon, a dynion yn dod o bob sir yng Nghymru'.[21] Dros y saith haf y cynhaliwyd y gwersyll hyd ddechrau'r Ail Ryfel Byd ym 1939, tystiodd na fu'n rhaid diarddel unrhyw un o'r ymwelwyr, a llwyddwyd i drefnu'r gwahanol dasgau garddio, coginio, glanhau ac adeiladu ar y cyd gydag ychydig iawn o gweryla. Pan ddaeth y gwyliau i ben sylweddolwyd graddau'r 'inner healing and quietude and release even a week's holiday had made possible'.[22] Deuai gwragedd y dynion di-waith i'r gwersyll ar wahân am wythnos ar y tro ym mis Awst, ac i lawer ohonynt dyma'r cyfle cyntaf erioed iddynt aros noson i ffwrdd o'u cartrefi.[23]

Edrydd Barry Naylor, un o'r gwirfoddolwyr cynnar a warden Maes-yr-Haf gyda'i wraig Sheila wedi'r Ail Ryfel Byd, hanes rhyfeddol y modd sicrhawyd gwres canolog i'w cadw'n gynnes yn y Malthouse. Yn ystod cynhadledd o glybiau di-waith a gynhaliwyd yno yn y 1930au cynnar, awgrymodd Emma Noble y dylai'r parti cyfan ymweld yn ddirybudd â phlasty ym mhentref cyfagos Sain Dunwyd a oedd ym meddiant y miliwnydd Americanaidd Randolph Hearst, ysbrydoliaeth ffilm ryfeddol Orson Welles, *Citizen Kane*, ymhen ychydig flynyddoedd. Derbyniwyd ei hawgrym a cherddwyd y pedair milltir i'r castell erbyn 10.30 yr hwyr. Roedd Hearst wrthi'n cynnal un o'i bartïon enwog, ac wedi i'r grŵp ddechrau canu 'Cwm Rhondda' ar gyrraedd y neuadd fe'i gwahoddwyd i ddiddanu ei westeion. Ymunwyd â'r wledd wedi'r canu a derbyniwyd siec o 250 doler oddi wrth Hearst iddynt ddychwelyd i'r gwersyll gyda hwy, ac fe'i dilynwyd gyda siec arall o 750 doler yn y post.[24]

Bu ei waith gyda'r Crynwyr yn y Rhondda, a chyn hynny yn Rhosllannerchrugog a Brynmawr, yn gyfle delfrydol i George Davies roi ei athroniaeth ynglŷn â phwysigrwydd 'hau hadau'r personol' ar waith yn ymarferol. Meithrin perthynas agos, gyfartal rhwng gwahanol ddosbarthiadau a charfanau cymdeithasol trwy gydweithredu oedd conglfaen y syniadaeth hon a alwai yn ei gyfrolau Saesneg yn 'personalism'.[25] 'Wrth ystyried yr anturiaeth wedyn' meddai yn ei hunangofiant, 'fe'm hargyhoeddwyd nad digon oedd syniadau da a delfrydau gwych am ddiwygiad cymdeithasol heb gydymdeimlad y werin-bobl a'u hewyllys da, ac na cheir y pethau hyn heb gymdeithas gynnes a phersonol.'[26] Gadael iddynt drefnu bywyd y gwersyll dros eu hunain gyda chyn lleied o ymyrraeth a phosibl oedd ei bolisi fel warden y fenter, a disgrifiodd y gwaith fel braint. Croesawodd pob math o ymwelwyr i'r gwersyll, o wleidyddion sosialaidd enwog fel George Lansbury, i swyddogion uchel o India, crwydriaid y ffordd fawr, academyddion o Rydychen ac ambell ffoadur o Ewrop. Nofelydd Iddewig o'r enw Arnold Bender oedd un o'r rhain a ddaeth yno i gael lloches gyntaf yn haf 1935. Dychwelodd bob haf am sawl blwyddyn ac ym 1943 mynegodd ei edmygedd o'r fenter mewn llythyr i'w geidwad: 'Ym mha le y cefais innau frawdoliaeth fwy cyfnerthol a chymodlawn nag yn y Malthouse?'[27] Bu sylfaenydd y *Peace Pledge Union*, Dick Sheppard, a'r heddychwr ifanc Merfyn Turner ymhlith yr ymwelwyr cyson eraill.[28] Aeth ei gyd-heddychwr Gwynfor Evans yno fel gŵr ifanc i gynorthwyo ei gyfaill George Davies yn ei waith.[29]

Deuai trysorydd a phrif gefnogwr ariannol prosiect Maes-yr-Haf, y Crynwr blaenllaw Joseph Rowntree Gillett, i ymweld â'r gwersyll haf am bythefnos bob blwyddyn hefyd. Ysgrifennodd at George Davies wedi ei ymweliad olaf i fynegi ei dristwch bod y 'byd o gariad a heddwch' a fu'n rhan ohono yn y Malthouse wedi mynd heibio mor gyflym. Gwelai ei esiampl o frawdgarwch a chydweithrediad fel un i'w hefelychu ymhell tu hwnt i dde Cymru: 'Beth pe bai modd i ysbryd y Malthouse fyned ar led ar y ddaear? Yn araf yr adeiladir y Deyrnas, ac nid oes modd ei phrysuro, ond pwy a amau ei bod yn dod?'[30] Dengys cofnodion cynhadledd ar gyfer swyddogion clybiau'r dynion di-waith yn ne Cymru a gynhaliwyd yn y Malthouse ym 1933 bod William Noble hefyd yn gweld eu gwaith yn gyffredinol fel cychwyn ffordd newydd, mwy cyfartal, o drefnu cymdeithas: 'The Rhondda clubs were in the vanguard of a Movement now spreading throughout the country through which unemployed men are seeking to build a new way of living with what powers and resources they have left'.[31] Mae'n bwysig nodi awgrym delfrydgar Noble mai'r dynion eu hunain ddylai arwain y gwaith, er i amryw amau'r graddau y gwireddwyd hynny'n ymarferol yn y Rhondda. Yn y drafodaeth a ddilynodd araith ei gŵr, pwysleisiodd Emma Noble mai'r cyfle i'r clybiau weithredu arbrofion ymarferol o ddydd i ddydd oedd eu rhinwedd mwyaf a allai gyfrannu'n sylweddol yn y broses at newid cymdeithasol mwy eang.[32]

Roedd y rhaglen o ddosbarthiadau i oedolion a gyflwynwyd ym Maes-yr-Haf ei hun yn heriol ac uchelgeisiol o'r cychwyn, gyda gwersi athroniaeth ar syniadau Platon dan arweiniad Dorothy Emmet ymhlith yr arlwy. Cyfeiria George M. Ll. Davies yn ei atgofion o'r cyfnod at 'drafodaeth ddilyffethair' yn y dosbarthiadau hynny ar bynciau fel 'Problemau Athroniaeth', 'Delfrydau Cymdeithasol', 'Gweriniaeth ac Athroniaeth Foesol' ac 'Economeg, Moes a Chrefydd'.[33] Erbyn diwedd 1932 nodir yng nghofnodion swyddogol y ganolfan bod tair ar ddeg o glybiau wedi cael eu sefydlu ar hyd a lled yr ardal gyda chyfanswm o tua dwy fil o aelodau.[34] Roedd y canolfannau a sefydlwyd ym Maes-yr-Haf a Brynmawr yn ymgorffoiad mewn gwirionedd o athroniaeth wleidyddol Davies. Wrth glodfori cyfrol yr Americanwr Arthur E. Morgan ar *The Small Community* a gyhoeddwyd ym 1943, cydsyniodd â'i gasgliad 'mai'r gymdeithas fach yw sylfaen pob gwir weriniaeth'. Gofynnodd yn sgil hynny 'a oes reswm i ddyn gynllunio ar gyfer yr holl fyd, neu yr holl wlad, cyn iddo geisio gwella cyflwr ei blwyf ei hun?'[35] Yn ogystal â'r mynegiant i'r ddelfryd hon a gafwyd trwy waith y Crynwyr yn ne Cymru, gwelai arwyddion pellach o'r weledigaeth yn cael ei wireddu trwy dwf diweddar mudiadau Cymreig fel Urdd Gobaith Cymru, Undeb Cymru Fydd ac Urdd y Deyrnas, gyda'u strwythurau rhanbarthol o adrannau ac aelwydydd bychan.

Rheswm arall dros ei gefnogaeth o waith gwirfoddol y Crynwyr oedd ei gred bod y gobaith am fyd newydd yn deillio o'r lleiafrif ymrwymedig oedd yn fodlon gweithredu, ac na ddylid aros yn sgil hynny i'r llywodraeth a'r mwyafrif o'r boblogaeth ddeffro o'u trwmgwsg. Dengys ei atgofion o'r cyfnod pa mor ymwybodol yr oedd o fentrau cyffelyb eraill yn y Deyrnas Unedig. Cyfeiria, er enghraifft, at ddarllen am hanes y gymuned a sefydlodd George MacLeod ar ynys Iona yng nghylchgrawn *Community* a ledaenai wybodaeth am gymunedau crefyddol neu gymdeithasol arbrofol newydd. Roedd MacLeod yntau yn heddychwr ac ymgyrchydd gwrth-rhyfel diflino a arweiniodd y gymuned eciwmenaidd ar ynys Iona am bron i ddeng mlynedd ar hugain. Gwelai Davies y fenter yn yr Alban fel prawf pellach o'i gred y dylid 'dechrau'n fach' a mentro gyda chymunedau bychain arbrofol tebyg yn nes at adref: 'Onid oes le yma i arloeswyr ac anturiaeth o'r fath yng Nghymru heb iddynt ddisgwyl, neu anobeithio, nes "newid yr holl sistem?"'[36]

Y prosiect yn y Rhos

Cyn ei gyfnod yn y Rhondda, cychwynnodd George Davies ar ei waith gyda'r Crynwyr yn ne Cymru trwy ymuno â'r fenter ym Mrynmawr dan arweiniad Peter Scott yn Ionawr 1931. Fe'i gwahoddwyd y flwyddyn ganlynol i arwain menter gyffelyb yn Rhosllannerchrugog a ysbrydolwyd gan y prosiect ym Mrynmawr. Daeth y gwahoddiad oddi wrth arweinwyr y glowyr lleol ac roedd eisoes yn gyfarwydd iawn â'r ardal trwy ei flynyddoedd fel rheolwr banc yn Wrecsam. Daeth cyfle i bwyllgor y Crynwyr brynu pymtheg acer o dir diffaith yn ardal y Ponciau o'r dref am £500 i'w drawsffurfio'n barc, gerddi ac ardal chwarae i blant. Cydsyniodd arweinwyr y glowyr â'r cynllun, a chynhaliwyd cyfarfod cyhoeddus i'w gyflwyno i'r gymuned gyda Davies fel y prif siaradwr.[37] Llwyddwyd i ennyn cryn dipyn o frwdfrydedd a chefnogaeth i'r cynllun, a dros haf 1932 bu dros gant a hanner o lowyr di-waith y Rhos yn gwirfoddoli, ynghyd â grŵp o fyfyrwyr tramor y dychwelwn atynt yn y man, i greu'r parc newydd ar y Ponciau.

Yn yr adlewyrchiadau ar ei brofiadau fel gwirfoddolwr ym Mrynmawr a Rhos gwelir dylanwad syniadau Peter Kropotkin ac eraill ynghylch cyd-gymorth ('mutual aid') ar athroniaeth George M. Ll. Davies. Gwna gyfeiriad uniongyrchol at waith Kropotkin yn ei hunangofiant hefyd, trwy nodi iddo ddefnyddio llyfr pwysicaf y tywysog anarchaidd o Rwsia, a fu'n byw fel alltud yn Llundain am ddegawdau hyd at chwyldro 1917, yn ei ddosbarthiadau nos. Fe'i gwahoddwyd i arwain dosbarth allanol i oedolion yng ngholeg Prifysgol Cymru, Bangor gan y Cofrestrydd, Mr Wynn Wheldon, a chynlluniodd 'gwrs o astudiaeth ar "Gydweithrediad mewn Natur a Chymdeithas"; defnyddiwyd llyfr Kropotkin ar *Mutual Aid* yn wers lyfr'.[38] Cyn hynny fe gyfeiriodd yn edmygus at syniadau'r anarchydd mewn erthygl ar wleidyddiaeth i'r *Efrydydd* ym 1921. 'Dengys Kropotkin' meddai, 'mai "communistic anarchy" ydyw delfryd uchaf y gwir gymdeithas, sef perffaith gyfraith rhyddid'.[39] Roedd y prosiect ar y Ponciau a arweiniodd Davies yn ei ffordd ddiymffrost, unigryw yn sicr yn enghraifft o destun llyfr enwocaf Kropotkin ar gyd-gymorth yn cael ei ymarfer a'i wireddu. Gwelai'r hyn a lwyddwyd i'w gyflawni yno trwy broses o gyd-gynorthwyo'n wirfoddol yn null athroniaeth Kropotkin fel prawf yn ogystal o neges Crist y gallai ffydd symud mynyddoedd 'fel y gwelsom chwalu twmpathau'r Ponciau gan freichiau cryfion a chalonnau cynnes dynion mewn cymod â'i gilydd'.[40]

Rhagoriaeth George M. Ll. Davies fel meddyliwr iwtopaidd yn gyffredinol oedd ei allu i roi ei syniadau ynghylch pwysigrwydd creu ynysoedd gobaith o fewn cymdeithas ar waith yn ymarferol, fel y dengys llythyr a dderbyniodd wrth fyfyriwr o'r Eidal, Romain, a fu'n rhan o'r fenter yn y Rhos:

> Bûm gyda chwi am naw wythnos, ond teimlaf fel pe ganesid yma. Af oddi yma yn anewyllysgar gan wybod na chaf yn un man bobl i'w cymharu â chwi. Pan soniodd Rousseau am 'Ynys fechan hapus' yn y byd, y mae'n rhaid mae y Rhos a oedd ganddo mewn golwg; oherwydd y mae y Rhos mewn gwirionedd yn ynys hapus, a'r preswylwyr yn gwybod sut i gadw meddwl siriol er gwaethaf crisis y byd, lleihad cyflogau a'r anghyflogaeth mawr.[41]

Yr un awydd i greu ynys o obaith yng nghanol anialwch y dirwasgiad economaidd a thwf eithafiaeth a ffasgaeth yn y 1930au a welwyd yn ei waith diweddarach ym Maes-yr-Haf ac fel warden y gwersyll haf blynyddol i'r di-waith ac eraill yn y Malthouse. Wrth i ddechrau'r Ail Ryfel Byd ddod â'r gwersyll i ben yn ddisymwth ym 1939, dyfnhaodd yr ymdeimlad hwn yn y profiadau olaf a rannwyd yno: 'Hawdd ydoedd rhannu pethau dyfnaf y galon, a diysgog y ffydd yn y dyddiau hynny; yr oedd gwaith a gweddi a gŵyl y gwersyll megis rhyw ynys las o wirfoddolrwydd gras yn nilyw'r ddeddf a'r dial a aeth dros y byd.'[42]

Rhan bwysig o'r arbrawf yn y Rhos oedd i'r glowyr a'r gwirfoddolwyr eraill gael seibiant i ganu emyn Cymraeg a chlywed anerchiad gan un o'u plith, neu ymwelydd, bob bore am 11. Daeth Peter Scott o Frynmawr i'w hannerch un bore, a thystiodd i lwyddiant y fenter fel iwtopiaeth ymarferol a ellid ei efelychu'n helaeth: 'Os gellid ail adrodd arbraw'r Rhos ar raddfa fyd-eang, meddai ef, credai y gwelid y byd yr oedd Duw yn ei ewyllysio a'r byd yr oedd dynion yn eu heneidiau yn dyheu amdano.'[43] Trafodwyd ystod eang o bynciau yn y sesiynau hyn, o archaeoleg i addysg, a bu enwogion cyfoes fel yr actores a heddychwraig Sybil Thorndike a'r gweinidog trafnidiaeth Syr Henry Maybury ymhlith yr ymwelwyr a fu'n gwrando. Gwnaeth rhai o'r gwirfoddolwyr tramor, fel Pulgis o Lithwania, ymgais i ddysgu Cymraeg er mwyn gallu annerch rhyw ychydig yn yr iaith yn ôl cofiannydd Davies.[44] Un o'r gwirfoddolwyr rhyngwladol a wnaeth yr argraff fwyaf yn y pentref, yn rhannol gan iddi ymroi i baentio rhai o'r tai mewn amrywiaeth o liwiau, oedd Ingebjorg (Inge) Christensen o Norwy. Mewn anerchiad i'r pentref ar noson a gynhaliwyd yn festri'r Capel Mawr yn Rhos i roi cyfle i'r myfyrwyr siarad yn gyhoeddus, daeth ei delfrydau iwtopaidd i'r amlwg: 'Ni ddaethai, meddai, fel ei hynafiaid o Norwy i Brydain gynt, i reibio ac anrheithio'r wlad ond i gymryd rhan fach ddistadl i geisio ac adeiladu byd gwell.'[45] Yn araith myfyrwraig o Lundain ar ysgolion meithrin, cyfeiriwyd at lwyddiant yr agwedd honno o'r gwaith yn y Rhos, fel ym mhrosiectau'r Crynwyr yn ne Cymru, mewn cyfnod pan nad oedd darpariaeth o'r fath yn gyffredin hyd yn oed yn y ddinas fawr.

Ymhen ychydig fisoedd yn haf 1932 llwyddwyd i greu gerddi, cyrtiau tenis, llain bowls, a phwll nofio mewn ardal fach o bymtheg erw ar y Ponciau sy'n dal i fod mewn defnydd hyd heddiw. Defnyddiwyd y safle fel rhan o'r Eisteddfod Genedlaethol yn Rhos ym 1945 a 1961.[46] Fel y dengys Jen Llywelyn yn ei chofiant i George M. Ll. Davies, gellir dadlau i'r prosiect yn Rhos fod yn fwy llwyddiannus na'i ragflaenydd ym Mrynmawr, yn bennaf oherwydd i'r bobl leol deimlo'n fwy o ran ganolog ohono o'r cychwyn, a'i gefnogi'n fwy twymgalon o ganlyniad.[47] Derbyniodd y fenter sylw'r wasg genedlaethol fel y *Daily Express*, lle nodwyd y ffaith i Sbaenwr o'r enw Alvaro Oserio gerdded o

Fadrid i Baris a dau oriaduwr seiclo'r holl ffordd o'r Swistir er mwyn bod yn rhan ohono. Serch hynny, bu George Davies yn ddigon gonest yn ei hunangofiant i gyfaddef na wnaeth y cyfan o'r 600 o ddynion di-waith yn Rhos ymuno â'r prosiect yn haf 1932, fel ym Mrynmawr yr haf blaenorol, lle noda i ambell un 'edrych yn gilwgus ar y cwbl'.[48] Ond ei atgof pennaf o'r prosiect oedd iddo roi cipolwg o'r ddelfryd Gristnogol ar waith yn ymarferol. Dewisodd yn arwyddocaol ymadrodd sy'n fwy cyfarwydd fel rhan o ddelfrydau sosialaidd a Marcsaidd i gyfleu'r pwynt, sef 'gan bawb yn ôl ei allu a lluniaeth i bawb yn ôl ei angen'.[49] Tanlinella hynny unwaith eto'r ffaith i feddylwyr o'r traddodiad gwleidyddol anarchaidd a radical fod yr un mor ddylanwadol ar ei feddylfryd iwtopaidd â'r traddodiad Cristnogol. Mynegodd yr un syniad mewn termau ychydig yn wahanol mewn ysgrif ar gymoedd y de i'r *Drysorfa* ym 1938 lle dywed 'gyda gwersylloedd y di-waith, ceir ynddynt y ddynoliaeth yn ei symledd cymdeithasol yn rhannu gŵyl a gwaith a gweddi, yn rhoddi i bawb yn ôl ei angen, ac yn disgwyl gan bawb yn ôl ei allu.'[50] Disgrifia ymhellach feddylfryd y gwersylloedd fel 'y Gomiwniaeth gartrefol hon', term sy'n agosach i'r *Communalism* a ddadansoddir yng nghyfrol bwysig o'r un teitl yr anarchydd a bardd o San Francisco, Kenneth Rexroth, ychydig flynyddoedd yn ddiweddarach, nag ydyw i Gomiwnyddiaeth fel athroniaeth wleidyddol.[51]

Gwelir bod effaith ac ysbrydoliaeth hirdymor y fenter yn y Rhos yn dal yn fyw iawn yn y 1960au pan ysgrifennodd E. H. Griffiths ei gofiant i'r heddychwr mawr, lle dywed: 'Y mae llawer eto yn cofio'r gwahanfuriau a ddatodwyd rhwng dynion a'i gilydd, rhwng rheolwyr a glowyr, rhwng gwledydd a'i gilydd yn y Rhos yn 1932.'[52] Darluniodd Davies ei hun effeithiau'r prosiect mewn termau tipyn mwy angerddol a dramatig yn ei hunangofiant. Yn wyneb rhyfel a chyfalafiaeth, teimlai 'fod dewis anochel rhwng daeargryn a folcano yn hanes ysbryd dyn. Yn y Rhos fe welwyd yr ysbryd fel mynydd-losg mewn gŵyl, a grym brawdol yn ymdywallt i bob cyfeiriad yn ei wres a'i olau.'[53] Mewn ysgrif a gyflwynodd i'r di-waith yn ei gyfrol *Essays Towards Peace*, tystiodd ymhellach i effaith adfywiol y mentrau cydweithredol y bu'n ymhél a hwy, a'r modd y bu'r rhain yn gwbl arloesol a hanfodol yn absenoldeb unrhyw ddarpariaeth gyffelyb o gyfeiriad y wladwriaeth: 'I have seen small groups of unemployed men not only co-operate for each other, but think of the needs of a whole village, and become pioneers in the making of new parks, or swimming pools, or nursery schools, which the "powers that be" even in the days of prosperity had never thought of making.'[54]

Ceir argraffiadau byw un arall o'r gwirfoddolwyr Cymraeg a ddaeth i'r ardal, sef Kitty Lewis, yn ei herthygl ar yr antur yn Rhosllannerchrugog i'r *Welsh Outlook*. Cofiai hithau sut ddysgodd amryw o'r gwirfoddolwyr tramor ychydig o Gymraeg, a noda mai geiriau olaf Pulgis o Lithwania wrth ymadael oedd 'Anghofia i byth y Rhos'.[55] Cynrychiolwyd pymtheg o wahanol genhedloedd gan y deg ar hugain o fyfyrwyr a ddaeth i wirfoddoli yno ac a fu'n lletya gyda theuluoedd lleol trwy gydweithrediad Sefydliad y Glowyr y pentref â'r fenter. Yn ogystal â threfnu i'r ymwelwyr gael eu prydau bwyd gyda'r gwirfoddolwyr lleol yn neuadd y glowyr i adeiladu'r cyfeillgarwch rhyngddynt, cynhaliwyd cyngherddau a nosweithiau llawen cofiadwy a lwyddodd i'w atgyfnerthu ymhellach.[56] Bu Kitty Lewis yn cenhadu yn India am dair blynedd cyn ei gwaith gwirfoddol fel un o brif drefnwyr y prosiect yn y Rhos, a gwna'n eglur yn ei hysgrif mai delfryd ehangach i adeiladu pontydd rhwng cenhedloedd a ysbrydolodd y gwaith, ynghyd â'r amcan mwy ymarferol i greu parc i'r gymuned leol ar y Ponciau.

Braenarwyd y tir ym Mrynmawr yr haf blaenorol pan ddaeth y myfyrwyr tramor cyntaf i gymryd rhan ym mhrosiectau'r Crynwyr yng Nghymru trwy'r *Service Civile Volontaire* a sefydlodd Pierre Cérésole yn y Swistir.[57] Canolwyd eu gwaith yno ar droi hen domen hagr o wastraff diwydiannol yn erddi a pharc chwarae, ynghyd â phwll nofio awyr agored. Aeth rhai o'r myfyrwyr ati hefyd i baentio tai lleol mewn amrywiaeth o liwiau yn ôl yr arfer ar gyfandir Ewrop. Meithrin perthynas agosach rhwng cenhedloedd a hefyd rhwng dosbarthiadau cymdeithasol ('inter-class') oedd nod y gwersylloedd a sefydlwyd ym Mrynmawr a'r Rhos, yn nhyb Kitty Lewis. Dyfynnodd un o'r glowyr lleol a fu'n gweithio ar y Ponciau er mwyn dangos dyfnder y gefnogaeth leol i'r prosiect: 'Y mae gennym eglwysi ar gyfer ein teimladau, a dosbarthiadau ar gyfer ein meddyliau, ond ni chawsom o'r blaen gyfle fel hwn i uno meddwl ac ysbryd a chorff ynghyd mewn gwaith er mwyn cymdeithas.'[58] Mae'n cloi'r erthygl trwy haeru mai dim ond trwy gydymdrechu'n ymarferol fel y gwnaeth dinasyddion o Sbaen, Norwy, Awstria a Chymru yn y Rhos, a gwella'r gyd-ddealltwriaeth rhyngddynt yn y broses, y gallai'r cenhedloedd gydweithredu'n gyffredinol i greu byd gwell.

Clodforir arweiniad Kitty Lewis o'r fenter yn erthygl Emlyn Bowen, myfyriwr o Fangor a ddaeth i wirfoddoli yn y Rhos, i'r *Efrydydd*. Dengys i'r myfyrwyr gydweithio gyda'r glowyr lleol ar y Ponciau, 'pawb a'i gaib a'i raw a'i ferfa', a chael y cyfle i drafod pynciau mor amrywiol â chrefydd, cerddoriaeth, a phêl-droed yn y broses, yn ogystal â materion rhyngwladol. Credai i'r myfyrwyr tramor elwa yn arbennig o'r profiad ac iddynt 'sylweddoli erchylled pethau yw drwgdybiaeth cenedlaethol a rhyfel rhwng gwledydd. Dysgent barablu iaith a delfrydau heddwch cydwladol wrth drin y gaib a'r rhaw.'[59] Cyfeiria ymhellach at y drafodaeth fywiog a chyfeillgar ynglŷn â gwleidyddiaeth eu gwahanol genhedloedd a brofwyd ymhlith y gwirfoddolwyr a thrigolion y pentref wrth iddynt gydfyw. Cyflwynodd y myfyrwyr o'r Almaen gyfres o anerchiadau ar wleidyddiaeth gyfoes eu gwlad fel rhan o hynny, ac o ganlyniad: 'Cyn diwedd y gwersyll fe allai ambell löwr lleol drin a thrafod yn ddeallus rinweddau a beiau y "Nazis" a'r "Social Democrats"'.[60] Awgrymir wrth gloi'r erthygl bod y fenter yn y Rhos yn ei grynswth yn enghraifft o iwtopiaeth ymarferol lwyddiannus gan iddo roi delfrydau 'a oedd gynt ychydig yn niwlog, am heddwch cydwladol a brawdoliaeth, i brawf profiad gwirioneddol.'[61]

Cyfeiriodd ysgrifennydd y pwyllgor, John Griffiths, at yr un ysbryd o gydweithredu rhyng-genedlaethol yn ei erthygl yntau ar 'fudiad mawr y Poncie' i bapur misol Plaid Cymru. Dadleua mai 'ysbryd cariad' a yrrai'r prosiect a oedd yn un ysbrydol a moesol yn ei hanfod, a rhestra'r gwirfoddolwyr rhyngwladol fel a ganlyn: 'Yr oedd yn cydweithio efo'i gilydd yr wythnos hon, bobl o saith neu wyth o wahanol genhedloedd y ddaear. Gwelais fy hun un Spaenwr, dau neu dri o'r Yswistir, dau *Lithuanian*, un o Litania, un o'r Alban, un neu ddau o Hwngari, un o Norwy, ac un dyn du wedi hanu o India'r Gorllewin, ond sydd yn byw yn Llundain ers blynyddoedd.'[62] Cyfeiria ymhellach at Lafurwyr, Rhyddfrydwyr, a Cheidwadwyr yn cydweithio'n fodlon ar y Poncie ynghyd ag aelodau o wahanol enwadau crefyddol yn sgil 'yr ysbryd newydd yn yr holl ardalwyr' a grëodd y fenter. Deuai rhwng cant a hanner a dau gant o lowyr i ymuno â'r gwaith pan fyddai'r pwll cyfagos yn segur, yn ogystal â'r hyd at wyth deg o wirfoddolwyr rheolaidd eraill. Ac i goroni'r cwbl daeth rhwng wyth a deg mil ynghyd ar y Ponciau ar gyfer cymanfa fawr dan arweiniad Dr Caradog Roberts.[63]

Yn adroddiad Gwilym Davies ar Gymru a'r Byd i'r *Welsh Outlook* yn Awst 1932, cyplyswyd ymweliad gwirfoddolwyr o Swistir yn arbennig â Brynmawr yr haf hwnnw gyda gwaith cyffelyb Urdd Gobaith Cymru i annog cyd-ddeallwriaeth rhwng cenhedloedd Ewrop. Dywed i un ohonynt ddatgan mai clywed neges ewyllys da flynyddol yr Urdd a ddaeth ag ef i Gymru yn sgil ei awydd i wasanaethu cenedl a allai feithrin delfryd mor brydferth.[64] Dywedodd arweinydd y deugain o wirfoddolwyr tramor, Pierre Cérésole, ymhellach bod Cymru yn cael ei chydnabod ar y Cyfandir fel y genedl a weithiai'n fwyaf caled dros heddwch. Yn ddiweddarach yn yr un erthygl noda Gwilym Davies i grŵp o wyth deg o fenywod a merched ifanc Cymreig ymweld â'r Swistir gyda'r Urdd yr haf hwnnw, mudiad oedd yn prysur ennill enw da yn Ewrop ac yn cynyddu statws cyfandirol Cymru ymhellach.[65]

Croniclwyd hanes mentrau cymdeithasol y Crynwyr a'u cyfeillion yn gyson ar ddudalennau'r *Welsh Outlook*, a fu'n gefnogol yn gyffredinol i waith o'r fath, fel y gwelwyd yn y bennod flaenorol yn achos cynllunio trefol a gardd bentrefi. Yn erthygl Emrys Pride, gwas sifil a chynghorydd Llafur yn ddiweddarach, ar 'The Health Settlement' ym 1933, er enghraifft, dadleuir bod mentrau cyffelyb cyfoes fel y 'Pioneer Health Centre' yn Peckham yn cynnig canllawiau ymarferol hanfodol i'w hadeiladu arnynt: 'For we do well to doubt the possibility of Utopia formed by paper planning; or yet of mankind brought up gracious and whole by means of goodwill and education, preaching and the medical profession'[66]. Cryfhau ac ail-weu'r uned deuluol at ei gilydd oedd yr angen cymdeithasol mwyaf yn nhyb Pride. Yn ei erthygl yntau ar waith cymdeithasol yn ne Cymru i'r cylchgrawn ychydig ynghynt, tanlinellodd Gwilym Jones y perygl i'r gair anheddiad/*settlement* ei hun greu'r argraff mai mentrau wedi'u gwthio ar y bobl leol oedd rhai'r Crynwyr ym Mrynmawr a'r Rhondda. Sicrhau eu bod yn cael cyfle i gymryd rhan yn y gwaith ac i gymryd cyfrifoldeb drosto oedd yr allwedd i oresgyn y perygl, a chredai fod Peter Scott yn effro i hynny: 'He is quite aware that his work in Brynmawr is destined to fail if the people of Brynmawr feel at all that they are merely being experimented on, from whatever high social motives.'[67]

Disgrifia'r ymgais i greu ymdeimlad o gydymdrech a chydweithrediad cymunedol fel y 'master sentiment' ym mywyd Scott a ddilynai o'i ddealltwriaeth y byddai'r gwaith yn methu pe bai pobl Brynmawr yn teimlo eu bod yn cael eu gorchymyn neu eu nawddogi mewn unrhyw ffordd. Dylai'r ddelfryd gymdeithasol newydd ddeillio'n naturiol o'r gymuned ei hunan o ganlyniad, ac i sicrhau hynny roedd yn ofynnol i Scott uniaethu ei hun yn gyfan gwbl â hi, 'he must *become* Brynmawr, *be* what Brynmawr is now as well as be aware of what it should be and can become'.[68] Cydnebydd pa mor anodd oedd y dasg, ond dim ond trwy'r ymgais y gellid gwireddu'r amcanion cymdeithasol uchel a osodwyd i'r fenter. Roedd Scott ei hun yn sicr yn ymwybodol mai'r diffyg gwirfoddolwyr Cymreig oedd un o ffaeleddau mwyaf y fenter a danlinellai'r rhwyg a'r gagendor dosbarth rhyngddynt â'r bobl leol.[69] Arweiniodd hynny at y math o broblemau a gelyniaeth ym Mrynmawr y cyfeiriodd George M. Ll. Davies ato mewn llythyr at un o noddwyr mwyaf y gwaith, David Davies Llandinam.

'Deuent dan sen y capelwyr am eu bod yn rhy fydol' meddai am
Scott a'r gwirfoddolwyr eraill, 'a dan sen y sosialwyr am eu bod
mor ddiawledig o grefyddol, os dyna'r trosiad priodol am *too
bloody religious*.'[70]

Efallai'r mwyaf delfrydgar ac iwtopaidd ei naws o'r amrywiol
erthyglau ar waith cymdeithasol y Crynwyr a gyhoeddwyd yn
The Welsh Outlook oedd un Selwyn Jones ar 'Fellowship in the
Coalfields' ym 1929. Adrodd hanes adeiladu'r 'Mid-Rhondda
Community House' yn Nhrealaw oedd pwrpas ei erthygl ac yn
y broses rhydd ddarlun gwerthfawr o waith ehangach y Crynwyr
a'u cefnogwyr yn yr ardal ym mlynyddoedd cynnar y fenter.
Pwysleisia mai fel safle ar gyfer 'communal religion' y cynlluniwyd
y tŷ cymuned lle gallai ymwelwyr aros dros nos, ond nid er mwyn
cilio o'r byd a'i broblemau: 'The Community House is going to be
a retreat where the ideal will be the service of the community, and
service for its own sake.'[71] Gwelai'r fenter fel symbol o chwyldro
crefydd yr ugeinfed ganrif yn erbyn Cristnogaeth unigolyddol,
fateryddol oes Fictoria ac fel arwydd o'r golau newydd a gynigiai:
'Amidst the squalor and suffering of these Rhondda Valleys, do you
not see a vision materialising – a dream coming true?' Â ymlaen i
restru'r amrywiaeth o ddosbarthiadau i oedolion a ddatblygwyd
trwy brosiect Maes-yr-Haf er 1926, gyda gwersi poblogaidd
ar gyfrol yr hanesydd R. H. Tawney, *Religion and the Rise of
Capitalism* yn eu plith.[72] Roedd athrawon ifanc fel Lucy Hawkins,
cyn-fyfyrwraig o Goleg Prifysgol Cymru, Aberystwyth, a Mauria
Rowntree, gynt o Rydychen, yn cynnig dosbarthiadau ar hanes,
llenyddiaeth ac athroniaeth ym mhentrefi fel Gilfach Goch, Pentre,
Maerdy a Threherbert. Arweiniai E. T. Griffiths ddosbarthiadau
Cymraeg ar hanes a llenyddiaeth Cymru yn Nhreherbert a
Phendyrys yn ogystal. Bu'r awdur a'i gyd-wirfoddolwyr hefyd
yn rhedeg prosiectau eraill Maes-yr-Haf fel y ceginau bwyd, a'r
tocynnau bwyd a dillad. Cawn argraff o ba mor enbyd oedd tlodi'r
cyfnod yn ei sylw ar yr olaf o'r gwasanaethau hyn: 'In this bitterly
cold weather, a man comes to see you, with just half a shirt as
underclothing – sufficient to cover his chest.' Derbyniai deulu arall

a welodd ddeunaw swllt yr wythnos a disgwyliwyd iddynt dalu pum swllt o hwnnw yr wythnos i rentu eu cartref.[73]

Tom Nefyn a'r Tŷ Cymuned

Cysylltodd R. Williams Parry waith George M. Ll. Davies i'r Crynwyr yn ne Cymru gyda daliadau cyfaill carismataidd a gydymdeimlai'n ddwfn â'u meddylfryd, sef Tom Nefyn Williams, yn ei gerdd 'Y Cyrn Hyrddod':

> Wrth weled ôl rhyw ymarferol frawd
>   Yn goffadwriaeth i'w hwsmonaeth seml
> Ar ddu domennydd Mynwy; wrth weld Rhawd
>   Blygeiniol bugail tua'r deml
> I ymbil dros y gweithiwr yn y graig
> Gan gariad sydd yn fwy na chariad gwraig.[74]

Cefnogodd y Crynwyr yn eu tro fenter iwtopaidd ei naws a arweiniodd Tom Nefyn i adeiladu neuadd neu 'dŷ cymdeithas' ym mhentref y Tymbl, sir Gaerfyrddin. Daeth Alwyn Lloyd yn rhan o'r fenter hon hefyd, fel y datgelir yn atgofion Nefyn ei hun o gychwyn yr arbrawf ym 1928. Roedd yng nghanol anghydfod mwyaf ei yrfa fel gweinidog pan gafodd ei ddiarddel o'i waith gan Henaduriaeth De Myrddin o'r Methodistiaid Calfinaidd ar sail anghysondeb honedig ei athrawiaeth â safonau'r Hen Gorff. Fel y cofiai gweinidog gyda'r Annibynwyr mewn pentref cyfagos wrth adlewyrchu ar yr helynt: 'Tynnodd Tom Nefyn Williams sylw mawr gyda'i bregethau cryf, ei syniadau anghyffredin, a'i ymddygiad rhyfedd – modernydd, heddychwr a fuasai'n filwr, a gŵr a fynnai gymhwyso'r Efengyl at gyflwr cymdeithas.'[75]

Yn sgil ei garisma a'i boblogrwydd lleol, penderfynodd dros ddau gant o aelodau ei gapel Ebeneser yn y Tymbl adael ar yr un pryd er mwyn ymuno yn y fenter newydd i greu 'tŷ cymdeithas'. Dengys yn ei hunangofiant i Peter Scott ac aelodau eraill o

Gymdeithas y Cyfeillion roi eu bendith a'u cefnogaeth i'w syniad wedi iddo'i gyflwyno iddynt mewn cyfarfod yn Henffordd:

> Ar ben hyn, a chan ddistaw hyderu y'i ceid fymryn yn rhatach na chan ŵr dieithr i'n delfrydau a'n helynt, sicrhawyd Mr. T. Alwyn Lloyd, y pensaer enwog o Gaerdydd, i gynllunio i ni dŷ cymdeithas – nid capel gwrthwyneb, na chwt sinc afler, nac eglwys lafur. Y disgrifiad gorau ohono fyddai cyfuniad o ysgol-neuadd gartrefol a lliwgar, a man abl i'w ildio ei hunan rywdro i fod yn llwyfan niwtral i fudiadau diwylliannol a dyngarol.[76]

Noddwyd y fenter yn ariannol gan y Crynwr blaenllaw o Rydychen, Dr Henry T. Gillett, ac adeiladwyd y neuadd gan wirfoddolwyr yn bennaf: 'A phwy byth a anghofia lafur y dynion a chaib a rhaw bob noswyl, yn ddi-dâl ac yn hwyliog, i lefelu'r erw?'[77]

Agorodd y neuadd ym mis Tachwedd 1929, y cyntaf o'i fath yng Nghymru, gan gynnig cyfle i Tom Nefyn wireddu ei weledigaeth iwtopaidd:

> Dim enw Hebreig, megis Moriah a Siloh, nac awgrym o gyswllt ag unrhyw bersonoliaeth, ond yr enw persain a brodorol Llain-y-Delyn. Dim pulpud, eithr llwyfan bychan hirsgwar ac isel, a hwnnw mewn lle digon canolog i alluogi pob un i deimlo ei fod yng nghwmpas cynnes calon y siaradwr. Dim Cyffes Ffydd o dymer y ddeunawfed ganrif i bennu ein hawl i'r adeilad a'n pwyslais diwinyddol, ond rhyddid llwyr i bob barn a siawns i ni'n araf ffeindio simbol arall i'n hunoliaeth.[78]

Clodforwyd y fenter newydd yn nodiadau'r mis *The Welsh Outlook* ar gyfer Ionawr 1930, a chyplyswyd agor Tŷ Cymdeithas Llain-y-Delyn gyda gwaith cymdeithasol y Crynwyr ym Mrynmawr. Nodwyd y dylid llongyfarch yn wresog ymdrechion cefnogwyr lleol Tom Nefyn a'i dilynodd i'r anialwch ac a yrrodd y gwaith: 'Whatever our views as the merits or demerits of that case, we can all admire the enthusiasm, self-sacrifice and courage with which this group have demonstrated their faith by the erection of a building suitable to their ideals of worship and social service.'[79] Canmolwyd cynllun syml ond urddasol Alwyn Lloyd ar gyfer yr adeilad hefyd a gyfunai'r gorau o'r hen gapeli gyda chyffyrddiadau modern, cartrefol. Yn ogystal â'r brif neuadd ar gyfer cynulleidfa o hyd at 300, roedd yr adeilad hefyd yn cynnwys festri, swyddfeydd ac ystafell ddosbarth ar gyfer plant ac oedolion. Tanlinellwyd yn yr adroddiad y byddai'r gwersi a darlithoedd a gynigir yn yr ystafell ddosbarth yn cynnwys rhai seciwlar ynghyd â rhai crefyddol, a bod sylw arbennig i anghenion plant yn rhan bwysig o'r fenter. Adlewyrchai gynllun yr adeilad yr amcanion hynny: 'The colour scheme for the building is somewhat novel and in striking contrast to the monotony associated with religious buildings in Wales – cream walls outside and in, with bright blue and green paint.'[80] Byddai lluniau a phosteri yn addurno'r waliau hefyd, a chasglwyd y byddai pob ymdrech i ddod â lliw a chytgord i fywyd y gymuned leol yn cael ei wneud ym mhrosiect Tŷ Cymdeithas.

Fel ei gyfaill mynwesol George M. Ll. Davies, edmygai Tom Nefyn egwyddorion a dulliau'r Crynwyr o addoli, a bu'r ddau yn astudio ar wahanol adegau yng ngholeg hyfforddiant y Cyfeillion yn Woodbrooke, ger Birmingham. Clodforodd eu 'gweithgarwch cymdeithasol' a 'heddwch disgybledig' eu cyfarfodydd, ac yn ôl teyrnged Emyr Wyn Jones gwelai hwy fel 'ynysoedd gobaith' yn yr un modd â'i gyfaill.[81] Cafodd gyfle i roi peth o'r hyfforddiant modern mewn seicoleg fugeiliol a dderbyniodd dan law Fearon Halliday yng Ngholeg Woodbrooke ar waith trwy neilltuo ystafell yn neuadd Llain-y-Delyn 'addas ei llun a'i naws i'w ddefnyddio'n glinic seicolegol'.[82] Credai'n angerddol ym mhwysigrwydd priodi darganfyddiadau mwyaf diweddar seicdreiddiol Sigmund Freud, Carl Jung a'u amryfal ddilynwyr gyda'r neges Gristnogol draddodiadol trwy ddarparu '*Help and Healing Clinic* ym mhob canolfan o bwys. Nid cyfarfodydd a gyffry'r dorf na chyffesgell, eithr sefydliad lle y cydweithia'r gwyddonydd a'r sant.'[83] Ond fel y dengys Robert Pope yn ei erthygl ar helynt Tom Nefyn yn y Tymbl, cefnodd ar y ddau gant o ddilynwyr a ymunodd â'r gymdeithas newydd yn Llain-y-Delyn trwy ddychwelyd yn fuan i ogledd Cymru wedi iddo gael ei dderbyn yn ôl i'r weinidogaeth Fethodistaidd am resymau sy'n ddigon annelwig.[84] Beth bynnag am hynny, parhaodd i gefnogi mentrau ac arbrofion y Crynwyr yn y 1930au fel ei gyfaill George M. Ll. Davies.

Brynmawr

Ceir disgrifiad trawiadol o nodweddion daearyddol unigryw Brynmawr, tref uchaf Cymru, a'r argyfwng a wynebodd rhwng y rhyfeloedd byd yng nghyfrol Alun Llywelyn-Williams ar grwydro Brycheiniog. 'Y mae'n le cwbl arbennig,' meddai, 'wedi ei daflu at ei gilydd yng nghanol y llwyfandir uchel, egr, rhwng dyffryn Wysg a blaenau Gwent, ac yn y tridegau yr oedd yr enw Bryn-mawr yn ddychryn i bawb, oherwydd yno yr oedd tlodi ac anobaith diffyg gwaith y dyddiau hynny ar eu henbytaf.'[85] Arweinydd di-gwestiwn y ganolfan a sefydlodd Pwyllgor y Crynwyr ym Mrynmawr ym 1928 oedd ffigwr brwdfrydig, egnïol a phenstiff ar adegau, Peter Scott, a aned yn sir Gaerhirfryn ym 1890. Scott oedd ysgrifennydd Pwyllgor Gwasanaeth Cartref y Crynwyr ('Quaker Home Service Committee') pan gyrhaeddodd Brynmawr.[86] Ymunodd â'r Crynwyr ychydig flynyddoedd ynghynt ym 1924 pan oedd yng nghanol ei dridegau. Daeth â grŵp o Gyfeillion ifanc i Frynmawr yn haf 1928 er mwyn siarad â'r bobl leol ynglŷn â natur y problemau a'u hwynebai.

Cyhoeddwyd yr ymchwil cymdeithasol ac economaidd manwl a wnaeth y Crynwyr ym Mrynmawr dros y tair blynedd nesaf yng nghyfrol faith un o'r gwirfoddolwyr, Hilda Jennings.[87] Disgrifia Jennings ysbryd cynllun Scott a'r gwirfoddolwyr eraill fel un chwyldroadol a amcanai i gynnig patrwm cymdeithasol newydd: 'Was it not possible to devise a way in industry which would release the constructive forces latent in human relationships and substitute free co-operation for autocracy or manoeuvring for strategic position?'[88] Neilltuir pennod olaf y gyfrol i drafod y ddelfryd hon fel cymhelliad y fenter gyfan, a gwneir hynny mewn termau iwtopaidd diamwys fel yn y datganiad canlynol: 'In Brynmawr, we have a little town set high up in the hills, in which we hope to work out the conditions of the good life.'[89] Cyfeiria at Hywel Harris a'r Diwygiad Methodistaidd, a'r meistri haearn a fu'n rheoli yn ne Cymru am ddegawdau, er mwyn pwysleisio'r angen am ddelfrydau dyfnach ac ehangach na'r rhai arallfydol yn ogystal â'r rhai materol a hunanol a'u gyrrodd, er mwyn adeiladu math newydd o gymuned lle gallai pob unigolyn gyrraedd ei lawn dwf. Dod â'r ddelfryd hon i'r amlwg a'i ymgorffori a wnâi'r arbrawf ym Mrynmawr yn ei thyb hi: 'Such an ideal, although often dimly recognised, is latent in the minds of many who have not yet allowed it to sway their lives.'[90]

Fel yr awgryma'r uchod, roedd cynlluniau'r Crynwyr ym Mrynmawr ar sawl gwedd yn fwy uchelgeisiol na'r prosiectau cyffelyb yn y Rhondda a'r cymoedd eraill, gan iddynt flaenoriaethu creu swyddi cyflogedig i'r di-waith yn hytrach na darparu cyfleoedd addysg a hamdden amgen iddynt yn unig. Bu Scott yn arweinydd o weledigaeth yn hynny o beth a lwyddodd i sicrhau cefnogaeth ariannol o sawl ffynhonnell er mwyn sefydlu'r ffatri ddodrefn yn arbennig a ddaeth ac enwogrwydd i'r dref yn ei sgil.[91] Creu diwydiannau bychain lleol newydd oedd amcan Scott o'r cychwyn a dechreuwyd trwy greu ffatri i wneud esgidiau. Ei fwriad oedd i fentrau o'r fath fod yn hunangynhaliol ac iddynt gael eu rheoli mewn dull cydweithredol. Er mwyn sicrhau hynny, ffurfiwyd is-gwmnïau fel y ffatri esgidiau o fewn y prif gwmni gyda'r gweithwyr yn rhanddeiliaid ynddynt. Y bwriad oedd i'r gweithwyr reoli'r is-gwmnïau yn y pen draw wedi i'r cyfalaf cychwynnol gael ei ad-dalu i'r rhiant-gwmni. Erbyn adroddiad y pwyllgor ar ddiwedd pum mlynedd gyntaf y fenter, mynegwyd boddhad eu bod wedi gallu talu £16,000 mewn cyflogau i'r sawl a gyflogwyd trwy ei ffatrïoedd.[92] Nodwyd hefyd bod y cyflogau a dalwyd yn cyfateb yn ddieithriad i raddau'r undebau llafur ac yn y mwyafrif o achosion roeddynt ychydig yn uwch. Roedd chwe deg o ddynion lleol yn cael eu cyflogi yn y ffatrïoedd newydd erbyn 1932.[93]

Yn achos y ffatri ddodrefn, codwyd £25 yn y lle cyntaf i agor siop ddodrefn a daeth saer a dylunydd a oedd yn gysylltiedig â'r mudiad Celf a Chrefft, Paul Matt, i arwain y prosiect hwn. Roedd ei dad, Charles, yn grefftwr a ymfudodd i Loegr o'r Almaen, a bu yntau'n rhan o waith y Crynwyr ym Maes-yr-Haf wedi hynny gan arwain dosbarthiadau am sawl blwyddyn.[94] Clywed y Grynwraig Joan Mary Fry, perthynas i'r diwygwraig carchardai enwog Elizabeth Fry, yn rhoi darlith gyhoeddus wedi iddi ddychwelyd o Frynmawr yn ystod hydref 1929 a ysbrydolodd Paul Matt i ymuno â'r fenter. Mewn llythyr a ysgrifennodd hanner canrif yn ddiweddarach yn adlewyrchu ar ei brofiadau yno, cofiodd iddo ofyn iddi sut allai fod o gymorth yn dilyn ei haraith. 'In her direct Quakerly way she asked, "What can you do?" "Make furniture" I replied'.[95] Dywed iddo benderfynu unwaith yr ymunodd â'r gwaith ym Mrynmawr i gynllunio dodrefn mor ddeniadol â phosibl fel y byddai cwsmeriaid yn awyddus i'w prynu er gwaethaf y dirwasgiad economaidd. Dylanwad pwysig arall ar ei gynlluniau oedd y ffaith bod angen torri lawr y broses o greu'r dodrefn i wahanol unedau er mwyn ei wneud yn addas i weithwyr gydag ychydig iawn o sgiliau yn y lle cyntaf. Roedd hynny'n rhan greiddiol o genhadaeth yr arbrawf yn gyffredinol i greu cyfleoedd i'r di-waith feithrin sgiliau newydd. Gobeithiwyd rhoi'r cyfle nid yn unig iddynt weithio a chydweithredu ond hefyd i rannu cyfrifoldeb dros arwain a threfnu'r gwaith, fel yr eglurir wrth drafod y ffatri ddodrefn yn un o gyhoeddiadau swyddogol y fenter:

> The ideal, removed as it is from generally accepted methods of business, is something even more than co-operation. It means a new relationship between management and production. It demands self-discipline in place of imposed

authority, freedom but not license, self-expression but not acquisitiveness.[96]

Dan oruchwyliaeth Paul Matt, cynhyrchwyd dodrefn o safon uchel iawn yn ffatri Brynmawr o'r cychwyn.

Denwyd cwsmeriaid sefydliadol rheolaidd fel colegau, ysgolion ac ysbytai yn sgil hynny. Roedd Coleg Harlech yn eu plith ym mlynyddoedd cynnar y fenter. O ran cwsmeriaid unigol, daeth y celfi yn boblogaidd ymysg y dosbarth canol Cymreig yn arbennig a bu Griffith John Williams a'i wraig Elizabeth, Glyn Ashton ac Alun Oldfield Williams ymhlith yr awduron ac ysgolheigion a gefnogodd y fenter.[97] Edmygai Alun Llywelyn-Williams grefftwaith ffatri Brynmawr hefyd:

> Un o'r darnau dodrefn yr wyf falchaf ohono yn fy nghartref hyd heddiw yw cwpwrdd llyfrau o bren collen Ffrengig a wnaethpwyd ym Mryn-mawr, dernyn hardd ei drwsiad a'i gynllun; y mae'n bleser agor a chau ei ddrysau gwydr i'w teimlo'n ffitio i'r ffrâm yn union i drwch blewyn.[98]

Prynodd sefydliadau cenedlaethol fel y Llyfrgell Genedlaethol a'r Amgueddfa Genedlaethol ddarnau cyffelyb o gelfi'r fenter, a chynlluniwyd cadair Eisteddfod Genedlaethol Caerdydd ym 1938 gan gwmni Brynmawr. Cyflogwyd hanner cant o bobl yn y ffatri gelfi erbyn 1939 ac yn ôl y grynodeb swyddogol o'i waith y flwyddyn honno, 'all designs are original, modern but restrained, and in quality and construction second to none.'[99] Llwyddwyd i gyrraedd y ffigwr uchaf yn hanes y fenter o ran gwerthiant misol ym Mawrth 1939, ac roedd cyfanswm y gwerthiant ar gyfer y flwyddyn gyfan dros £10,000.[100]

Daeth gwaith y Crynwyr yn ne Cymru i sylw cynyddol aelodau o'r mudiad cenedlaethol, fel Griffith John ac Elizabeth Williams, a oedd wrthi'n tyfu ac ymgryfhau yn y 1930au cynnar. Cynhaliwyd ysgol haf Plaid Cymru ym Mrynmawr ym 1932 yn dilyn sesiwn arbennig yng nghynhadledd y flwyddyn flaenorol ym Mermo i drafod yr arbrawf cymdeithasol yno a'r rhai cyffelyb yng ngweddill Cymru. Yn ôl adroddiad Morris T. Williams ar ddigwyddiadau'r wythnos, 'aberthodd Mr Peter Scott, Brynmawr, gryn dipyn i fedru dyfod atom i sôn am y gwaith a wneir yno ... Siaradwyd yr un noson gan Mrs Noble, Trealaw, ar "Waith i Ferched," a chafwyd apêl amserol gan Mrs. E. E. Williams, Gwaelod y Garth, am i ni geisio gwneud rhywbeth ymarferol.'[101] Trefnwyd arddangosfa arbennig o waith crefft y prosiectau ym Mrynmawr, Trealaw a Merthyr fel rhan o gynhadledd flynyddol yr Ysgol Gwasanaeth Cymdeithasol Cymreig yn Llandrindod yn haf 1932 hefyd, a chafodd eu harweinwyr gyfle pellach i draddodi ar eu hamcanion ehangach.[102] Bu Paul Matt, Hilda Jennings a Kitty Lewis ymhlith y siaradwyr o fenter Brynmawr. Tystiodd Hilda Jennings bod y dynion yn gwneud 500 pâr o esgidiau a'r merched yn gwneud 300 pâr o hosanau yr wythnos.[103] Yn adroddiad Rachel Davies ar y gynhadledd i'r *Efrydydd*, ceir awgrym o gyfuniad nodweddiadol Peter Scott a'r fenter a arweiniodd o ddelfrydiaeth iwtopaidd ac ymarferoldeb pragmataidd. Dengys iddo gyfrannu at drafodaeth ar bwnc 'adnoddau dynol nas defnyddir' ac iddo bwysleisio 'sylfaen ysbrydol bywyd fel elfen i ddadwneud yr alanas ddiwydiannol'.[104] Ond ar yr un pryd tystia iddo hefyd wneud awgrymiadau 'ymarferol iawn' ar sut i fynd i'r afael â'r broblem.

Yn ei cholofn reolaidd i bapur misol y Blaid, dywed Cassie Davies i grŵp o'r aelodau ymweld â ffatrïoedd 'anturiaeth fawr y Crynwyr' yn ystod ysgol haf 1932, ynghyd â chynrychiolaeth o'r gynhadledd yn Llandrindod.[105]Ar fore olaf y gynhadledd, daeth Hilda Jennings a Peter Scott yn eu tro i roi darlithoedd ar 'sut i wneuthur ymchwil gymdeithasol' a 'sut i godi arian at waith cymdeithasol' a'u dilynwyd gan ddarlith Elizabeth Williams, 'Gwaith i Ferched'.[106] Roedd Williams eisoes wedi mynegi ei hedmygedd o fentrau'r Crynwyr yn ne Cymru yn y *Ddraig Goch* y flwyddyn flaenorol. Yn ei herthygl ar 'Ddiwydiannau i Ferched Cymru', cytunodd â'r awgrym y dylid efelychu eu ffatrïoedd nid yn unig er mwyn lleddfu diweithdra yn gyffredinol ond hefyd i gynnig gwaith i fenywod yn benodol:

Awgrymir yn y *Ddraig Goch* inni fel cenedlaetholwyr ddilyn esiampl y Crynwyr yn y Rhondda ac ym Mrynmawr drwy sefydlu diwydiannau bychain yn ein pentrefi. Bûm innau, a llawer eraill y mae'n debyg, yn meddwl yr un peth ganwaith ... Meddyliwn am ferched Cymru heddiw. Onid oes modd gan y rheini neu allu yn y merched eu hunain i fyned drwy'r ysgolion a'r colegau, nid oes dim iddynt ei wneuthur ond myned allan i weithio mewn siop, neu i weini mewn tŷ neu ysbyty.[107]

Daeth yr ysgol haf i Frynmawr yn y lle cyntaf yn bennaf yn sgil anogaeth Peter Scott ei hun, fel yr eglurir yn nodiadau'r *Ddraig Goch* ar y trefniadau yn Ebrill 1932.

Mewn cyfarfod o'r Cyngor Gwerin ('Community Council') a lywodraethai'r fenter y mis blaenorol, penderfynwyd cefnogi'r ysgol haf yn dilyn ei araith ar ei fanteision posib i'r dref: 'Wrth ofyn i'r Cyngor roddi cynhorthwy, eglurodd Peter Scott y fath fantais i Frynmawr a fyddai dyfodiad yr Ysgol – mantais i fasnach y dref, ac hefyd y lles a ddeuai o ddyfodiad aelodau o fudiad Cymreig i'r dref, canys fe deimlai ef (Peter Scott) fwyfwy bob dydd mai rhan o Gymru yw Brynmawr ac mai trwy bethau Cymreig y daw iechydwriaeth y dref.'[108] Eir ymlaen yn yr un erthygl i ddiolch darllenwyr *Y Ddraig Goch* am y gefnogaeth ariannol a alluogodd y Crynwyr ym Mrynmawr i 'gyflogi aelod o'r Blaid i'w cynorthwyo yn eu gwaith'.[109] Aelod o'r Blaid Genedlaethol ym Mrynmawr o'r enw Walter Dowding a wnaeth yr apêl ac fe'i cyhoeddwyd ym mhapur y mudiad yn y gobaith y byddai'n 'symbyliad inni geisio gyflawni gwaith tebyg mewn llawer rhan o Gymru.'[110] Esboniodd Dowding yn ei lythyr mai amcan pwysicaf y cyngor a sefydlwyd i astudio'r gymuned ym Mrynmawr oedd 'to make Brynmawr Welsh' a bod eu hamcanion eraill yn ddiystyr heb ei wireddu. Ni amheuai ewyllys da y Crynwyr ond credai nad oedd eu gwaith wedi dal dychymyg y gymuned yn llawn ac na fyddai'n gwneud 'until the Quaker Group is reinforced by a *consciously* Welsh element.' Mae'n cloi'r apêl drwy ddatgan y gallai'r Blaid fynegi ei diddordeb ymarferol mewn ail-adeiladu'r genedl ar hyd llwybrau newydd trwy ei gefnogi'n ariannol. Dengys llwyddiant yr apêl ac ysgol haf 1932, a'r gyd-gefnogaeth rhwng Plaid Cymru a'r fenter a amlygodd, nad arbrawf cyfan gwbl Seisnig ydoedd ac i Scott a'r Crynwyr eraill wneud peth ymdrech i'w wreiddio yng ngwleidyddiaeth a diwylliant Cymru.

Yn ei atgofion o'r ysgolion haf cynnar, noda J. E. Jones, ysgrifennydd diflino'r Blaid o 1930 i 1962, i'w bolisi economaidd o ddemocratiaeth gydweithredol gael ei fabwysiadu'n swyddogol ym Mrynmawr ym 1932.[111] Y pâr priod dylanwadol D. J. Davies a Noëlle Davies a fu'n bennaf gyfrifol am lunio'r polisi hwn. Yn hydref 1934 cyfrannodd Noëlle Davies adolygiad ffafriol i'r *Ddraig Goch* o gyfrol Hilda Jennings ar Frynmawr, a amlygai ymhellach y tir cyffredin rhwng polisïau'r Blaid a menter y Crynwyr yno. 'Diddorol yw canfod' meddai, 'fod y bobl yma y tu allan i'r Blaid Genedlaethol yn cydweld â llawer o'i daliadau ynglŷn â'r sefyllfa economaidd bresennol yng Nghymru'.[112] Gwelai'r bennod sy'n disgrifio sut y sefydlwyd cymdeithasau cydweithredol ym Mrynmawr fel un arbennig o bwysig gan fod cenedlaetholwyr wrthi'n ceisio efelychu mentrau o'r fath. Credai y dylent o ganlyniad 'astudio'n fanwl y rhesymau am y llwydd a'r methiant, modd y bydd iddynt wybod beth i'w osgoi a pha beth i amcanu ato pan ddaw'n amser iddynt roi eu penderfyniadau ar waith.' Mae'n clodfori Jennings ymhellach am gydnabod na fu'r arbrawf ym Mrynmawr yn gyfan gwbl lwyddiannus yn bennaf gan iddo gael ei lunio 'dan ddylanwadau estronol' a heb nerth yr 'apêl genedlaethol' i'w ysbrydoli.[113]

Yn ei erthygl yntau ar ddiwydiant glo carreg Cymru i'r *Ddraig Goch* ym 1930 cyfeiriodd D. J. Davies at yr un ysbryd cenedlaethol fel yr elfen hanfodol a allai ddatrys un o brif broblemau'r oes, sef 'pa fodd y gellir dosbarthu'n well ac y ceir cydweithrediad mwy unol rhwng adrannau gwahanol y bywyd economaidd'.[114] Dylid nodi i D. J a Noëlle Davies sefydlu menter eu hunain yn agos i Frynmawr yn y cyfnod hwn a gynigiai ddarpariaeth debyg i ganolfannau addysgiadol y Crynwyr. Eu teithiau a'u profiad o weithio yn Nenmarc a ysbrydolodd Ysgol Werin Pant-y-Beiliau, yr ysgol gyntaf o'i math yng Nghymru, yn ôl adroddiad *Y Ddraig Goch* ar y fenter yn Ebrill 1935.[115] Tŷ sylweddol o faint a brynodd y pâr priod oedd Pant-y-Beiliau, ger pentref Gilwern yn sir Fynwy, a daeth y saith myfyriwr cyntaf yno yn Nhachwedd 1934, 'chwech diwaith o'r Rhondda ac un ferch'. Bu'r Weinyddiaeth Lafur yn fodlon ar y cychwyn i'r myfyrwyr di-waith barhau i dderbyn eu dôl. Dechreuai eu diwrnod gyda 'chwrs o fabolgampau' a chyfle i wneud gwaith llaw fel garddio ac atgyweirio yn y bore. Roedd y prynhawn yn rhydd ar gyfer chwaraeon a 'gwibdeithiau', a threfnwyd darlithoedd, trafodaethau, adloniant a 'hwyl-ganu' gyda'r hwyr. Cefnogwyd yr ysgol trwy grant o'r Ysgol Gwasanaeth Cymdeithasol Cymreig a benthyciad sylweddol o lyfrau o'r Llyfrgell Genedlaethol. Ond daeth y fenter fyrhoedlog i ben yn ddisymwth erbyn diwedd 1935 pan benderfynodd y Weinyddiaeth Lafur beidio'i gefnogi ymhellach.

Y flwyddyn wedi cynhadledd Plaid Cymru ym Mrynmawr, yn ystod haf poeth 1933, gwnaeth dros 15,000 o ymwelwyr ddefnydd o'r pwll nofio a adeiladwyd trwy lafur diflino'r gwirfoddolwyr lleol a thramor.[116] Cymerodd y gwaith dros ddwy flynedd a hanner i'w gyflawni ac aeth yr un grŵp o wirfoddolwyr ymlaen i adeiladu'r ysgol feithrin ym Mrynmawr a gyfeiriwyd ati eisoes. Er i'r prosiect hwn dderbyn peth nawdd o gronfa Achub y Plant, bu'n rhaid i'r gwirfoddolwyr gyflawni gwyrthiau er mwyn gwneud y gorau o'r adnoddau prin oedd ar gael i greu dodrefn ar ei gyfer. Nodir yn adroddiad y pwyllgor ar flynyddoedd cynnar arbrawf Brynmawr, er enghraifft, iddynt greu matresi ar gyfer gwelyau'r ysgol feithrin trwy drawsffurfio hen diwbiau mewnol olwynion ceir.[117]

Neilltuwyd sylw pellach i Frynmawr ym mhapur misol Plaid Cymru trwy erthygl George M. Ll. Davies ar hanes yr anturiaeth yn Awst 1932. Fel yn ei ysgrifau diweddarach ar Faes-yr-Haf a'r Rhos, gwelai'r fenter fel cychwyn pwysig i adfywiad cymdeithasol ehangach. 'Y mae'r arbrawf a'r anturiaeth a welir yma yn gam (gobeithio nad yn gam gwag)' meddai, o ganlyniad, 'tuag at wleidyddiaeth newydd a datganiad newydd o grefydd.'[118] Dengys i gyhoeddi'r ffeithiau a gasglodd Peter Scott, Hilda Jennings a'r gwirfoddolwyr eraill at ei gilydd ynglŷn â graddfa'r cyni ym Mrynmawr arwain yn rhannol at ffurfio'r 'Coalfields Distress Committee' a gododd dros £90,000 ymhen ychydig amser. Daeth cyfraniadau ychwanegol o Ymddiriedolaeth Mansion House ac apêl Tywysog Cymru i gefnogi gwaith y Cyfeillion yn ne Cymru. Noda hefyd i'r Comiwnyddion lleol wrthod apêl gyhoeddus y Crynwyr i ddynion di-waith Brynmawr gymryd rhan yn eu prosiectau ac iddynt gyhoeddi 'rhyfel yn erbyn gwirfoddolrwydd'.[119] Llwyddwyd i fwrw'r maen i'r wal, serch hynny, a haera i'r dros 200 o gymdeithasau garddio a sefydlwyd a'u 60,000 o randiroedd gynhyrchu gwerth tua £400,000 o ffrwythau a llysiau. Cyfeiria hefyd at y gwaith paentio ac addurno ym Mrynmawr i geisio trawsnewid awyrgylch y pentref, a gwna gysylltiad uniongyrchol rhwng menter y Crynwyr a'r mudiad gardd bentrefi yn y broses. Credai i lwydni ac aflerwch pentrefi'r Cymoedd gynyddu apêl y dafarn yn sylweddol a gofynnodd: 'Ond a oes anghenraid i'n pentrefi fod mor druenus a hagr ac afler? Y mae'r Maestrefi (*Garden Villages*) a adeiladwyd gan Gymro, Mr Alwyn Lloyd, ymysg y prydferthaf ym Mhrydain'.[120] Honna i'r trigolion groesawu'r ymdrech i ddod â lliw o'r newydd i Frynmawr ac mae'n cloi'r ysgrif trwy honni y gellid efelychu'r arbrawf cymdeithasol yno ym mhob pentref yng Nghymru 'oherwydd tir caregog iawn yn ddaearol ac yn ddynol sydd yma.'

Yn ôl erthygl a gyfrannodd i'r *Efrydydd* ychydig fisoedd ynghynt roedd yr anturiaeth ym Mrynmawr wedi dod i sylw'r wasg genedlaethol hefyd ac fe'i clodforwyd i'r cymylau yn y *Manchester Guardian*. Dyfynnodd gasgliad ei gohebydd bod y dyfodol yn nwylo mentrau o'r fath. 'Y mae rhyw ddelfryd pell o wneud Brynmawr yn gyrchfan iechyd,' meddai, 'a gallai hyn fod oherwydd ei ffynhonnau iachusol, a'r wlad hyfryd ac awyr iach y mynyddoedd.'[121] Cyfeiriodd Davies yn yr un erthygl at yr arolwg manwl i bob agwedd ar fywyd ym Mrynmawr a ddaeth ac arbenigwyr mewn 'trefgynlluio' a 'iechyddiaeth' i'r dref i roi darlithoedd cyhoeddus. Bu dros ddau gant o'r trigolion lleol yn rhan o'r arolwg hefyd ac arweiniodd at sefydlu'r Gymdeithas Gydweithredol a oedd bellach yn cyflogi 'tua thrigain o wŷr a gwragedd a bechgyn yn ennill bywoliaeth a dynoliaeth yn ôl trwy wneuthur esgidiau cryfion, dodrefn hardd, brethynnau ardderchog a hosanau cryf a rhad.'[122] Rhan o dair ysgrif ar dlodi 'Yn Neheudir Cymru' oedd ei gyfraniad ar Frynmawr, ac yn y cyntaf o'r tair tanlinellir pa mor annigonol oedd prosiectau'r Crynwyr ar ben eu hunain i gyfateb â graddfa'r broblem. Glöwr di-waith a fynychai un o'u dosbarthiadau yn y Rhondda a'i hysgrifennodd, a mynegodd ei ddiolch i'r 'rhai a ddangosodd ofal dros y di-waith, a gychwynnodd weithdai, darlithoedd, chwaraeon, cylchoedd darllen a chanu ... Daethant a llygedyn o obaith i fannau tywyll. Ond *Gwaith* sydd eisiau arnom.'[123] Ceir tystiolaeth bellach o natur ddifrifol y broblem yn yr ail o'r ysgrifau gan Miss Gwladys Thomas, Merthyr Tudful ar amodau byw yn Nowlais. Rhestra incwm a threuliau pedwar cartref yn Nowlais i ddangos pa mor gyffredin oedd dyled, afiechyd a byw 'ar ry fychan o bopeth' yno. Yn un o'r cartrefi hyn roedd teulu o naw yn byw ar £1 16 swllt yr wythnos o elusen y plwyf a dengys yr awdur, 'ar gadw tŷ cynnil, cyffredin, cymer y pethau hyn ryw £1/5 yr wythnos, ar gyfartaledd *i ddau o bersonau iach*; ac ar *fwyd* ychydig a arbedir fel y cynhydda rhif y teulu.'[124]

Mynegwyd peth amheuaeth ynghylch darlun optimistaidd George M. Ll. Davies o Frynmawr mewn llythyr a gyhoeddwyd yn y rhifyn nesaf o'r *Efrydydd.* Cododd 'Bryn' y cwestiwn yn ei lythyr 'i ba raddau y mae'r ymgymeriad yn llwyddo *i gael y diwaith i gyfranogi yn niddordeb y Cyfeillion yn y lle*.'[125] Cydnabu mai'r angen mwyaf ym Mrynmawr oedd dod â gobaith newydd i'w thrigolion, ond amheuai'r graddau yr oedd y di-waith yno yn arbennig wedi cael eu darbwyllo o werth yr arbrawf, gan ofyn a iddynt 'basio penderfyniad yn condemnio'r sawl a oedd yn gwneud gwaith gwirfoddol?' Awgryma mai tri neu bedwar o'u plith yn unig a gymerodd ran yn y gwaith o glirio'r domen sbwriel. Atebodd Davies ei lythyr yn frysiog ar gyfer y rhifyn nesaf trwy gyfeirio at y cyfarfod cyhoeddus a gynhaliwyd i egluro natur y fenter a'i hamcanion i'r bobl leol. Alwyn Lloyd oedd un o'r prif siaradwyr yn y cyfarfod hwn yn rhinwedd ei swydd fel llywydd Cyngor Cenedlaethol Cyflenwi Tai a Chynllunio Trefi, a thraethodd ar 'y modd y gellid atgyweirio a gwella'r drefn mewn nifer o gyfeiriadau' trwy'r arbrawf.[126] Cytunodd dros dri chant o'r dorf o ddwy fil a fynychodd y cyfarfod i wirfoddoli, ond newidiodd y mwyafrif eu meddyliau wedi i'r gangen leol o'r Blaid Lafur wrthwynebu'r fenter. Dywed Davies i'r arbrawf fynd yn ei flaen beth bynnag ac iddo ennill cefnogaeth leol yn raddol, fel yn achos y gwragedd tŷ a efelychodd agwedd ohono trwy ofyn 'am ddefnydd i brydferthu eu tai eu hunain'. Casgla fod angen i arbrofion cymdeithasol o'r fath gael eu hefelychu trwy Gymru gyfan gan mai ofer fyddai aros 'am bethau gwych i ddyfod trwy nerth a llu gwleidyddol', a bod 'dydd y pethau bychain' ar droed yn sgil hynny.[127]

Gellir dadlau bod gwaith y Crynwyr yn ne Cymru yn gyffredinol rhwng y rhyfeloedd byd yn amlygu rhai o beryglon posibl iwtopiaeth. Mae haneswyr fel Alun Burge yn sicr wedi cwestiynu'r graddau y derbyniodd eu delfrydiaeth groeso ym Mrynmawr yn arbennig.[128] Dyfynna o gyfweliadau gyda rhai o'r trigolion lleol ar y pryd i ddangos yr elyniaeth neu'r casineb hyd yn oed mewn rhai enghreifftiau a deimlwyd tuag at yr ymwelwyr o Loegr yn bennaf. Mynegwyd peth o'r ddrwgdybiaeth hon mewn erthygl Gymraeg ar waith Cymdeithas Addysg y Gweithwyr yn ne Cymru i'w gylchgrawn misol ym 1944, lle dywed yr awdur am y gwahanol ganolfannau:

> Nid rhywbeth y gofynnwyd amdanynt gan bobl Deheudir Cymru eu hunain oedd y rhain, ond rhywbeth a wthiwyd arnom oddi uchod gan Bwyllgor o Grynwyr yn Llundain, neu ryw Bwyllgor o Rydychen, pobl ag amcanion teilwng ddigon. Teimlem yn aml eu bod yn dyfod yma yn ysbryd cenhadwyr yn mynd i efengyleiddio i'r paganiaid.[129]

Cydnebydd Burge, serch hynny, iddynt dynnu sylw'r cyhoedd at raddfa'r argyfwng yn ne Cymru, er mor drwsgl a nawddoglyd y gallai eu dulliau o gyfathrebu fod ar adegau. Derbyniodd yr 'arbrawf' ym Mrynmawr sylw eang iawn yn y wasg Brydeinig ac yn Ewrop, yn arbennig yn sgil dyfodiad y gwirfoddolwyr tramor i gynorthwyo'r gwaith ym 1931. Gosodwyd y seiliau hefyd ar gyfer prosiectau'r sector gwirfoddol yn ne Cymru a ddatblygodd ymhellach wedi'r Ail Ryfel Byd. Ac yn achos y clybiau a sefydlwyd i fenywod, crëwyd darpariaeth cwbl newydd ar eu cyfer a drawsffurfiodd fywydau llawer o'r aelodau er gwell. Ond mae'n ddiamau i'r gwaith ym Mrynmawr gymryd tan o leiaf canol y 1930au i dderbyn cefnogaeth gyffredinol y bobl leol. Dengys y problemau a'r camddealltwriaeth a brofwyd yn y blynyddoedd cynnar pa mor bwysig yw darbwyllo pobl ac ennyn eu cefnogaeth o'r cychwyn wrth ystyried prosiectau iwtopaidd o'r fath.

Yr Urdd o Gyfeillion

Wrth i'r arbrawf ehangu a llwyddo ym Mrynmawr yn y 1930au cynnar, mynegodd Peter Scott ei annibyniaeth barn trwy ymbellhau o gefnogaeth swyddogol y Crynwyr a sefydlu ei urdd ei hunan. Gwelir ei weledigaeth ar ei fwyaf iwtopaidd a delfrydgar yng ngwaith a chyhoeddiadau'r Urdd o Gyfeillion ('An Order of Friends') a gychwynnodd ym 1934 gyda grŵp bach o gefnogwyr. Gwneir yn gwbl eglur mai newid cymdeithas oedd eu bwriad yn y datganiad swyddogol o'u hamcanion: 'They agree also that lasting changes can be achieved only through open-minded experiment, which will reveal step by step how the new world can be soundly built and the old discarded. They look forward to the growth of a new society'.[130] Cyfeirir at eu hawydd i greu ffyrdd newydd o fyw yn adroddiad blynyddol cyntaf yr Urdd a fyddai'n adeiladu ymhellach ar sylfaen cadarn yr arbrawf ym Mrynmawr a'r cyngor cymunedol a'i lywodraethai er mwyn sicrhau rheolaeth leol drosto.[131] Prosiect mwyaf uchelgeisiol yr Urdd oedd y 'Subsistence

Production Society' (SPS) a ffurfiwyd fel ffordd o greu gwaith amaethyddol i ddynion hŷn di-waith yn bennaf, a rhoi'r cyfle iddynt gyfnewid cynnyrch y gwaith hwnnw heb ddefnyddio arian a heb i'w dôl gael ei ostwng. Bu prosiect cyntaf y Gymdeithas, a ganolwyd mewn hen fragdy yng Nghwmafon, yn llwyddiant, a gyda chefnogaeth ariannol yr Arglwydd Nuffield fe'i ehangwyd trwy brynu tir ychwanegol yn Nhrevethin, Beili Glas, Pont-y-moel, Pontnewydd ac ar gyrion Brynmawr rhwng 1934 a 1938. Yn un o'r cyfrolau pwysicaf ar fentrau iwtopaidd ym Mhrydain, dywed Chris Coates bod yr hyn a gyflawnodd yr SPS yn y cyfnod hwn wrth i'r prosiect dyfu yn 'quite breathtaking'.[132] Dylid nodi hefyd mai Brynmawr a'r SPS yn arbennig yw'r unig fenter a leolwyd yng Nghymru i dderbyn sylw estynedig a chanmoliaethus yn astudiaeth arloesol W. H. G. Armytage o arbrofion iwtopaidd ym Mhrydain, a gyhoeddwyd ym 1961. Credai Armytage i'r arbrawf ym Mrynmawr nid yn unig adfer gobaith ym mywydau'r di-waith yno ond hefyd adfywio 'the tradition of social experiment when more deterministic philosophies were sapping its vitality.'[133]

Bwriad yr Urdd o Gyfeillion oedd i'r SPS fod yn hunangynhaliol yn y pen draw ac i greu patrwm newydd ar gyfer bywyd cymunedol yn y broses. Mewn erthygl yn egluro beth yw cynhyrchu cynhaliol, nodir mai dod â gobaith newydd i ddynion hŷn di-waith na fyddai'n debygol, yn realistig, o ganfod gwaith fel arall oedd un o brif amcanion y fenter, ond gallai ei weithredu hefyd arwain yn yr hirdymor at gyfundrefn gymdeithasol newydd.[134] Amlinellir y weledigaeth hon ymhellach mewn ysgrif ar 'Y Gymuned Newydd' ('The New Community') a gyhoeddwyd yn un o'i hadroddiadau blynyddol. Credai Scott a'i ddilynwyr y gallai 'a new and more real polticial system' godi o gymuned o'r fath.[135] Deilliai'r gyfundrefn newydd o'r cyfleoedd amrywiol i reoli ac arwain eu gwaith pob dydd y byddai'r SPS yn cynnig i'w aelodau, gan feithrin eu hunanhyder yn ogystal â'u sgiliau a'u galluoedd cynhenid yn y broses. Cynyddodd aelodaeth yr SPS yng Nghwmafon o 180 i 350 o deuluoedd yn ystod 1936 a phriodolwyd y twf yn ei adroddiad blynyddol i gynnydd cyfatebol mewn hunanreolaeth dros waith y gymdeithas, mater y dychwelwn ato yn y man.[136] Gwelwyd cynnydd sylweddol yng nghynnyrch yr SPS yn ne Cymru yn yr un flwyddyn. Rhwng Mehefin a Rhagfyr 1936, cynhyrchwyd 59,666 torth o fara, 3,746 o gacennau (ffrwythau a Madeira), 109,532 peint o laeth, 157,202 pwys o datws, 6,500 tomato, a 103 tunnell o wenith.[137] Dengys llythyr a anfonodd aelod o'r SPS cyntaf yn nwyrain sir Fynwy at aelodau'r gangen newydd a sefydlwyd ym Mrynmawr yn Nhachwedd 1936 i'r gweithwyr eu hunain ymdeimlo ag ysbryd cenhadol, delfrydgar yr Urdd o Gyfeillion:

> How I hope that this Society will spread throughout the land and the world. Let us have humanity all helping each other, a world of Peace and Love instead of hate and greed ... We can. It's in our power to create a new era of living by sinking self and thinking more of others.[138]

Rhan o'r weledigaeth hon oedd creu pentrefi newydd ar sail cyfan gwbl hunangynhaliol a chydweithredol, ac ysgrifennodd aelod arall o'r SPS at gylchgrawn yr Urdd i fynegi ei ffydd yn y ddelfryd. 'These villages of the future are not something that is impossible of becoming a real fact,' meddai, 'and their influence for good in the world will be tremendous.'[139]

Byddai'r pentrefi newydd yn cael eu hadeiladu yng nghefn gwlad ac yn cynhyrchu llaeth, llysiau a bwydydd eraill i'w cyfnewid gyda chynnyrch diwydiannol, fel glo a deunyddiau adeiladu, a fyddai'n dod o'r hen gymunedau adfeiliedig fel Brynmawr wedi iddynt gael eu hailadeiladu.[140] Ymhellach, fe fyddai'r gydberthynas fyw hyn rhwng y pentrefi newydd a'r trefi diwydiannol adnewyddedig yn sail ar gyfer bywyd cymunedol newydd. Rhestrir bwyd da, tai o safon, awyr iach, gwasanaethau iechyd boddhaol, a dulliau amrywiol ac agored o addysg ymhlith hanfodion y bywyd cymunedol newydd. Un o'r egwyddorion pwysicaf fyddai cydberchnogaeth a fyddai'n arwain yn ei dro at ryddid newydd: 'Father will be free to take the family around the factory or farm, and neither uniformed commissionaire nor

Farmer Giles with stick in hand, irascible, shall say them nay.'[141] Elfen bwysig o'r cynllun hirdymor i greu pentrefi newydd oedd gwneud defnydd o'r chwarel galchfaen ar fferm yr SPS ym Meili Glas wrth ymyl yr hen fragdy yng Nghwmafon er mwyn cynhyrchu deunyddiau adeiladu. Y bwriad oedd defnyddio'r rhain i adeiladu tai newydd ac i adfer rhai o'r hen adfeilion gwasgaredig a greithiai'r cymoedd. Gwelai'r Urdd y gwaith adeiladu hwn fel rhan bwysig o'i genhadaeth yn absenoldeb, unwaith eto, unrhyw gynlluniau pwrpasol i greu cartrefi, ffyrdd a gerddi newydd ar ran yr awdurdodau lleol.[142]

Yn ystod haf 1936, trefnodd tri grŵp o ddynion di-waith o dde Cymru ymweliadau â gwaith yr SPS yn sir Fynwy a bu eu hymateb yn frwdfrydig tu hwnt. Ysgrifennodd rhai o'u haelodau at yr SPS yn ddiweddarach i fynegi eu hawydd i sefydlu cymdeithasau cyffelyb yn eu hardaloedd hwythau. Yn ôl aelod o'r grŵp o Drecynon, 'we were amazed at what we seen, it has made us think and think tremendously Utopia in practise. We do hope that we will be able to start the Scheme at our place very soon.'[143] Cyfaddefodd gynrychiolydd y grŵp cyffelyb o Aberpennar eu bod yn rhanedig ar gyrraedd ond iddynt adael wedi eu hargyhoeddi'n llwyr o werth gwaith yr SPS a dychwelyd i'w pentref fel dau ar hugain cenhadwr dros ehangu cynlluniau o'r fath.[144] Nodir yn adroddiad blynyddol 1936 cynifer o ymwelwyr a ddaeth i brofi gwaith yr SPS yn nwyrain sir Fynwy, ac awgrymir eto pa mor iwtopaidd oedd amcanion y fenter. Tueddai'r ymwelydd cyffredinol gael trafferth gweld yr ystod gyfan o weithgareddau'r gymdeithas mewn diwrnod ond ar yr un pryd 'he senses something of the spirit of new hope, even of achievement, that prevails among the members themselves; if he is imaginative, he often tends to think he sees Utopia in the making. Is he justified in thinking so? Possibly not.'[145] Awgryma'r nodyn o amheuaeth ar ddiwedd y dyfyniad hwn y broses araf ac anodd a ddisgrifir yn yr un erthygl o ddarbwyllo trigolion lleol y byddai'r cynllun o fudd iddynt. Cyfeirir hefyd at wrthwynebiad chwyrn cylchoedd undebol a gwleidyddol lleol ar y cychwyn a chyfres o gyfarfodydd tymhestlog a gynhaliwyd i geisio'u hargyhoeddi. Daeth yr ateb o'r diwedd i wella'r berthynas rhwng trefnwyr yr Urdd a'r aelodau arfaethedig o un o'r dynion a weithiai yn yr hen fragdy yng Nghwmafon. Awgrymodd strwythur ym Mehefin 1935 i drefnu'r gwaith a fyddai'n rhoi rheolaeth yn nwylo'r aelodau.[146] Rhannwyd aelodau'r SPS mewn i bump ar hugain o grwpiau gwaith yn sgil hynny gydag arweinydd i bob grŵp a etholwyd gan yr aelodau eu hunain. Ymhlith y grwpiau gwaith o bump neu chwe aelod a sefydlwyd yn yr Hen Fragdy yng Nghwmafon, cafwyd rhai yn ymwneud â gwaith coed, adeiladu, crefftau, garddio, paentio, gweu, teilwra, adnewyddu dodrefn ac esgidiau, a phobi bara, sy'n rhoi argraff glir o ba mor gyflym yr ehangodd gweithgareddau'r SPS.

Pwysleisiodd Peter Scott yn aml yn ei erthyglau ar yr SPS a'r mentrau eraill a sbardunodd ym Mrynmawr, mai ymateb oeddynt i raddau helaeth i broblem gynyddol sut i lenwi oriau hamdden dynion a menywod yn sgil nid yn unig diweithdra ond hefyd datblygiadau technolegol modern. Gwelai gyfle yn y cynnydd hwn i ddefnyddio'r oriau hyn i feithrin galluoedd a sgiliau yn ymwneud â chrefftau yn arbennig a gollwyd i raddau helaeth yn sgil y Chwyldro Diwydiannol. Trafodwyd 'problem' hamdden a'i heffaith ar bobl ifanc yn rheolaidd yn y wasg Gymraeg rhwng y rhyfeloedd byd. Derbyniodd weledigaeth Scott gefnogaeth ddiddorol yn erthygl Mati Rees ar 'Oriau Hamdden' ym 1934. Rhybuddiodd yn erbyn peryglon yr oes beiriannol yn yr erthygl hon, ond yn bwysicach gwelai bosibiliadau iwtopaidd yn y cynnydd diweddar mewn amser hamdden i'r dosbarth gweithiol a menywod yn arbennig. Roedd cyfleusterau a dyfeisiadau modern eisoes wedi gwella bywydau'r sawl allai dalu amdanynt ond dylid eu hymestyn i bob dosbarth cymdeithasol, meddai: 'wele beiriannau i gyflawni gwaith llafurus y tŷ pe caem hwynt yn rhatach – fel y cai'r wraig gyfle i feddwl, i gael ychydig seibiant'.[147] Wrth i'r byd gael ei fecaneiddio'n gynyddol – 'caiff dyn ei fiwsig o'r gramoffon, ei foesau o'r Sinema, ei grefydd o'r diwifr, ei fwyd o duniau' – gwelai gyfle i weithwyr cyffredin wneud defnydd o'u horiau hamdden ychwanegol i ddatblygu eu galluoedd yn y celfyddydau a'r crefftau, a chyfeiria at ysbrydoliaeth William Morris yn hynny o beth.[148] Roedd y canolfannau i'r di-waith a sefydlwyd ym Mrynmawr a threfi eraill yn y cyfnod hwn yn 'rhadredegwyr y cyfnod newydd,' felly yn ei thyb hi, 'oblegid bydd gennym y di-waith bob amser bellach, a mwy na hynny bydd oriau hamdden yn eiddo i bawb.'[149] Gallai canolfannau o'r fath fod yn fodd o droi 'segurdod gorfodol i hamdden creadigol' ac o feithrin ac adfywio crefftau fel rhwymo llyfrau, gwaith coed ac arlunio.

Oxford House, Rhisga

Arweiniwyd un arall o ganolfannau'r Crynwyr yn ne Cymru, sy'n dipyn llai adnabyddus na'r rhai ym Mrynmawr a Maes-yr-Haf, gan ffigwr a aeth ymlaen i chwarae rhan allweddol yn natblygu'r math o driniaeth anghosbedigaethol i droseddwyr ifanc y byddwn yn rhoi sylw manylach iddo yn y bennod nesaf. Bu David Wills a'i wraig Ruth yn arwain menter Oxford House yn Rhisga ger Caerffili am bedair blynedd rhwng 1931 a 1935. Roedd David Wills yn Gymro a aned yn Abertawe ym 1903 i deulu dosbarth canol, parchus. Gadawodd adref yn ddwy ar bymtheg oed i weithio gyda'r YMCA yn Norwich, gan ddechrau gyrfa bwysig yn ymwneud mewn amrywiol ffyrdd â mentrau i helpu pobl ifanc. Bu'n gwirfoddoli wedi hynny mewn gwersyll hyfforddi i fechgyn yn eu harddegau ar fferm yn Wallingford, sir Rhydychen. Bu'r driniaeth galed a dderbyniodd y bobl ifanc yno'n ddigon i'w berswadio am weddill ei yrfa nad oedd eu cosbi yn ddull effeithiol o'u cynorthwyo. Swydd broffesiynol gyntaf Wills oedd yr un yn ne Cymru wedi iddo dderbyn hyfforddiant ffurfiol fel gweithiwr cymdeithasol seiciatryddol yn Ysgol Gwaith Cymdeithasol Efrog Newydd yn yr Unol Daleithiau, y dyn cyntaf o Brydain i dderbyn cymhwyster o'r fath (dilynodd grŵp o ugain o fenywod a fu yno o'i flaen).[150] Fe'u penodwyd ef a'i wraig, Ruth, yn wardeiniaid canolfan Oxford House ym 1931 a bu'r fenter yn llwyddiant nodedig wrth i'r ddegawd fynd heibio, gan dyfu'n sylweddol o flwyddyn i flwyddyn. Mae'r cofnodion manwl o'r prosiect a gedwir yn Archifau Gwent yn dangos bod y math o syniadau ym maes gofal pobl ifanc a chymunedau therapiwtig (*therapeutic communities*) a aeth ymlaen i'w arloesi yn y 1940au a 1950au wedi eu datblygu gyntaf yn ne Cymru, trwy'r amrywiaeth o glybiau a gwersylloedd a sefydlwyd dan ambarél Oxford House. Croniclodd hanes y cymunedau y bu ei waith yno yn sail iddynt mewn llyfrau dylanwadol fel *The Hawkspur Experiment* (1941), *The Barns Experiment* (1945) a *Throw Away Thy Rod* (1960).[151] Pwysigrwydd rhannu cyfrifoldeb, a charu ac ymddiried yn ddiamwys yn unigolion i redeg bywydau eu hunain yw'r prif egwyddorion iwtopaidd eu natur sy'n nodweddu gwaith Wills yn gyffredinol, a gellir eu holrhain yn ôl i'w gyfnod ffurfiannol yn Rhisga.

Agorwyd Oxford House ym 1931 trwy gefnogaeth ariannol y 'Mining Distress Committee' a oedd dan ofal maer Rhydychen a grant blynyddol o'r 'Educational Settlements Association'. Yn ôl adroddiad blynyddol cyntaf y fenter, tŷ dau lawr cymedrol ei faint ar gyrion Rhisga, rhwng y rheilffordd a'r gamlas, oedd Oxford House, gyda dwy brif ystafell i gynnal digwyddiadau, ystafell gyffredin ar gyfer defnydd hyd at bymtheg ar hugain o bobl a llyfrgell ar gyfer rhwng pymtheg a deunaw o bobl, ynghyd â chwt yn yr ardd ar gyfer clybiau'r plant.[152] Defnyddiodd dros 550 o bobl leol gyfleusterau'r ganolfan dros y gaeaf cyntaf ac yn ôl yr adroddiad cafwyd yn eu plith gweithwyr rheilffordd, gweithwyr siop, athrawon, adeiladwyr a gwragedd tŷ, yn ogystal â dynion di-waith. Deuai pobl o bob enwad a charfan grefyddol yno 'besides people of no religion or anti-religious persuasion'. Derbyniodd aelodau o bob plaid wleidyddol groeso hefyd, meddai David Wills, 'except really ardent communists who regard us as a capitalist plot to keep the workers quiet'.[153] Cefnogodd ystod o sefydliadau Cymreig y ganolfan mewn gwahanol ffyrdd, fel Bwrdd Efrydiau Allanol Prifysgol Cymru, Llyfrgell Genedlaethol Cymru,

Cymdeithas Addysg y Gweithwyr a'r gangen leol o Sefydliad y Menywod.

Ymhlith y gweithgareddau a gwasanaethau a restrir ar garden aelodaeth ddeniadol cyntaf Oxford House ym 1932 ceir llyfrgell, dosbarth seicoleg, dosbarth gwerthfawrogi cerddoriaeth, cymdeithas ddrama, clwb i fenywod ifanc dros ddeunaw oed, a chlybiau i fechgyn a merched rhwng 14 a 18 oed. Arweinai'r bobl ifanc y clybiau hyn eu hunain ac yn achos y bechgyn dywedir fel a ganlyn: 'It is a self-governing Club for boys between the ages of 14 and 18, seeking to encourage members to develop themselves mentally, spiritually and physically.'[154] Yn achos y clwb i'r di-waith a ffurfiwyd yn hydref cyntaf Oxford House, pwysleisiwyd yn yr un modd mai'r aelodau eu hunain oedd i'w arwain a'i drefnu. 'The Club is entirely autonomous and self-supporting' a gallai ei aelodau fynychu unrhyw o'r dosbarthiadau a gynhaliwyd yn Oxford House heb dalu ffi.[155] Y clwb i'r di-waith oedd blaenoriaeth y Wills i'w gychwyn wedi iddynt gyrraedd Rhisga, ac ymunodd bron i gant o ddynion lleol yn ei fisoedd cyntaf. Daethpwyd o hyd i gartref ar wahân i'r clwb mewn adeilad gwag yn y dref oedd mewn cyflwr gwael, a llwyddodd y dynion eu hunain i'w drwsio ac atgyweirio.

Cefnogodd gronfa Oxford House y clwb i sefydlu gweithdy lle gellid trwsio a gwneud esgidiau ac ymgymryd â gwahanol waith coed. Pwrpas y clwb yn ôl ei gyfansoddiad oedd darparu cyfleoedd i'w aelodau ar gyfer 'social intercourse, mutual helpfulness, mental and moral development and rational recreation.'[156] Trefnwyd cwrs o ddarlithoedd ar broblemau cymdeithasol modern dan adain Cymdeithas Addysg y Gweithwyr fel rhan o hynny, a darparodd Cyngor Cenedlaethol Cerddoriaeth Cymru gramoffon, recordiau a thiwtor i helpu'r dynion werthfawrogi cerddoriaeth dda. Daeth tiwtor o Goleg Prifysgol Cymru yng Nghaerdydd i arwain cwrs ar 'Elementary Biology' yn ogystal. Cynigai barbwr y clwb dorri gwallt aelodau am geiniog ar y tro yn unig. Roedd aelod o'r clwb yn eistedd ar bwyllgor Oxford House a'i hetholwyd yn ddemocrataidd i gynrychioli safbwyntiau'r amrywiol grwpiau a wnâi ddefnydd o'r ganolfan, yn unol ag egwyddorion gwrth-awdurdodol y wardeiniaid. Wrth iddynt adlewyrchu ar flwyddyn gyntaf y clwb, priodolwyd ei lwyddiant yn gyfan gwbl i'r ffaith ei fod yn 'self governing and autonomous'.[157]

Roedd y clwb i fechgyn yn eu harddegau yn cyfarfod bedair noson yr wythnos ac arweiniai hyfforddwr brwdfrydig tîm pêl-droed y clwb ar y penwythnosau. Yr unig broblem a wynebai tîm y clwb oedd 'the fact that few of its members can afford to buy football boots.'[158] Dywed David Wills i'r bechgyn gymryd y cyfrifoldeb o redeg y clwb yn ddifrifol iawn. Pan gyhoeddodd fod Oxford House i gau am ychydig ddyddiau dros y gwyliau Pasg daeth dirprwyaeth o'r clwb ato i fynegi eu hanfodlonrwydd gan ofyn pa hawl oedd ganddo i'w rhwystro rhag defnyddio'r cwt yn yr ardd wedi iddynt dalu rhent amdano. Bu'n rhaid iddo gwympo ar ei fai ac agorwyd y clwb dros y Pasg.[159] Enghraifft arall o'r graddau y derbyniodd y bechgyn hunanlywodraeth dros y clwb oedd iddynt godi arian i gadw'r tîm pêl-droed i fynd trwy dalu ceiniog ychwanegol ar ben y tanysgrifiad arferol o ddwy geiniog yr wythnos. Dau fis wedi i'r clwb bechgyn gychwyn, lansiwyd clwb i ferched ar yr un sail hunanlywodraethol, ac o fewn prin o amser roedd yr aelodau wedi ffurfio tîm dawnsio gwerin llwyddiannus.

Yn gyson trwy waith Ruth a David Wills fel wardeiniaid Oxford House ceir pwyslais ar gyd-ddysgu a chydweithredu yn hytrach na gorfodi unrhyw ddull neu sylabws arbennig ar yr aelodau. Yn eu herthygl i bapur lleol dan y teitl 'What *is* Oxford House', haerir mai eu hamcan pennaf oedd eu gosod ar lwybr rhyddid deallusol ac ysbrydol yn hytrach na'u cymell i ennill gradd neu ddiploma: 'One of our chief mediums of seeking this, and is what the Board of Education calls "Courses of Lectures", but which we would prefer to call "Learning Together"'.[160] Y Bwrdd Addysg oedd yn apwyntio athrawon Oxford House ond pwysleisia'r Wills 'they are not "Masters", except of their subjects – their method of exploring the subject in which they are interested is to do so side by side with their students.' Trefnwyd ysgolion haf ar y penwythnos ym mlwyddyn gyntaf y fenter.

Cychwynnwyd trafodaeth fisol yn y misoedd cynnar hefyd, ac yn ei sesiwn gyntaf siaradodd Ruth Wills o blaid y gosodiad 'that women can justify her claims to equality with man'. Yn ei lythyr cais i Oxford House ymuno'n llawn â'r 'Educational Settlements Association' yn haf 1933 rhestrodd David Wills yr amrywiaeth helaeth o ddosbarthiadau i oedolion a oedd yn cael eu cynnig yno erbyn hynny, gan gynnwys seicoleg, cymdeithaseg, astudiaethau Beiblaidd, nyrsio, dawnsio gwerin, gwnïadyddiaeth, llenyddiaeth Ffrangeg ac Almaeneg, ynghyd â dosbarthiadau llai academaidd eu natur ar gwiltio, crefftau, a gwneud teganau.[161] Cynhaliwyd dwy neu dair ysgol benwythnos yno hefyd gyda darlithwyr gwadd nodedig, a threfnwyd gwersylloedd i'r clybiau ieuenctid pob haf. Pwysleisiodd Wills pa mor bwysig iddo a'i wraig o'r cychwyn oedd cynnig rheolaeth o'r holl weithgareddau hyn i'r 'local democratically elected House Committee'.[162] Roedd yr ymreolaeth honno i dyfu dros y flwyddyn nesaf trwy wneud y pwyllgor yn gyfrifol am gynnal a chadw'r adeilad. Mae'n amlwg felly bod yr egwyddorion o rannu cyfrifoldeb a lleihau awdurdod cymaint â phosibl, a fyddai'n llywio ei fentrau diweddarach ym maes gwaith ieuenctid a therapiwtig, wedi eu datblygu a'u hymarfer gyntaf yn Rhisga.

Ceir portread ffuglennol diddorol o Oxford House a mentrau eraill y Crynwyr yn ne Cymru yn nofel Sybil Buchan, *The Scent of Water*.[163] Pan gyhoeddwyd y nofel ym 1939 roedd Buchan yn nofelydd ac awdures adnabyddus a llwyddiannus, ond mae ei gwaith erbyn heddiw yn anghofiedig i raddau helaeth. Deuai o gefndir dosbarth uchel, breintiedig fel wyres i'r Arglwydd Ebury cyntaf, a daeth i enwogrwydd pellach trwy ei phriodas â John Buchan, awdur *The Thirty-Nine Steps* (1915) ac un o nofelwyr mwyaf poblogaidd y cyfnod ym Mhrydain. Nofel am brofiadau merch ifanc o gefndir tebyg i'r awdures a ddenir o'i bywyd breintiedig ond diflas yn Llundain i ymweld â chanolfan addysgiadol y Crynwyr yn nhref ddychmygol Llantwais yw'r *Scent of Water*. Er bod elfennau nawddoglyd i'r modd y portreadir y cymunedau yn ne Cymru mae'n dod i fyw yn eu plith, cawn argraff trwy'r nofel hefyd o'r modd y deallwyd gwaith y Crynwyr yno yn y 1930au fel arbrawf iwtopaidd pwysig a'i ddylanwad ehangach yn sgil hynny. 'They are trying to find out new ways of life', meddai un o'r gwirfoddolwyr ifanc yn y prosiect wrth ddisgrifio prosiect Frantlewin, sy'n amlwg wedi'i seilio ar Frynmawr.[164] Dywed Henry, arweinydd ifanc yr arbrawf yn Llantwais a ffigwr sy'n ymdebygu i Scott mewn sawl ffordd, bod yr arbrawf cyfagos yn Frantlewin yn agor llwybr i'r dyfodol: 'A lot of the experiments they are starting today will be the accepted truths of tomorrow. There is a lot of loose talk about co-operation and self-government. Frantlewin is working out methods while other people are merely talking round the subject.'[165] Mae'r nofel ar y cyfan yn rhoi awgrym cryf o'r modd y deallwyd pa mor newydd a mentrus oedd arbrawf y Crynwyr yn ne Cymru a y pryd, a'r sylw cenedlaethol a dderbyniodd o ganlyniad. Ceir tystiolaeth yng nghofnodion Oxford House i Susan Buchan ymweld yn rheolaidd â'r ganolfan yn Rhisga, ynghyd â Maes-yr-Haf a phrosiectau eraill y Crynwyr. Bu'n llythyru'n gyson gyda David a Ruth Wills i gefnogi ac annog eu gwaith.[166] Chwaraeodd ran ymarferol yn y fenter hefyd trwy gynnig syniadau a chyngor, ymweld yn gyson, a threfnu rhoddion defnyddiol o ddillad ac esgidiau yn arbennig.

Casgliad

Yn ei gyfrol ar grwydro Blaenau Morgannwg, clodfora Gomer M. Roberts waith William ac Emma Noble yng nghanolfan Maes-yr-Haf. Dywed bod George M. Ll. Davies a ddaeth i'w cynorthwyo yn dal i gael ei gofio'n gynnes yn Nhrealaw yn y 1960au gan iddo gyflawni 'rai o wyrthiau gras' yno.[167] Gwyrthiol neu beidio, gwelwyd yn y bennod hon sut y gwnaeth y Crynwyr a'u cefnogwyr gyfraniad gwreiddiol a sylweddol yn yr ymateb i'r dirwasgiad economaidd difrifol a welwyd yng Nghymru yn y 1920au a'r 1930au. Haerodd awdur cyfoes arall, sef R. O. Roberts yn ei gyfrol ar Robert Owen, nad oedd eu harbrofion, a welai fel dilyniant teilwng i waith yr arloeswr o'r Drenewydd, wedi derbyn sylw digonol yn y wasg. Dengys i'r cyfuniad o ddelfrydiaeth ac ymarferoldeb a nodweddai'r mentrau hyn eu galluogi i ffynnu a gwneud gwahaniaeth gwirioneddol i amryw o fywydau: 'Fe lwyddodd menter Cwm Rhondda am fod ei harweinwyr yn ceisio cadw a dyrchafu cymeriadau yn ogystal â gwella amgylchoedd y bobl yno *yn uniongyrchol ac ar yr un pryd.*'[168]

Er iddynt ganolbwyntio yn wreiddiol ar gamau ymarferol i gynnig cyfleoedd ar gyfer addysg a hyfforddiant i'r di-waith yn benodol, tyfodd eu gwaith i gwmpasu'r weledigaeth iwtopaidd gyflawn ar gyfer math newydd o gymdeithas a ymgorfforwyd yn yr Urdd a sefydlodd Peter Scott yn ardal Brynmawr. Ceisiwyd dangos sut y profwyd camddealltwriaeth ac anghydweld rhwng Scott a'i gefnogwyr â'r trigolion lleol yn nyddiau cynnar yr Urdd o Gyfeillion fel yn achos yr arbrawf blaenorol ym Mrynmawr, ac i raddau llai amlwg yng nghanolfannau cyffelyb y Crynwyr yn ne Cymru. Llwyddwyd i oresgyn yr anawsterau hyn yn raddol ac i ddatblygu perthynas mwy adeiladol yn bennaf trwy greu cyfleoedd cynyddol i'r bobl leol arwain a chymryd cyfrifoldeb dros yr amrywiol brosiectau, o'r gwaith dodrefn a ddaeth yn fyd-enwog ym Mrynmawr i'r clybiau ieuenctid yn Rhisga. Bu gwaith David Wills yn arbennig o flaengar yn hynny o beth, ac fe arweiniodd, fel yn achos amryw o'r prosiectau a sefydlodd y Crynwyr, at waith cymdeithasol arloesol ac uchelgeisiol cyffelyb trwy'r Deyrnas Unedig a adeiladodd ymhellach ar y seiliau a osodwyd yn ne Cymru. Yn y bennod nesaf, gwelir i'r Crynwyr ac amryw o Gymry blaenllaw chwarae rôl bwysig mewn maes arall y bu David Wills yn ffigwr canolog ynddo wedi'r Ail Ryfel Byd, sef diwygio'r carchardai.

Nodiadau

1   Gwynfor Evans, *George M. Ll. Davies: Pererin Heddwch* (Caerdydd: Cymdeithas y Cymod, 1980), t. 9. Bu Evans yn ymwelydd rheolaidd â'r fenter yn y Malthouse yn ystod y 1930au.

2   George M. Ll. Davies, *Pererindod Heddwch* (Dinbych: Gwasg Gee, 1943), t. 163.

3   E. H. Griffiths, *Seraff yr Efengyl Syml: Heddychwr Mawr Cymru, Cyfrol II* (Caernarfon: Llyfrfa'r Methodistiaid Calfinaidd, 1968), t. 74.

4   Archifau Morgannwg (AM), DMH/2, Maes-yr-Haf Educational Settlement, Adroddiad Blynyddol, 1927/28.

5   AM, DMH/2, Adroddiad Blynyddol, 1927/28.

6   AM, DMH/2, Adroddiad Blynyddol, 1928/29.

7   AM, DMH/2, Adroddiad Blynyddol, 1929/30.

8   AM, DMH/2, Adroddiad Blynyddol, 1929/30.

9   Barrie Naylor, *Quakers in the Rhondda* (Chepstow: Maes-yr-Haf Educational Trust, 1986), t. 35. Yn ddiweddarach bu'n warden Anheddiad Addysgiadol Bargoed am flynyddoedd lawer.

10   AM, DMH/2, Adroddiad Blynyddol, 1934/35. Gweler hefyd gyfrol arbennig Chris Williams, *Democratic Rhondda: Politics and Society, 1885–1951* (Cardiff: University of Wales Press, 1996).

11   Davies, *Pererindod Heddwch*, t. 174.

12   AM, DMH/1, Maes-yr-Haf Educational Settlement, Cofnodion Pwyllgor, 1 Hydref 1928 a 14 Hydref 1929.

13   AM, DMH/1, Cofnodion Pwyllgor, 12 Mawrth 1929.

14   AM, DMH/2, Adroddiad Blynyddol, 1934/35.

15   AM, DMH/2, Adroddiad Blynyddol, 1935/36.

16   Davies, *Pererindod Heddwch*, t. 175.

17   Llyfrgell Pensaernïaeth Prifysgol Caerdydd, Toriadau Papur Newydd Alwyn Lloyd (TPNAL), *The Western Mail*, 11 Hydref 1933.

18   TPNAL, *The Western Mail*, 14 Gorffennaf 1934.

19   TPNAL, *The Western Mail*, 14 Gorffennaf 1934.

20   AM, DMH/2, Adroddiad Blynyddol, 1933/34.

21   Davies, *Pererindod Heddwch*, t. 175.

22   AM, DMH/2, Adroddiad Blynyddol, 1933/34.

23   Naylor, *Quakers in the Rhondda*, t. 54.

24   Naylor, *Quakers in the Rhondda*, tt. 58–9.

25   Bu'r syniadaeth hon yn ddylanwad pwysig ar heddychwyr Cristnogol cyfoes dylanwadol yn yr Unol Daleithiau hefyd, fel yn fwyaf amlwg Dorothy Day a Thomas Merton. Gweler cyfrol Paul Elie, *The Life you Save May Be Your Own: An American Pilgrimage* (New York: Farrar, Straus and Giroux, 2003) tt. 101–2 yn arbennig.

26   Davies, *Pererindod Heddwch*, t. 165.

27   Davies, *Pererindod Heddwch*, t. 176.

28   Griffiths, *Seraff yr Efengyl Syml*, t. 106.

29   Jen Llywelyn, *Pilgrim of Peace: A Life of George M. Ll. Davies* (Talybont: Y Lolfa, 2016), t. 250.

30   Davies, *Pererindod Heddwch*, t. 178.

31   AM, DMH/6, 'Weekend Conference of Club Officials at the Malthouse', Adroddiad, 1933.

32   AM, DMH/6, Adroddiad, 1933.

33   Davies, *Pererindod Heddwch*, t. 173.

34   AM, DMH/1, Cofnodion Pwyllgor, 20 Hydref 1932.
35   Davies, *Pererindod Heddwch*, t. 231.
36   Davies, *Pererindod Heddwch*, t. 230–1.
37   Davies, *Pererindod Heddwch*, tt. 166–7.
38   Davies, *Pererindod Heddwch*, t. 110.
39   *Yr Efrydydd*, I/4, Mehefin 1921, 90.
40   Davies, *Pererindod Heddwch*, t. 171.
41   Davies, *Pererindod Heddwch*, t. 168.
42   Davies, *Pererindod Heddwch*, t. 178.
43   Griffiths, *Seraff yr Efengyl Syml*, t. 87.
44   Griffiths, *Seraff yr Efengyl Syml*, t. 87.
45   Griffiths, *Seraff yr Efengyl Syml*, t. 89.
46   Cofir Eisteddfod 1961 yng ngherdd Harri Webb, 'The Cross Foxes',
     sy'n dathlu tafarn leol:
         The National Eisteddfod was on Ponciau Flat,
         But Undeb y Tancwyr saw little of that,
         They slept all day and they drank all night
         The gin, rum and whisky, the dark and the light.
     Gweler Malcolm Llywelyn, *Harri Webb and Merthyr Tydfil: Poems and
     History* (Merthyr Tydfil: Llyfrau Brynach, 2023) t. 68.
47   Llywelyn, *Pilgrim of Peace*, t. 239.
48   Davies, *Pererindod Heddwch*, t. 164.
49   Davies, *Pererindod Heddwch*, t. 167.
50   George M. Ll. Davies, 'Cymoedd y De, I', *Y Drysorfa*, CVII/1293,
     Hydref 1938, 382.
51   Kenneth Rexroth, *Communalism: From its Origins to the Twentieth
     Century* (New York: Seabury Press,1974). Bu Rexroth ei hun yng
     Nghymru yn y 1940au hwyr a bu'n gefnogwr pwysig o feirdd Cymreig
     yn yr Unol Daleithiau.
52   Griffiths, *Seraff yr Efengyl Syml*, t. 92.
53   Davies, *Pererindod Heddwch*, t. 171.
54   George M. Ll. Davies, *Essays Towards Peace* (London: Sheppard Press,
     1946), t. 100.
55   Kitty Lewis, 'An Adventure in Rhosllanerchrugog', *The Welsh Outlook*,
     19/9, Medi 1932, 249.
56   Griffiths, *Seraff yr Efengyl Syml*, tt. 89–90.
57   Davies, *Pererindod Heddwch*, t. 164. Roedd Cérésole yn fab i gyn-
     arlywydd y Swistir.
58   Lewis, 'An Adventure in Rhosllanerchrugog', 250. Ceir yr un dyfyniad
     yn hunangofiant George M. Ll. Davies, *Pererindod Heddwch*, t. 167.
59   Emlyn Bowen, 'Gwaith Myfyriwr yn Rhos', *Yr Efrydydd*, VIII/12,
     Rhagfyr 1932, 82–3.
60   Bowen, 'Gwaith Myfyriwr yn Rhos', 83.
61   Bowen, 'Gwaith Myfyriwr yn Rhos', 83.

62 John Griffiths, 'Tomen Ysbwriel yn Ardd Brydferth', *Y Ddraig Goch*, 6/8, Awst 1932, 7.

63 Griffiths, 'Tomen Ysbwriel yn Ardd Brydferth', 7.

64 Gwilym Davies, 'Wales and the World', *The Welsh Outlook*, 18/8, Awst 1931, 218.

65 Davies, 'Wales and the World', 218.

66 Emrys Pride, 'The Health Settlement', *The Welsh Outlook*, 20/11, Tachwedd 1933, 296.

67 Gwilym Jones, 'Social Work in South Wales', *The Welsh Outlook*, 19/2, Chwefror 1932, 35.

68 Jones, 'Social Work in South Wales', 36.

69 Llywelyn, *Pilgrim of Peace*, t. 229.

70 Griffiths, *Seraff yr Efengyl Syml*, t. 78.

71 Selwyn Jones, 'Fellowship in the Coalfields', *The Welsh Outlook*, 16/3, Mawrth 1929, 89.

72 Jones, 'Fellowship in the Coalfields', 90.

73 Jones, 'Fellowship in the Coalfields', 90.

74 R. Williams Parry, *Cerddi'r Gaeaf* (Dinbych: Gwasg Gee, 1952), t. 49.

75 William Morris, 'Trem ar ei Fywyd' yn William Morris (gol.) *Tom Nefyn* (Caernarfon: Llyfrau'r Methodistiaid Calfinaidd, 1962), t. 16.

76 Tom Nefyn Williams, *Yr Ymchwil* (Dinbych: Gwasg Gee, 1963), t. 163. Ceir copi o gynllun gwreiddiol Alwyn Lloyd ar gyfer y neuadd ar dudalen 164 o'r llyfr hwn.

77 Williams, *Yr Ymchwil*, t. 163.

78 Williams, *Yr Ymwchwil*, t. 16

79 *The Welsh Outlook*, 17/1, Ionawr 1930, 5.

80 *The Welsh Outlook*, 17/1, Ionawr 1930, 5.

81 Emyr Wyn Jones, 'Tom Nefyn y Cyfaill' yn Morris (gol.) *Tom Nefyn*, t. 38.

82 Williams, *Yr Ymchwil*, t. 164.

83 Williams, *Yr Ymchwil*, t. 263.

84 Robert Pope, 'Corwynt Gwyllt ynteu Tyner Awel? Helynt Tom Nefyn yn y Tymbl', *Y Traethodydd*, CLII, 1997, 150–62.

85 Alun Llywelyn-Williams, *Crwydro Brycheiniog* (Llandybïe, Llyfrau'r Dryw, 1964), t. 109.

86 Gweler Roger Smith, 'Utopian Designer: Paul Matt and the Brynmawr Experiment', *Furniture History*, 23 (1987), 88.

87 Hilda Jennings, *Brynmawr: Study of a Distressed Area* (London: Allenson & Co., Ltd., 1934).

88 Jennings, *Brynmawr*, t. 210.

89 Jennings, *Brynmawr*, t. 234.

90 Jennings, *Brynmawr*, tt. 236–7.

91 Gweler Mary, Eurwyn a Dafydd Wiliam, *Celfi Brynmawr: Arbrawf Cymdeithasol y Crynwyr 1928–1940* (Llanrwst: Gwasg Carreg Gwalch, 2010) ar gyfer stori lawn y fenter ryfeddol hon.

92 *The Brynmawr Experiment, 1928–1933* (Brynmawr: Community House, 1934) t. 22.

93 George M. Ll. Davies, 'Brynmawr: Hanes yr Anturiaeth', *Y Ddraig Goch*, 6/8, Awst 1932, 5.

94 AM, DMH/1, Cofnodion Pwyllgor, 11 Tachwedd 1936. Dywedir yn y cofnodion: 'Paul Matt's father is with us for a month, and is going round the Clubs encouraging and teaching furniture making. He is a clever craftsman, and has the right spirit'. Fe'i hapwyntiwyd yn arweinydd dosbarthiadau crefftau i Faes-yr-Haf wedi hynny.

95 Archifau Gwent (AG), MISC MSS 1711/1, Letters from Paul Matt to the depositor re Brynmawr furniture, 1986.

96 AG, D3977/2, An Order of Friends, Abergavenny, Adroddiad Blynyddol 1937, t.25.

97 Wiliam, *Celfi Brynmawr*, tt. 85–7.

98 Williams, *Crwydro Brycheiniog*, t. 110.

99 AG, D3977/3, An Order of Friends, Adroddiad Blynyddol 1939, t. 43.

100 AG, D3977/3, Adroddiad Blynyddol 1939, t. 42.

101 *Y Ddraig Goch*, 5/5, Hydref 1931, 9.

102 *The Welsh Outlook*, 18/9, Medi 1931, 5.

103 *Yr Efrydydd*, VIII/1, Hydref 1931, 26.

104 Rachel Davies, 'Ysgol Gwasanaeth Cymdeithasol dros Gymru yn dod i'w hoed', *Yr Efrydydd*, Tachwedd 1932, 52.

105 *Y Ddraig Goch*, 6/9, Medi 1932, 6.

106 *Y Ddraig Goch*, 6/7, Gorffennaf 1932, 8.

107 *Y Ddraig Goch*, 5/1, Ionawr 1931, 5.

108 *Y Ddraig Goch*, 6/4, Ebrill 1932, 8.

109 *Y Ddraig Goch*, 6/4, Ebrill 1932, 8.

110 *Y Ddraig Goch*, 6/3, Mawrth 1932, 6.

111 J. E. Jones, *Tros Gymru* (Abertawe: Gwasg John Penry, 1970), t. 202.

112 Noëlle Davies, 'Beth a wnaed ym Mrynmawr: Rhaid wrth Yspryd Cenedlaethol', *Y Ddraig Goch*, 8/10, Hydref 1934, 9.

113 Davies, 'Beth a wnaed yn Mrynmawr', 9.

114 *Y Ddraig Goch*, 4/12, Rhagfyr 1930, 5.

115 *Y Ddraig Goch*, 9/4, Ebrill 1935, 2.

116 *The Brynmawr Experiment*, t. 12. Nodwyd ymhellach: 'So great and immediate was the popularity of the swimming pool that the cubicles erected were inadequate and had to be quickly multiplied'.

117 *The Brynmawr Experiment*, t. 15.

118 Davies, 'Brynmawr: Hanes yr Anturiaeth', 5.

119 Davies, 'Brynmawr', 5.

120 Davies, 'Brynmawr', 5.

121 George M. Ll. Davies, 'III. Brynmawr', *Yr Efrydydd*, VIII/6, Mawrth 1932, 163.

122 Davies, 'Brynmawr', 162.

123 'Yn Neheudir Cymru, I. Heb waith – heb obaith', *Yr Efrydydd*, VIII/6, Mawrth 1932, 157.

124 Gwladys Thomas, 'II. Ein Cymydog', *Yr Efrydydd*, VIII/6, Mawrth 1932, t.160.

125 *Yr Efrydydd*, Mawrth 1932, 227.

126 *Yr Efrydydd*, Mawrth 1932, 284.

127 *Yr Efrydydd*, Mawrth 1932, 284.

128 Alun Burge, 'A "Subtle Danger"?: The Voluntary Sector and Coalfield Society in South Wales, 1926–1939', *Llafur*, 7/3&4, 1998–9, 127–42. Gweler hefyd Henry Ecroyd, 'Subsistence Production in the Eastern Valley of Monmouthshire: An Industrial Experiment, 1935 to 1939' yn *Llafur*, 3/4, 1983, 34–47.

129 David E. Evans, 'Y Mudiad yn y De', *Lleufer*, 1/3, 1944, 31.

130 AG, D3977/4, Towards the New Communtity, An Order of Friends, 2, 1937–8, 2.

131 AG, D3977/1, Adroddiad Blynyddol 1936, t. 18.

132 Chris Coates, *Utopia Britannica: British Utopian Experiments, 1325–1945* (London, Diggers & Dreamers Publications, 2001), t. 231.

133 W. H. G. Armytage, *Heavens Below: Utopian Experiments in England, 1560–1960* (Toronto: University of Toronto Press, 1961), tt. 411–12.

134 AG, D3977/1, Adroddiad Blynyddol 1936, t. 30.

135 AG, D3977/1, Adroddiad Blynyddol, 1936, t. 47.

136 AG, D3977/1, Adroddiad Blynyddol 1936, t. 48

137 AG, D3977/1, Adroddiad Blynyddol 1936, t. 66.

138 AG, D3977/1, Adroddiad Blynyddol 1936, t. 64.

139 AG, D3977/4, Towards, the New Community, 2, 1937–1938, t. 27.

140 AG, D3977/3, Adroddiad Blynyddol, 1938, t. 34.

141 AG, D3977/3, Adroddiad Blynyddol, 1938, t. 35.

142 AG, D3977/3, Adroddiad Blynyddol 1938, t. 58.

143 AG, D3977/1, Adroddiad Blynyddol 1936, t. 70.

144 AG, D3977/1, Adroddiad Blynyddol 1936, t. 69.

145 AG, D3977/1, Adroddiad Blynyddol 1936, t. 46.

146 AG, D3977/1, Adroddiad Blynyddol 1936, t. 49.

147 Mattie Rees, 'Oriau Hamdden', *Seren Gomer*, XXVI/4, Gorffennaf 1934, 181.

148 Rees, 'Oriau Hamdden', 182.

149 Rees, 'Oriau Hamdden', 182–3.

150 Gweler y bywgraffiad byr ohono ar glawr cefn David Wills, *The Hawkspur Experiment* (London: George Allen and Unwin, 1941). Ceir hanes ei fywyd a'i waith yn Chris Coates, *Communes Britannica: A History of Communal Living in Britain: 1939–2000* (London: Diggers and Dreamers, 2013), tt. 90–2. Gweler hefyd y cofnod yn yr *Oxford Dictionary of National Biography* gan Terry Philpot: *https://www. oxforddnb.com/display/10.1093/ref:odnb/9780198614128.001.0001/ odnb-9780198614128-e-101197*, cyrchwyd 28 Ionawr 2025.

151 W. David Wills, *The Hawkspur Experiment* (London: George Allen and Unwin, 1941), *The Barns Experiment* (London: George Allen and Unwin, 1945), *Throw Away Thy Rod: Living with Difficult Children* (London: Gollancz, 1960).
152 AG, D2357/31, Oxford House Educational Settlement, Risca, Drafft o Adroddiad Blynyddol 1931/2.
153 AG, D2357/31, Drafft o Adroddiad Blynyddol 1931/2.
154 AG, D2357/34, Cerdyn Aelodaeth Oxford House, 1932.
155 AG, D2357/34, Cerdyn Aelodaeth Oxford House.
156 AG, D2357/34, Cerdyn Aelodaeth Oxford House.
157 AG, D2357/34, Memorandwm, Risca Unemployed Men's Club, 1932.
158 AG, D2357/31, Llythyr ynghylch Risca Boys Club.
159 AG, D2357/31, Llythyr ynghylch Risca Boys Club.
160 AG, D2357/34, 'What *is* Oxford House?', drafft o erthygl i bapur lleol.
161 AG, D2357/34, Llythyr i ysgrifennydd yr 'Educational Settlements Association', 12 Gorffennaf 1933.
162 AG, D2357/34, Llythyr i ysgrifennydd yr 'Educational Settlements Association'.
163 Susan Buchan, *The Scent of Water* (London: Hodder & Stoughton, 1937) .
164 Buchan, *The Scent of Water*, t. 227.
165 Buchan, *The Scent of Water*, t. 116.
166 Gweler AG, D2357/54 ar gyfer llythyrau yn ymwneud â'i hymweliadau.
167 Gomer M. Roberts, *Crwydro Blaenau Morgannwg* (Llandybïe, Llyfrau'r Dryw, 1962), t. 97.
168 R. O. Roberts, *Robert Owen Y Dre Newydd* (Llandysul: Y Clwb Llyfrau Cymreig, 1948), tt. 51–3.

3

'Trwy'r Drws ac Allan': Cwestiynu'r Carchar o Safbwynt Cymreig

Yn y bennod hon, fe welwn sut y bu'r un ymdrech i greu math newydd o gymunedau a amlygwyd yng ngwaith y Crynwyr yn ne Cymru rhwng y rhyfeloedd byd yn nodwedd amlwg o ymwneud amryw o Gymry dylanwadol â maes diwygio'r carchardai yn yr ugeinfed ganrif, yn fwyaf pwysig Merfyn Turner. Ceisir dangos hefyd sut y bu arloeswyr fel Turner yn flaenllaw yn nadleuon cynnar dros nid yn unig ddiwygio'r carchardai ond hefyd eu diddymu'n llwyr, dadleuon y mae ymgyrchwyr fel Angela Davis a Ruth Wilson Gilmore wedi adfywio'n rymus yn y ganrif bresennol.[1] Ffactor gyffredin sy'n uno'r amrywiaeth o ysgolheigion, awduron ac ymgyrchwyr Cymreig a fu'n rhan o'r ddadl hon, oedd iddynt hwy, neu aelod o'u teuluoedd, gan amlaf brofi cyfnod dan glo eu hunain, naill ai fel gwrthwynebwyr cydwybodol yn ystod y rhyfelodd byd, fel yn achos Turner ac eraill, neu fel rhan o ymgyrchoedd gwleidyddol cenedlaetholgar neu dros yr iaith, fel yn achos T. Llew Jones a Lewis Valentine.

Mae hanes syniadau iwtopaidd fel dadgarcharu (*decarceration*) yn gymorth i ddangos hefyd, fel y mae Angela Davis wedi dadlau, nad yw cymdeithas a'r strwythurau o'i mewn yn statig nac anghyfnewidiol, a'r modd y gall y drafodaeth amdanynt symud tuag yn ôl yn ogystal ag ymlaen.[2] Amcan y bennod hon yw awgrymu pa mor arloesol ac o flaen eu hamser yn hynny o beth oedd safbwyntiau amryw o awduron Cymreig, fel J. Eryl Hall

Williams ac Illtud Evans, yn yr ugeinfed ganrif tuag at garcharu a charchardai. Dechreuir trwy olrhain dylanwad pwysig George M. Ll. Davies ar y meddylwyr a'i dilynodd yng Nghymru o ran agweddau tuag at driniaeth troseddwyr. Edrychir hefyd ar waith ymarferol diwygwyr fel Lleufer Thomas rhwng y rhyfeloedd byd, ac hefyd ar brofiadau Cymry blaenllaw fel Gwenallt o gael eu carcharu, yr hyn a'u darbwyllodd o'r angen i ddiwygio'r gyfundrefn garcharu yn llwyr.

Diwygio neu Ddiddymu?

Cyn ymdrin mewn manylder â gwaith Cymry amlwg yn y maes, fel Merfyn Turner dros ddiwygio a thrawsffurfio'r carchardai yn yr ugeinfed ganrif, ceisiaf roi amlinelliad cyflym o'r ddadl gyfoes a chynyddol ddylanwadol dros ddadgarcharu a diddymu'r carchardai yn llwyr (*prison abolition*). Mae Angela Davis, a garcharwyd ei hunan am dros flwyddyn yn sgil ei hymgyrchu gwleidyddol yn y 1970au cynnar, yn arbennig wedi datblygu'r ddadl dros gael gwared â charchardai yn yr Unol Daleithiau mewn cyfres o ysgrifau a chyfrolau dylanwadol. Gwêl carchardai a charcharu fel ffordd gyfleus i wleidyddion osgoi delio â'r ffactorau cymdeithasol, sef tlodi a hiliaeth yn bennaf, sy'n arwain at y mwyafrif o droseddau. Disgrifia ddadgarcharu yn sgil hynny fel 'a political strategy that works to reduce and ultimately abolish the use of imprisonment as a key means of (not) addressing social problems rooted in racism and poverty. Prisons have never accomplished their announced goal of ridding society of "crime"'.[3]

Pwysleisia Aviah Sarah Day a Shanice Octavia McBean natur iwtopaidd y strategaeth hon yn eu cyfrol ddiweddar, *Abolition Revolution*, a'i darlunnir fel rhan o ymgais ehangach i drawsffurfio cymunedau er gwell: 'In recognising state institutions as principal drivers of societal harm and cycles of violence, abolitionists are developing a vision and practice for alternative ways of living in community with each other – rehearsals for the world we want to usher in.'[4] Cytuna Day a McBean gydag Angela Davis a diddymwyr eraill o'u blaen mai sefydliad treisgar yw'r carchar yn ei hanfod sy'n parhau ac yn atgyfnerthu cylchdro parhaol, dinistriol o drais a thrawma mewn cymdeithas. Mae dadgarcharu felly yn ffordd o aildrefnu cymdeithas trwy fynd i'r afael â'r ffactorau hanesyddol, gwleidyddol ac economaidd sy'n arwain at drais a throseddu yn y lle cyntaf, yn hytrach na'u hanwybyddu trwy adeiladu mwy a mwy o garchardai i gaethiwo fwyfwy o unigolion, y patrwm a ddilynwyd yn gyson yn y Deyrnas Unedig fel yn yr Unol Daleithiau ers yr 1980au.[5] Canolfannau o reolaeth a chosbi yn unig yw'r math o garchardai cyfoes yn nwylo corfforaethau preifat fel G4S a ddisgrifir yng nghyfrol ddiweddar Jack Norton ac ymgyrchwyr eraill, *The Jail is Everywhere*, sy'n niweidio'r sawl a'u caethiwyd ynddynt ymhellach, yn hytrach nag arwain at unrhyw fath o adsefydliad gwirioneddol (*rehabilitation*). Cynydda'r niferoedd a'u carcharwyd yn gyson a chyfochrog gyda thoriadau i gyllidebau ar gyfer iechyd meddwl ac iechyd yn gyffredinol, ac fel y dadleua un o'r cyfranwyr i'r gyfrol bwysig hon, 'only by reducing local jail populations and having local budgets prioritize significant investment in meeting basic human needs will we support people's health and well-being.'[6] Dadleuir yn yr un gyfrol bod aildroseddu yn fwy tebygol yn dilyn carcharu unigolion gan ei fod yn cynyddu'r rhwystrau iddynt gael swyddi, cartrefi sefydlog, neu fudd-daliadau yn ogystal â chreu trawma newydd.[7] Mae hanes yr ymgyrch i ddiddymu'r carchar yn mynd yn ôl ymhell cyn ein canrif bresennol, a cheisir olrhain peth o'r gwreiddiau hynny mewn cyd-destun Cymreig yn y drafodaeth sy'n dilyn.

George M. Ll. Davies

Fel yn ei rôl yng nghanolfannau cymdeithasol y Crynwyr yn ne Cymru, bu George M. Ll. Davies yn gefnogol tu hwnt o fentrau newydd cyffelyb i drin troseddwyr yn hanner cyntaf yr ugeinfed ganrif. Bu'n rhan ymarferol o un o'r rhain gyda throseddwyr ifanc yn swydd Gaerlŷr yn ystod y Rhyfel Byd Cyntaf. Yn ei ysgrif 'Non-Violence in Practice' disgrifia George M. Ll. Davies y 'Riverside Village' fel menter iwtopaidd newydd: 'The outbuildings and a great rambling barn complete a place of endless possibilities for adventure for the town-bred citizens of this new Arcadia'.[8] Bu barnwr cydymdeimladol blaengar o'r enw Syr Edward Clarke Hall yn gefnogol o'r fenter trwy anfon plant a phobl ifanc i'r Riverside nad oeddynt wedi ymateb yn dda i driniaeth mewn sefydliadau traddodiadol fel ysgolion diwygiadol. Roedd y dulliau newydd a arddelwyd yn y Riverside, hen fferm a drawsffurfiwyd yn wersyll, yn dipyn o sioc iddynt felly: 'For children cowed and intimidated by years of strict order, discipline and punishment, it is particularly difficult to conceive that they are undergoing a penalty which refuses to penalise and a discipline which is rather a discipleship.'[9] Awgrymir blaengarwch arloesol y fenter yn sylw'r seicolegydd dylanwadol Cyril Burt mai'r pentref oedd 'probably the most interesting spot of ground in England' ym 1916.[10]

Ysbrydolwyd y pentref gan fenter gyffelyb yr Americanwr Homer Lane, sef 'The Little Commonwealth' yn Dorset, a sefydlwyd ychydig flynyddoedd ynghynt. Credai Lane, fel y Cymro David Wills a'r Albanwr A. S. Neill, yr arloeswyr pwysicaf a mwyaf blaenllaw a ddilynodd ei waith yn y Deyrnas Unedig, bod cosbi plant yn niweidiol ym mhob achos ac y dylid ei waredu'n llwyr o ganlyniad. Yr un athroniaeth a yrrai'r gwaith ym mhentref Riverside, yn ôl atgofion Davies o'i amser yno. 'Nid oedd na chosb na chaethiwed, na bygwth na phregeth yn yr anturiaeth,' meddai, 'eithr rhyddid llwyr a dull o fyw a oedd yn eu harwain, drwy brofiad o'u hanrhefn eu hunain, i dröedigaeth meddwl'.[11] Roedd warden y fenter, Russell Hoare, wedi astudio gwyddor cymharol newydd seicoleg plant, ac fe'i hargyhoeddwyd mai dulliau Homer Lane a'i ddilynwyr fyddai'n fwyaf effeithiol wrth drin y deuddeg o droseddwyr rhwng pymtheg a dwy ar bymtheg oed a anfonwyd i'r gwersyll. Davies oedd ei gynorthwyydd agosaf ac ystyriai ei waith yno yn rhan annatod o'i ddelfrydau fel gwrthwynebwr cydwybodol:

'Felly, nid gwrthwynebu rhyfel oedd yr unig gam a oedd yn agored i Heddychwyr, ond ceisio wynebu pob cam a oedd yn ein cyrraedd tuag at ryddhad plant dynion o achosion gelyniaeth, sef trosedd, a dial ofer oedd yn drygu cymdeithas gartref a thramor.'[12]

Mewn pamffled diweddarach ar driniaeth troseddwyr, dengys i absenoldeb rheolau a drysau cloëdig yng ngwersyll Riverside arwain y bobl ifanc a ymgartrefodd yno wneud eu rheolau eu hunain a chydweithio â'i gilydd yn y broses. Mae'n collfarnu'r 'curo a'r cramio ynfyd mewn llawer ysgol dan y ddeddf' a oedd wedi cael effaith ddinistriol ar eu hagweddau tuag at ddysgu cyn cyrraedd, a defnyddia ei brofiad gydag Arthur, y bachgen cryfaf a ffyrnicaf o'u plith, i bwysleisio'i gred nad oedd cosbi yn driniaeth effeithiol: 'Effaith bygythiad a dyrnod oedd codi'r cythraul yn y llanc, ac ni welaf le i newid fy marn ar hyn er gwaethaf athrawiaeth addysgwyr a chrefyddwyr a ddywed "Nac arbed y wialen."'[13] Mynegodd yr heddlu lleol eu hamheuon am y 'pen-rhyddid' a gynigiwyd i Arthur a'r bobl ifanc eraill yn y Riverside, 'ond eto nid oedd gan y plismyn well meddyginiaeth na chosb, a chwip, a charchar a brofwyd eisoes yn gymaint o fethiant yn eu hanes.'[14] Yn dilyn eu cwynion, daeth Charles Russell, prif swyddog adran troseddwyr ifanc y Swyddfa Gartref, i ymweld â'r gwersyll ac fe'i syfrdanwyd gan yr hyn a welodd. Credai y byddai'r Ysgrifennydd Cartref yn cau'r gwersyll o fewn wythnos, ond aeth Davies i'w ymweld yn ei glwb yn Llundain yn sgil hynny a llwyddodd i'w ddarbwyllo o werth seicolegol y fath ryddid i'r ifanc. Yn ei lythyr dilynol i'r 'reformatories' mwy confensiynol ar gyfer troseddwyr iau, fe'u hanogodd i gynnig mwy o ryddid i'w trigolion 'er mwyn iddynt gael profiad moesol i wahaniaethu rhwng y da a'r drwg yn hytrach na bod dan ddrwgdybiaeth a gorfodaeth yn eu bywyd.'[15] Manteision pennaf y gymuned arbrofol a grëwyd yn y Riverside Village yn nhyb Davies oedd y cyfle iddo ef a'i gyd-weithwyr 'ymddwyn fel personau a chyfeillion ym mhob amgylchiad ac nid fel swyddogion sefydliad.'[16] Arweiniai hynny yn ei dro at gyfle i bersonoliaeth y bobl ifanc a arhosai yno dyfu a blodeuo dan eu harweiniad cyfeillgar. Roedd y broses adeiladol hon yn cyferbynnu'n llwyr â'r dulliau cosbedigaethol arferol a lywodraethai fel arall yng nghyfundrefn carchardai y Deyrnas Unedig, ac yn cynnig model newydd i'w efelychu.

Adlewyrcha yn yr un pamffled ar ei brofiad wedi iddo ymadael â'r Riverside o gael ei garcharu ei hunan yn Wormwood Scrubs a Dartmoor am ddeunaw mis yn sgil ei safiad heddychol, a daw i'r casgliad mai 'creu carcharorion da ac nid dynion da' oedd amcan y gyfundrefn gyfiawnder troseddol ym Mhrydain. Dylai'r pwyslais, mewn cyferbyniad, fod ar 'ddiwygio y rhai a syrth yn hytrach na'u cosbi', yn ei farn ef, a gwelai arwyddion cadarnhaol i'r cyfeiriad hwnnw yng ngwaith Syr Lleufer Thomas yn y Rhondda, menter bwysig y dychwelwn ato isod.[17] Disgrifiodd y system garchardai yn y Deyrnas Unedig mewn man arall yn sgil ei brofiad personol yn Wormwood Scrubs fel pyramid enfawr o artaith a chreulondeb a seiliwyd ar ddarlun o Dduw dialgar a negyddai wir ysbryd Cristnogaeth.[18] Gwelai'r dull cywir o drin troseddwyr fel 'pwnc sylfaenol cymdeithas' o ganlyniad.[19] Seicoleg arwynebol a ffug oedd sylfaen y driniaeth bresennol gyda'i bwyslais ar orfodaeth ac ofn. Ofn, yn wir, a yrrai ddeinamig y carchar yn llwyr yn ei brofiad personol yn Dartmoor, ac roedd y swyddogion yr un mor gaeth o fewn y pyramid anferth, 'each layer pressing the layer beneath, each delegation of coercion becoming more official and inhuman, sharper and heavier'.[20] Roedd arbrofion fel gwersyll Riverside i droseddwyr ifanc yn gamau angenrheidiol, felly, i chwalu'r pyramid dinistriol.

Cyfeiria yn ei ysgrif at syniadau cysylltiedig chwyldroadol Homer Lane ym 1928 o 'freedom from fear' mewn ysgol ferched yn sir Dinbych a oedd wedi dileu unrhyw ffurf o gosbi a disgyblu'r plant, adlais o syniadau cyffelyb Erich Fromm ynglŷn â'r 'fear of freedom' a drafododd D. R. Thomas ac awduron eraill yn Gymraeg, fel y gwelwn yn y bennod nesaf.[21] Roedd ysgol Howells wedi torri'n rhydd yn llwyddiannus o'r hyn a ddisgrifia fel yr eilunaddoliaeth o dystysgrifau a'r hyfforddiant cyntefig o'r ifanc trwy ofn a gwobr yng Nghymru. Disgrifia'r fenter fel chwyldro gwirioneddol o ganlyniad. Dyfynna adroddiad swyddogol ar yr ysgol i brofi'r pwynt:

It is a matter of special interest to note that all punishments have been abolished and that no marks are given either for work or for behaviour. There is apparently no "discipline" but there is perfect order. All appear to be animated with the desire to uphold the honour of the school and to serve the community as a whole.[22]

Ymhellach, roedd dwy o'r merched wedi cyrraedd brig y rhestr gyfan yn arholiadau mynediad Prifysgol Rhydychen y flwyddyn honno. Gwelai'r mesur cynyddol o annibyniaeth a hunanlywodraeth a gynigiwyd i blant a phobl ifanc mewn ysgolion o'r fath fel cam angenrheidiol ar y llwybr tuag at chwyldro gwirioneddol:

If the self-government for which Scotland or Wales or Guild Socialism asks has not been learned in the family and the school, there is little reason for hope that the current sanctions for social conduct will produce any more of a Utopia than has self-government in Ireland, even after 'Revolution'.[23]

Gwnaeth gysylltiad yn ei hunangofiant rhwng gwaith yr arloeswyr fel Johann Pestalozzi, Maria Montessori a Rachel McMillan ym myd addysg a ysbrydolodd yr arbrawf yn ysgol Howells gyda thriniaeth troseddwyr hŷn, gan ddyfarnu bod yr angen am unigolion fel Lleufer Thomas a oedd yn fodlon mentro yn hanfodol i ddyfodol y genedl: 'Heb arloeswyr ac anghydffurfwyr cyffelyb yng Nghymru ym mhob maes sydd a wnelo â llywodraeth dyn ar ddyn, fe welir y dorf a'i theyrn yn lefelu pob gwreiddioldeb a rhyddid ysbryd, fel y gweir yn ysgolion yr Almaen ers deng mlynedd bellach.'[24]

Lleufer Thomas ac eraill

Nid George M. Ll. Davies oedd yr unig awdur Cymreig o bell ffordd i ddadlau dros ddiwygio'r gyfundrefn gyfiawnder troseddol yn drylwyr yn y 1920au a'r 1930au. Yn ei ysgrif i gyfnodolyn yr Undodiaid ar Drosedd a Throseddwyr gwnaeth D. Cellan Evans, er enghraifft, achos cryf dros ei ailfeddwl yn gyfan gwbl gan 'nad yw carcharu troseddwr yn diddymu trosedd nac yn rhyddhau'r dyn oddi wrth ei ddrygioni.'[25] Credai y dylid cynnwys y meddyg a'r *psycho-analyst* mewn unrhyw drafodaeth o droseddau unigolyn, adlewyrchiad o ddylanwad cynyddol y 'feddyleg newydd' yng Nghymru wedi'r Rhyfel Byd Cyntaf. Nid cynnyrch drygioni'r unigolyn oedd ei droseddau o reidrwydd, dadleua yng ngolau'r syniadau newydd hyn, ond yn hytrach 'gwyro moesol a meddyliol, rhyw ddiffyg mewn personoliaeth.'[26] Roedd saith o bob deg troseddwr yn ddiffygiol yn feddyliol neu foesol, ac ychydig iawn ohonynt yn sgil hynny oedd yn gwbl gyfrifol am eu troseddau. Cwestiynodd yn ogystal pa mor effeithiol oedd y dull presennol o'u cosbi oherwydd 'y mae'n eglur nad yw profiad o'r carchar yn tyneru teimladau troseddwyr, ond yn hytrach yn eu pylu a'u lladd'. Dychwelai troseddwyr i'r carchar yn rheolaidd yn sgil hynny, a dengys Evans fod 24,000 o'r 37,000 o unigolion, gan gynnwys 8,000 o fenywod, a garcharwyd ym 1925 yn 'hen droseddwyr'. Yr ateb i'r broblem ddifrifol hon, credai yn ddios, oedd peidio carcharu'r troseddwr yn y lle cyntaf. Galwai am atebion a dulliau newydd a wnâi ddefnydd o'r wybodaeth seicolegol ddiweddaraf ac a fyddai'n arwain yn eu tro at ddiwedd y carchardai. 'Nid yw'r dydd wedi gwawrio eto pryd y gellir byw heb glo ar ddrws ac heb heddgeidwaid a milwyr' meddai ar nodyn proffwydol wrth gloi'r ysgrif, 'ond yr ydym yn nes ato nag y buom erioed.'[27]

Cyhoeddwyd ysgrif debyg ar dueddiadau yn nhriniaeth troseddwyr yn y *Welsh Outlook* yr haf blaenorol i gyd-fynd â chynhadledd droseddeg ryngwladol yn Llundain.[28] Cyfeiriodd yr awdur, R. M. Goodfield, at 'a growing disbelief in any form

Lleufer Thomas (Wikicommons)

of imprisonment as a remedy for crime', a dadleuodd bod rhoi troseddwyr ar brawf yn hytrach na'u carcharu yn gynyddol boblogaidd yn yr Unol Daleithiau yn arbennig. Haerodd bod awydd cynyddol yng Nghymru i arbrofi gyda'r system brawf ac i unigolion blaenllaw, fel yr ynad heddwch Lleufer Thomas, a Peter Wright yn ystod ei gyfnod fel maer Casnewydd, fraenaru'r tir i eraill ddilyn. Gwelwyd ym mhennod un pa mor flaengar a mentrus y bu Lleufer Thomas ym maes cynllunio trefol a gwnaeth gyfraniad yr un mor arwyddocaol ym maes cyfiawnder troseddol. Bu'n gyfrifol am baratoi adroddiad y mudiad cydenwadol 'Copec' ar drosedd a chosb, ac yn ôl gohebydd *Yr Eurgrawn* dadleuodd 'o blaid diwygio'r modd presennol o ymwneud â throseddwyr' yn ystod cynhadledd gyntaf y mudiad i ystyried materion cymdeithasol ac economaidd o safbwynt crefyddol a gynhaliwyd ym Mirmingham yn Ebrill 1924.[29] Credai mai 'adfer dyn i berthynas â Duw' oedd pwrpas cosb, yn hytrach na dial.

Cafodd Lleufer Thomas gyfle i arloesi yn y maes yn rhinwedd ei swydd fel ynad heddwch yn y Rhondda yn y 1920au. Clodforwyd ei waith mewn erthygl ar y system brawf a gyhoeddwyd yn y *Welsh Outlook* ym 1923, a nodwyd bod ymddygiad yr unigolion a fu ar brawf yn yr ardal wedi bod yn ganmoladwy iawn ar y cyfan.[30] Bu'r cylchgrawn yn gefnogol yn gyffredinol o syniadau newydd ac arbrofol ym maes cyfiawnder a throseddeg, fel yn achos cynllunio trefol a gwaith cymdeithasol y Crynwyr, a chafodd Lleufer Thomas ei hun gyfle i ddadlau dros y system brawf ar ei dudalennau. Cyhoeddwyd ei bapur ar ran adran Diwygio Carchardai yr Ysgol Gwasanaeth Cymdeithasol Cymreig yn rhifyn Ionawr 1922. Rhoi troseddwyr ar brawf oedd pwnc y papur, a chyfeiria ynddi at y newid agwedd diweddar a fu'n bennaf gyfrifol am hybu'r dull hwn o'u trin:

> It used to be an article of common belief that all criminals, like poets, were "born and not made." People believed in the existence of a criminal "type," and the "knowing" ones flattered themselves on their ability to identify the man of criminal instincts by the peculiar shape of his head. Of recent years, however, this view is being more and more discredited by students of criminology.[31]

Fel mudiad Cristnogol ei ysbrydoliaeth, credai y dylai'r Ysgol Gwasanaeth Cymdeithasol Cymreig gefnogi rhoi'r cyfle i droseddwyr gael ail gyfle ac i gael eu geni eto yn y broses.

Pwysleisiodd bod y math o arolygu troseddwyr yr anelai Deddfau 1887 a 1907 i'w weithredu yn wahanol iawn i ddulliau blaenorol yr heddlu o'u trin: 'It should not be identified with force and coercion, but be inspired by love and sympathy'.[32] Annog a chefnogi'r troseddwr dylai'r swyddog prawf ei wneud, felly, a'i amgylchynu gyda dylanwadau adeiladol a diddordebau newydd, yn hytrach na'i gadw'n glir o gwmni drwg yn unig: 'Patience and human sympathy thus bestowed on a man who is "down" rarely fail in drawing out the best that is in him'.[33] Dengys sut yr oedd y Rhondda ar y blaen yng Nghymru dan ei arweiniad o ran darparu gwasanaethau prawf i droseddwyr. Cyflogwyd chwech o swyddogion prawf yn y sir ym 1920, dau ddyn a phedair menyw. Yn chwarter olaf y flwyddyn honno bu 363 o droseddwyr dan eu gofal, 59 ohonynt yn fenywod. Cymharai ffigyrau'r Rhondda yn ffafriol iawn ac ardaloedd eraill Cymru, lle na chyflogwyd swyddogion prawf o gwbl mewn rhai siroedd fel ym Môn. Ym Meirionnydd, defnyddiwyd swyddog presenoldeb ysgolion i wneud y gwaith ac fe dalwyd dau swllt a chwe cheiniog am bob achos dan ei ofal.[34] Cafwyd y gwrthwyneb yn y Rhondda ac fe ddatblygwyd 'Police Court Mission' i gefnogi ac atgyfnerthu gwaith y swyddog prawf, yn ôl Thomas. Trwy gael canghennau ym mhob pentref gyda chynrychiolwyr lleol o'r capeli lleol ar ei phwyllgor, gallai swyddogion y Genhadaeth gadw mewn cyswllt agosach gyda throseddwyr na'r swyddog prawf, a meithrin cyfeillgarwch â hwy trwy eu gwahodd i'w cartrefi ac i'r Ysgol Sul.[35] Roedd hynny o gymorth i sicrhau eu bod yn cadw at yr amod i beidio mynd i dafarn neu glwb y tueddai Thomas osod fel ynad, yn hytrach na'u gorfodi i lwyr ymwrthod. Ceisiai ei hannog, serch hynny, i gymryd y llw, 'and when such a pledge is given it is rarely broken. I also endeavour in suitable cases to obtain promises of attendance at Sunday School or services at a place of worship chosen by the offender.'[36]

Bu'n ynad heddwch yn y Rhondda am gyfnod o bron i chwarter canrif rhwng 1909 a 1933, a thystiodd Iorwerth Peate i'w amynedd a'i dosturi eithriadol yn ei bortread ohono:

> Credai yng ngwerth yr ail gynnig ac aeth lluoedd yn rhydd o'i lys heb fyth ddychwelyd eilwaith. Yn aml, mynnai gofynion y gyfraith iddo osod dirwy: mewn llu o achosion talai'r ddirwy o'i boced ef ei hun heb fod neb ond y troseddwr ac yntau a swyddogion y llys yn gwybod hynny.[37]

Noda hefyd i George M. Ll. Davies glodfori ei garedigrwydd a'i lwyddiant ymarferol fel dull o ddiwygio.[38] Gwnaeth hynny'n fwyaf manwl yn ei bamffled ar driniaeth troseddwyr a gyhoeddwyd fel rhan o gyfres bwysig 'Pamffledi Heddychwyr Cymru' y dychwelwn ati yn y bennod nesaf. Dywed iddo fwynhau trafod y pwnc yn aml gyda Lleufer Thomas yn ystod y 1920au. Anfonodd 'barnwr cyfiawn y Rhondda' ysgrif ar y system garchardai iddo ym 1923 dan y pennawd: 'Y mannau na wneir dim ynddynt i wneuthur dinasyddion da'. Dengys iddo wneud popeth yn ei allu fel ynad heddwch i gadw troseddwyr o afael y carchardai, yn bennaf trwy waith Cenhadaeth Llys yr Heddgeidwaid ('Rhondda Police Court Mission') a sefydlodd ym 1917.[39] Llwyddodd i wneud hynny heb gefnogaeth amryw o'i gyd-ynadon 'a gyfrifai'r Barnwr yn ŵr sentimental ac yn dipyn o "hen wlanen"'.[40]

Yn ôl swyddog y genhadaeth, Gwilym Williams, ni fu 96 y cant o'r troseddwyr dan ei ofal o flaen y llys eto.[41] Cyfeirir at 'magnificent service' Gwilym Williams yn rhinwedd ei swydd yn adroddiad y *Welsh Outlook* ar gynhadledd yn y Rhondda ym 1921 lle bu George M. Ll. Davies a Russell Hoare – pennaeth y sefydliad anghosbedigaethol i droseddwyr ifanc lle bu Davies ei hun yn gweithio yn ystod y Rhyfel Byd Cyntaf – yn annerch.[42] Cyhoeddwyd adroddiad Williams ei hun ar ei waith yn ystod chwarter cyntaf 1923 yn yr un cylchgrawn lle nodir iddo ddelio gyda 126 o droseddwyr dan brawf yn ystod y cyfnod hwnnw. Ymhlith eu troseddau rhestrir lladrad, meddwdod, iaith anweddus, a dynwared plismon, a chyfeirir at yr amod iddynt fynychu lle o addoliad fel rhan o'u cyfnod prawf.[43]

Yn ôl George M. Ll. Davies, gwaith Gwilym Williams a chenhadaeth y llys yn y Rhondda oedd ffordd Lleufer Thomas o ddarparu 'moddion dyngarol a chrefyddol i'w dynnu'n ôl i rwyd cyfeillgarwch trwy foddion personol a chyfeillgar' i'r math o droseddwr penderfynodd beidio carcharu.[44] Nododd yn edmygus mewn erthygl ar efengyl cariad ym 1922 hefyd bod defnydd Thomas a'i swyddogion o'r 'Probation Act' wedi achub 94 y cant o droseddwyr ifanc o 'grafangau'r Ddeddf a rhag myned yn "Adar Carchar"'.[45] Yng nghyd-destun gwrthwynebiad ei gyfoeswyr ar y fainc a chaledi carchardai'r cyfnod mae llwyddiant yr arbrawf hwn yn werth ei gofio a'i ddathlu.[46] Bu farw ym 1940, ac awgrymir y math o ragfarnau a wynebai a chadernid ei egwyddorion delfrydgar yng ngeiriau ei gyfaill Thomas Jones am ei waith fel ynad yn ystod gwasanaeth coffa a gynhaliwyd yn y Deml Heddwch newydd yng Nghaerdydd: 'Yn y llysoedd hyn, wynebid ef wythnos ar ôl wythnos â'r enghreifftiau mwyaf diflas a gwael o'r natur ddynol syrthiedig, a thystiolaeth nid bychan i raslonrwydd ei feddwl a mawrfrydigrwydd ei galon yw'r ffaith iddo gadw ei obaith yn ddi-sigl am bosibiliadau'r dyn cyffredin a'r daioni cyffredin.'[47]

Cafodd ynad heddwch arall arloesol yn ne Cymru'r cyfnod hwn, sef Winifred Coombe Tennant, ddylanwad pwysig ar y drafodaeth ynghylch diwygio'r carchardai a'r gyfundrefn gyfiawnder. Tennant oedd y fenyw gyntaf i gael ei phenodi i'r rôl yng Nghymru ym 1920, ac fe'i hetholwyd yn gadeirydd adran diwygio carchardai yr Ysgol Gwasanaeth Cymdeithasol Cymreig yng ngwanwyn 1921. Yn ôl adroddiad y *Welsh Outlook* ar gynhadledd yr Ysgol yr un flwyddyn, ysgogodd y ddwy sesiwn ar y pwnc hwn mwy o ddiddordeb nag unrhyw o'r rhai eraill.[48] Arweiniodd Tennant y cyntaf, lle tystiodd gwrthwynebwr cydwybodol i realiti cignoeth bywyd carcharor. Cyflwynodd Lleufer Thomas bapur ar y gwasanaeth prawf yn yr ail, a'i werth wrth ymdrin â throseddwyr ifanc yn arbennig. Aeth Tennant ymlaen dros aeaf 1921 i annerch amryw o gynulleidfaoedd ar ddiwygio'r carchardai mewn cyfarfodydd cyhoeddus.[49] Gwelai un o ohebwyr eraill y *Welsh Outlook*, y meddyg E. Lloyd Owen o Griccieth, ddiwygio'r carchardai fel un o'r manteision ymarferol posibl y gallai ymreolaeth Gymreig arwain ato. Dylid wfftio unrhyw ymgais i lesteirio'r drafodaeth dros ymreolaeth neu'r awgrym y dylid aros nes bod Cymru'n barod ar ei gyfer oherwydd credai ei fod yn gam hanfodol yn y broses o sicrhau nifer o ddiwygiadau cymdeithasol pwysfawr: 'Also in regard to Penal and Prison reform, and the protection of children and older girls and the weak in every connection, including mercy and justice to animals, especially in the way of enforcing humane, as opposed to the prevalent inhuman methods of slaughtering for human food'.[50]

Profiadau Carcharorion Cymreig

Ceir tystiolaeth helaeth yn llenyddiaeth a chylchgronau Cymraeg y cyfnod rhwng y rhyfeloedd byd ynglŷn â phrofiadau carcharorion eu hunain, yn ogystal â gwaith ac agweddau'r diwygwyr fel Lleufer Thomas a geisiodd eu cynorthwyo. Cyhoeddwyd dwy nofel o fewn blwyddyn i'w gilydd tua chanol y 1930au yn adrodd profiadau gwrthwynebwyr cydwybodol yn y carchar yn ystod y Rhyfel Byd Cyntaf, sef *Y Llwybr Unig* (1933) a *Plasau'r Brenin* (1934).[51] Fe'i seiliwyd ar brofiadau personol yr awduron, Gwilym Peris a Gwenallt, yng ngharchardai Dartmoor a Wormwood Scrubs. Roedd y ddau yn feirdd a sosialwyr ymroddedig a garcharwyd yn sgil eu daliadau gwleidyddol. Cyhoeddwyd adolygiad o'r ddwy gyfrol ar y cyd yng nghylchgrawn mentrus *Y Ford Gron* ym 1934. Noda'r adolygydd dienw bod nofel hunangofiannol Gwenallt yn taflu goleuni ar fywyd carchar trwy ddisgrifio'n fanwl y ddwy flynedd o 'undonedd, gwaith dibwrpas, disgyblaeth lem, ac unigrwydd creulon' a brofodd y prif gymeriad yn Wormwood Scrubs.[52] Mae'r nofel yn ei chrynswth yn rhoi darlun o'r gyfundrefn garcharu fel peirianwaith mecanyddol, creulon, dideimlad sy'n annynoli y carcharorion a'r staff fel ei gilydd. Cred y prif gymeriad, Myrddin Tomos, nad yw natur y carchardai yn caniatáu i'r caplaniaid, hyd yn oed, ymddwyn yn Gristnogol o'u mewn: 'Yr oeddynt hwythau yn olwynion cocos mewn peiriant a ddyfeisiwyd gan ddyn i boenydio dynion'.[53]

Gyrra'r peiriant un o'i ffrindiau gorau, Bili Mainwaring, yn wallgof, ac atgyfnertha driniaeth greulon y swyddogion ohono ei gynddaredd yn eu herbyn a'i benderfyniad i wrthryfela. Ymetyb y swyddogion i glywed ei gyfaill yn sgrechian a chicio drws ei gell trwy ei daro 'i lawr â'u clybiau a chariwyd Bili Mainwaring yn lledfyw i'r wallgofgell.'[54] Mae parodrwydd Myrddin i ystyried unioni'r cam trwy ymuno mewn gwrthryfel yn erbyn y swyddogion yn arwydd o gred yr awdur fel sosialydd brwd mai rhan allweddol o gynnal a chefnogi'r gyfundrefn gyfalafol oedd y carchardai, yn hytrach na sefydliadau digyfnewid na ellid herio eu bodolaeth na'u grym.[55] Yr awgrym cryf yn *Plasau'r Brenin* i'r gwrthwyneb yw bod newid a dinistrio'r gyfundrefn garcharu a fu'n gyfrifol am gaethiwo unigolion fel Gwenallt yn sgil eu daliadau gwleidyddol yn rhan hollbwysig o ddileu'r anghyfiawnder cymdeithasol a oedd yn sail iddynt. Darlunnir yr heddlu fel amddiffynwyr hanfodol yr un gyfundrefn anghyfiawn yn y nofel hefyd. Cofia'r prif gymeriad eu gweld yn chwalu cyfarfodydd heddychlon yn ystod streic yn un o bentrefi glofaol Morgannwg a chlywn am 'blismyn boliog y Dociau yn cerdded strydoedd y pentref hwnnw, gan drin y gweithwyr fel cŵn a bwrw enllib ar foesoldeb eu gwragedd.'[56]

Dysgwn am effaith seicolegol ddinistriol caethiwed yn nofel Gwilym Peris, *Y Llwybr Unig*, hefyd trwy stori carcharor ifanc arall fel Bili Mainwaring sy'n colli ei bwyll wedi misoedd o unigrwydd yn ei gell. Daw i goleddu syniadau crefyddol rhyfedd sy'n dwyn gwawd a dirmyg ei gyd-garcharorion. Rhybuddia hwy'n gynyddol bod yr 'Oen' ar fin dod i'w hachub. 'Chwarddai pawb am ei ben, ond un bore taflodd ei hun oddi ar landing uchaf y carchar i'r llawr islaw.'[57] Treulia Michael, y prif gymeriad yn *Y Llwybr Unig* gyfnodau yn Wormwood Scrubs a Dartmoor hefyd yn sgil ei safiad fel gwrthwynebwr cydwybodol. Cawn argraff o agwedd ddilornus y swyddogion tuag at y carcharorion ifanc wrth gyfarwyddo eu llafur caled yn y chwarel trwy aeaf caled yn Dartmoor: 'Byddai'n rhaid i'r wardeniaid ddangos iddynt yn aml sut i afael yn briodol mewn rhaw neu forthwyl. Ni allai'r awdurdodau lai na chwerthin wrth weled dynion ifainc a'u dwylo'n feddal fel menyg, yn methu a dal eu gafael mewn arfau trymion c'ledion, oherwydd yr yswigod ar eu dwylo.'[58] Daw gweledigaeth iwtopaidd i Michael wedi i ymwelydd roi copi o'r Testament Newydd iddo yn Dartmoor. Yn hytrach na'i gysuro, ei atgoffa o'r ffug dduwioldeb a chrefydd arwynebol, ddiogel tu hwnt i furiau'r carchar a wna'r anrheg. Mynnai un o'i gyd-garcharorion mai crefydd negyddol a seiliwyd ar 'foesoldeb diadell (Herd Morality)' a arddelwyd gan amlaf, a daw i gytuno ag ef yn ei rwystredigaeth:

Taflodd y Testament yn ôl ar y bwrdd mewn ffieidd-dra. Aeth i'w wely i feddwl. Cynlluniodd fel y buasai yn cychwyn cymdeithas iach ddelfrydol, yn annibynnol ar bob enwad crefyddol yn Nyffryn Padarn, pan ddeuai o'r carchar. Cymdeithas wedi ei sylfaenu ar egwyddorion hunan-aberth. Credai y gallai gymhwyso yr egwyddorion hyn i bob agwedd ar fywyd, mewn masnach, gwaith ac addysg.[59]

Byddai'r "Co-operative" newydd a freuddwydiai am sefydlu yn dysgu plant o'r cychwyn cyntaf mai gwasanaethu cymdeithas oedd eu dyletswydd pennaf, mewn cyferbyniad llwyr â gwerthoedd hunanol y gymdeithas bresennol ac yn unol â gwir ystyr crefydd. 'Dyna'r unig Dduw y credai ef ynddo bellach oedd cymdeithas ddelfrydol.'[60]

Derbyniodd Dartmoor sylw pellach yn *Y Ford Gron* ym 1932 trwy ysgrif cyn-garcharor dienw ar ei brofiadau brawychus yno.[61] Disgrifia 'Convict A2/87' y deunaw mis a dreuliodd dan glo mewn termau dwys a dramatig, gan roi portread byw o galedi system garcharu'r cyfnod. Roedd cant a hanner o'r carcharorion presennol wedi rhoi Dartmoor ar dân yn ystod terfysg difrifol ychydig wythnosau cyn i'r erthygl gael ei chyhoeddi. Mae dyfarniad Convict A2/87 ynglŷn â gwerth y carchardai yn blaen a diamwys: 'Os yw troseddwr yn elyn i gymdeithas cyn mynd i'r jêl, y mae'n fwy felly yn y jêl. Iddo fe, gelyn a gormeswr ydyw'r swyddog yn aml. Casineb at gymdeithas, yn fwy nag edifeirwch am ddrwg, a feithrinir yn y jêl.'[62] Cyfeiria yn ôl y disgwyl, efallai, at yr ymladd rhwng carcharorion a welodd yn gyson, gan amlaf ar foreau Sul. Ond yn fwy syfrdanol, yng nghyd-destun y cyfnod a'r tabŵ ynghylch ymdrin â rhywioldeb o unrhyw fath yn gyhoeddus, dengys i rai o'r carcharorion garu yn ogystal â chweryla. 'Y mae carcharor ambell waith yn "syrthio mewn cariad" â charcharor arall,' meddai, 'ac elfen gref o "sex" yn y ffansi. A bydd llythyrau caru ambell waith yn cael eu pasio rhwng y "cariadon"'.[63]

Ambell waith, wrth orwedd yn ei gell yn hel meddyliau, cofiai am yr ynadon 'ac mor barod yr oedd rhai ohonynt i yrru eraill i jêl. Fe ddylai pob ynad serfio tymor mewn jêl ei hun – dywedais hynny lawer gwaith'. Awgryma wrth gloi'r ysgrif mai ymateb dealladwy'r dynion i gyfundrefn anghyfiawn oedd y terfysg diweddar yn Dartmoor trwy gyfeirio at y dyfyniad o waith Fyrsil oedd uwchben y porth. Sefydlu trefn heddwch, arbed y rhai a drechwyd, a darostwng y balch yw'r amcanion a gyfeirir atynt yn y dyfyniad hwn, ond amheuai Convict A2/87 pa mor grediniol oedd y carcharorion eu bod yn cael eu harbed yno. Ffrwydrodd y terfysg yn sgil hynny fel arwydd o'u cynddaredd anymwybodol. 'Heb yn wybod iddynt eu hunan,' meddai, 'nod carcharorion Dartmoor yn y terfysg y mis diwethaf oedd gwirio geiriau olaf y frawddeg – darostwng y balch.'[64] Dengys un o erthyglau cyntaf Merfyn Turner ynglŷn â'i waith gyda chyn-garcharorion ym 1943 pa mor filain oedd y driniaeth a dderbyniodd y gwrthryfelwyr. Daw i adnabod 'Bert' trwy ei waith gyda'r 'Discharged Prisoners Aid Society' a dywed iddo roi tri swyddog 'i gysgu' yn ystod y ddwy awr pan fu'r carcharorion â'r llaw uchaf. Ond wedi iddynt ailafael mewn rheolaeth bu dial y swyddogion yn giaidd: 'Deffrôdd Bert â dau lygad du, a phan ofynnwyd wedyn pa fodd y cafodd y dolur, atebwyd iddo syrthio i lawr y grisiau: yn hytrach, meddai ef, fe'i ciciwyd i lawr, yn y dull arferol y pryd hwnnw.'[65] Ychwanegwyd chwe blynedd at ddedfryd Bert am gymryd rhan yn y gwrthryfel ac mae'n amlwg i Turner gydymdeimlo'n llwyr â'i achos.

Cafodd ffigwr tipyn mwy adnabyddus gyfle i ddisgrifio ei brofiadau yntau yn y carchar mewn cyfres o ysgrifau i'r *Ddraig Goch* ychydig flynyddoedd yn ddiweddarach. Cyhoeddwyd 'Beddau'r Byw' Lewis Valentine mewn deuddeg rhan rhwng Tachwedd 1937 a Chwefror 1939 a cheir darlun manwl a difyr o fywyd beunyddiol carcharor ynddi. Treuliodd wyth mis yng ngharchar Wormwood Scrubs am losgi ysgol fomio Penyberth ar y cyd gyda Saunders Lewis a D. J. Williams, a rhydd ddisgrifiad byw o natur orthrymus yr adeilad ei hun a'i effaith seicolegol:

> Pan fo'r celloedd wedi eu goleuo yn y gaeaf ymddengys rhesi hirion ffenestri'r celloedd fel rhesi penglogau. Amcan rhannu'r carchar yn bedair neuadd, meddir, ydyw lleihau perygl gwrthryfel ymysg y carcharorion, a gwaith bach yn aml a fyddai cychwyn un, gan mor chwerw y teimla dyn dan sistem ddiamcan carchar.[66]

Noda i fechgyn ifanc gael eu cadw dros dro yn neuadd A wrth aros i gael eu trosglwyddo i'r 'Borstal' agosaf, arfer niweidiol tu hwnt, yn ei farn ef, gan mai 'staen ar ein gwareiddiad ydyw dodi bechgyn o oedran cyn dynered mewn carchar o gwbl.' Er i awdurdodau'r carchar wneud peth ymdrech i gadw'r carcharorion ifanc ar wahân o'r rhai hŷn, credai bod y profiad yn eu niweidio yn ddieithriad, 'a boed y tymor yn fyr neu yn hir, nid oes neb yr un fath wedi treulio unrhyw amser yma.' Roedd y ddadl yn erbyn carcharu pobl ifanc yn ddiymwad, felly, gan mai dechrau'r broses 'o lwyr gythreuleiddio bachgen yw ei orfodi i ddyfod yma.'[67]

Gwna'n eglur wrth ddisgrifio neuadd C, 'neuadd y cospi', lle treuliai carcharor hirdymor fisoedd cyntaf ei ddedfryd, bod cyfundrefn y carchar ac ymddygiad ei swyddogion yn anelu i'w ddiraddio a'i ddarostwng o'r cychwyn. Er na welodd y swyddogion yn ymosod yn gorfforol ar unrhyw garcharor, dywed i'w 'cyfarth' di-baid wylltio hyd yn oed y mwyaf addfwyn ei natur:

> Ni roddir i ddyn pan ddêl unrhyw gyfarwyddyd beth i'w wneuthur, na pheth a ddisgwylir ganddo, ac y mae'r arthio arno, pan droseddo, yn anodd i gig a gwaed ei ddioddef. Er fy mod yn ŵr o anian dangnefeddus, fe'm temtid beunydd yn y neuadd hon i roddi hergwd i lawer swyddog bygylog.[68]

Symudwyd Valentine gyda Saunders a D. J. i Neuadd B wedi dau fis cyntaf eu dedfryd ac â ymlaen i ddangos bod y driniaeth a dderbyniodd y tri yno dipyn yn well. Ond yn ei chyfanrwydd mae 'Beddau'r Byw' yn dystiolaeth rymus o'r niwed seicolegol a chymdeithasol a wnâi'r system garchardai ym Mhrydain y 1930au fel y gwna heddiw. Trwy ddisgrifio pob agwedd o'i fywyd yn y carchar, o'r 'sgriws' a'r caplaniaid a'r llywodraethwr, i'r gymysgedd ryfedd o garcharorion y daeth i'w hadnabod, amlinella'n glir y difrod a achosai iddynt oll. Wrth fanylu ar y gwasanaeth meddygol yno a gresynu cyn lleied o ddefnydd a wnaed o'r wybodaeth 'eneidegol' ddiweddaraf, awgryma bod iechyd y mwyafrif o garcharorion wedi dirywio erbyn iddynt adael, 'a dyry'r cleisiau a gaiff meddwl ac ysbryd dyn yno seiliau da i ddryswch meddwl a nerfau a gwallgofrwydd.'[69] Ceir ei feirniadaeth fwyaf chwyrn o'r carchardai yn yr ysgrif olaf o'r gyfres lle canolbwyntia ar gamau posibl i'w diwygio.

Dechreua trwy nodi nad oedd llywodraeth Lloegr yn cydnabod hawliau carcharorion gwleidyddol ac yn eu trin yn fwy creulon na throseddwyr eraill mewn gwirionedd. Roedd yr adeiladau y'u carcharwyd o'u mewn, ymhellach, yn hynafol, llwm ac oer. Credai y dylid eu dymchwel ac y dylai adeiladau mwy modern, dros dro, gymryd eu lle 'dyweder ar ffurf gwersyll a rhoddi digon o libart i'r troseddwr a fo yno.'[70] Dysgodd o rai o'i gyd-garcharorion bod gwledydd eraill ymhell ar y blaen, yn annisgwyl efallai: 'Yn Rwsia y mae carcharau lle na chloir byth ddrws y gell a rhyddid i ddyn roddi tro yn y buarth pan fynno a ffenestri mawrion a egyr led y pen. Yn Rwsia!'[71] Ond credai bod newid natur a hyfforddiant staff y carchardai yn flaenoriaeth bwysicach na newid yr adeiladau eu hunain. Trwy gydol y gyfres bu'n ofalus i ddangos nad oedd y swyddogion y daeth i gyswllt â hwy i gyd yn greulon neu'n filain, a chydymdeimla â'r rhai caredig yn eu plith. Noda eto yn yr ysgrif olaf pa mor isel oedd eu cyflogau a chyn lleied o hyfforddiant arbenigol a gynigiwyd iddynt. Rhoi mwy o gyfrifoldeb i'r carcharorion drefnu bywydau eu hunain yw un ateb posibl mae'n cynnig, gan ddatblygu'r system lle penodwyd 'blaenoriaid' o'u plith yn Wormwood Scrubs yr adeg hynny. Bu Saunders Lewis yn un o'r blaenoriaid yn ystod ei gyfnod yno, ac yn ôl ei gyfaill, 'dylid ymddiried llawer mwy nag a wneir i anrhydedd carcharor, a rhoddi iddo oriau helaeth heb y wyliadwriaeth boenus bresennol sydd arno.'[72] Dadleua hefyd dros adael i garcharorion ymweld â'u cartrefi a theuluoedd o dro i dro.

Er mor ddiffygiol ac annigonol oedd y driniaeth a dderbyniai troseddwyr yn y carchar, credai bod y ddarpariaeth a gynigir iddynt wrth adael hyd yn oed yn waeth. Fe'u cosbwyd ddwywaith yn sgil hynny, gan mor anodd oedd iddynt sicrhau gwaith a'i gadw yn wyneb rhagfarn gyffredinol cymdeithas yn eu herbyn. Mae'n cydnabod ymdrechion yr elusennau a sefydlwyd i'w cynorthwyo, 'ond cyfyng yw eu gallu a'u cronfeydd, a'u haelodau weithiau yn ddiweledigaeth. Swydd fel barman a gynigiwyd i un o'r bechgyn lledneisiaf a adnabûm yn y carchar. Yntau, druan, yn gwbl ddidras a heb berthynas yn y byd, a grôt a dimai oedd ganddo ar ei elw.'[73] Gwelai peidio anfon troseddwyr i'r carchar yn y lle cyntaf fel yr ateb mwyaf synhwyrol i'r broblem hon, a chyfeiria at barodrwydd enwog Lleufer Thomas i roi ail a thrydedd cyfle iddynt. Cwestiyna holl sylfaen y system garchardai a'r modd y'i derbyniwyd fel y driniaeth orau i droseddwyr ym Mhrydain:

Sut y daethpwyd i gredu bod lladrata rhyddid dyn yn ei gymhwyso i ddefnyddio ei ryddid yn amgenach, a sut y gellir gwneuthur dyn drwg yn ddyn da trwy fygu pob greddf dynol sydd yno? Yr ydys yn hen gynefin â'r dadleuon a godir, sef bod yn rhaid diogelu cymdeithas, etc., ond pa ddiogelwch ydyw i gymdeithas ddodi dyn yn y carchar, ei chwerwi a'i suro yno, a'i ddodi'n rhydd mewn cymdeithas drachefn ac awydd mileinig am ddial yn ei galon.[74]

Dylid ehangu a chryfhau'r system brawf ym marn Lewis Valentine gan fod 'ugeiniau o bobl yn ein carchardai na ddylent fod yno o gwbl, a'r sawl a'u gyrrodd yno yn waeth troseddwyr na hwynt.' Mewn ysbytai y dylid cadw'r mwyafrif ohonynt gan mai salwch meddyliol oedd sail eu troseddau yn bennaf, yn hytrach nag unrhyw ddrygioni cynhenid. Fel cenedlaetholwr brwd, daw â'r gyfres i glo trwy danlinellu bod creu cyfundrefn 'a fydd yn fwy cynnes a Christnogol na system Lloegr' i drin troseddwyr yn un o'r cyfleoedd pwysicaf fyddai'n ymagor i Gymru fel gwlad rydd. Gwelai ddyfodol posibl fyddai'n gwrthod yr elfennau dialgar, creulon a dinistriol yng nghyfundrefn gyfiawnder troseddol Lloegr ac yn gosod patrwm mwy tosturiol yn ei le. 'Rhaid yw i ni chwilio am ffordd dirionach,' meddai, 'ffordd a'r elfen waredigol yn uchaf ynddi, ffordd fydd yn peri i ni ymglywed â'n cyfrifoldeb tuag at y brodyr lleiaf hyn, droseddwyr a charcharorion.'[75]

Merfyn Turner

Ychydig flynyddoedd yn unig wedi i Lewis Valentine gyflwyno'r weledigaeth uchod, cychwynnodd Merfyn Turner (1915–91) yrfa ym maes gwaith cymdeithasol gyda charcharorion a chyn-garcharorion a fyddai'n gwneud cyfraniad enfawr i'w wireddu. Ysgrifennodd ddwy gyfrol yn y Gymraeg a thair yn Saesneg, ynghyd â nifer o bamffledi ac erthyglau, sy'n amlinellu ei syniadau a'r modd y llwyddodd i'w gweithredu yn eglur. Mae amryw o'i syniadau'n rhagweld ac yn berthnasol tu hwnt i ddadleuon cyfoes dros ddadgarcharu, fel y gwelwn. Carcharwyd Turner ei hun yn dilyn ei safiad fel gwrthwynebwr cydwybodol absoliwt yn ystod yr Ail Ryfel Byd. Fe'i hysbrydolwyd gan ei brofiadau o gaethiwed yng ngharchar Abertawe i weithio gyda charcharorion eraill, yn gyntaf fel ymwelydd yng ngharchar Pentonville yn bennaf. Bu'n gweithio gyda phobl ifanc, ddifreintiedig yng Nghaerdydd ac yn nwyrain Llundain wedi hynny yn y 1940au a'r 1950au cynnar. Ond ei arbrawf pwysicaf a mwyaf parhaol ei ddylanwad yn y maes oedd Norman House. Agorwyd Norman House, tŷ sylweddol o faint yn Aberdeen Park, gogledd Llundain, fel hostel i gyn-garcharorion ym 1954, y cyntaf o'i fath ym Mhrydain.

Merfyn a'i wraig Shirley, bargyfreithwraig ifanc pan gyfarfu'r ddau, oedd y wardeiniaid a'r unig staff ar y cychwyn, a daeth unigolion fel Jim Dowd a Michael Binks i'w cynorthwyo yn raddol o 1955 ymlaen.[76] Fel cartref ar gyfer cyn-garcharorion digartref a oedd gan amlaf heb deulu neu unrhyw gefnogaeth arall y cynlluniwyd Norman House. Roedd yr angen am gartref o'r fath yn amlwg yn y 1950au cynnar, cyfnod pan oedd tua 40% o garcharorion a oedd wedi aildroseddu (*recidivist*) yn ddigartref.[77] Sylwodd Turner trwy ei brofiadau o ddod i adnabod a deall carcharorion fel ymwelydd mai diffyg teulu a chartref sefydlog oedd yn gyfrifol am lawer iawn o'u problemau a throseddau. Credai'n gryf mai anghydraddoldeb a diffyg cyfleoedd i fyw bywyd llawn o fewn eu cymdeithas oedd wedi arwain y mwyafrif o garcharorion at eu troseddau, ac nid unrhyw ddrygioni cynhenid yn eu personoliaethau.

Roedd hyn yn rhan o newid diwylliannol ehangach ym Mhrydain a'r byd gorllewinol yn y cyfnod wedi'r Ail Ryfel Byd, wrth i awdurdod y wladwriaeth yn ei amryfal ffurfiau gael ei gwestiynu'n gynyddol ar sawl lefel. Ceisiwyd deall problemau carfanau o bobl a oedd ar gyrion cymdeithas o'u safbwynt hwy eu hunain o ganlyniad i'r newid hwn, a gofynnwyd pa mor addas bellach oedd sefydliadau anferth fel carchardai a gwallgofdai Fictoraidd i'w cartrefu a'u trin. O fewn seiciatreg a seicoleg, er enghraifft, dechreuodd R. D. Laing yn yr un cyfnod â Turner yng nghanol y 1950au ofyn ai cymdeithas oedd yn rhannol gyfrifol am salwch meddyliol y cleifion yr oedd yn eu trin yn hytrach na ffactorau biocemegol yn unig. Peirianwaith cymhleth a oedd yn gosod cleifion mewn categorïau rhagordeiniedig oedd y sefydliad seiciatryddol ym Mhrydain yn nhyb Laing, yn rhannol er mwyn cyfiawnhau'r triniaethau a oedd yn cael eu gorfodi arnynt. Cynigiodd therapi a meddylfryd hollol wahanol mewn llyfrau dylanwadol fel *Sanity, Madness and the Family* a oedd yn troi'r persbectif seiciatryddol ar ei ben trwy geisio deall ymddygiad unigolyn o'u disgrifiadau nhw o'u bodolaeth ac yn eu termau dirfodol nhw eu hunain.[78] Dylid cofio bod dirfodaeth ar ei anterth yn y 1950au, ac mai un o sylfeini'r athroniaeth hon yw mai profiadau'r unigolyn sy'n gyfrifol am eu cymeriad a'u gweithredoedd yn hytrach nag unrhyw hanfod yn eu cymeriad a ragflaena eu profiadau.[79]

Fel mab i weinidog Wesleaidd, roedd ei gefndir Cristnogol, Anghydffurfiol yr un mor bwysig efallai ym mhenderfyniad Turner i roi'r cyfle i drigolion Norman House brofi eu bod yn fwy na'r labeli oedd wedi cael eu rhoi arnynt yn y carchar. Arbrawf cymdeithasol oedd Norman House felly, a ddibynnai'n llwyr ar gyfranogaeth y trigolion:

> Norman House stands for involvement. We who live and work there are not social surgeons who diagnose the illness and prescribe the remedy. Neither do we at the other extreme, as some critics suggest, condone criminal behaviour, unless by condonation is meant an acceptance of the offender as he is while offering him and ourselves the chance, through living together, of becoming something better than we are.[80]

Derbyn y troseddwr fel y mae yw'r pwynt hanfodol yn y dyfyniad uchod. Credai mai angen y troseddwr i gael ei dderbyn oedd ei angen mwyaf, ac mai derbyniad gwirioneddol wedi'i seilio ar gariad oedd dechrau unrhyw fath o ofal gwirioneddol ar ei gyfer ar ôl iddo gael ei ryddhau.[81] Roedd y meddylfryd tosturiol hwn yn cydsynio eto gydag agweddau tuag at yr hunan a oedd wedi cryfhau a chyflymu yn y cyfnod wedi'r Ail Ryfel Byd. Yn hytrach na chysylltu'r hunan â phechod fel y gwnaed o fewn Cristnogaeth uniongred, darluniwyd yr hunan fel tarddle tyfiant a daioni yn y math o seicotherapi hiwmanistig a dirfodol a dyfodd mewn poblogrwydd yn y 1950au dan arweiniad Abraham Maslow, Viktor Frankl ac eraill ar lwyfan rhyngwladol, a Gwilym O. Roberts yng Nghymru.[82] Er na ddaeth Turner o dan ddylanwad uniongyrchol yr ysgol hon o seicolegwyr, roedd eu syniadau yn rhan o'r amgylchfyd diwylliannol a deallusol mwy goddefol yn y 1950au a alluogodd i arbrofion cymdeithasol fel Norman House gael eu cychwyn a'u derbyn. 'No longer is criminal behaviour regarded unequivocally as the fruit of sin' meddai am gyfnod sefydlu'r tŷ, ac roedd y newid agwedd hwn yn rhannol gyfrifol am lwyddiant yr arbrawf.

Cafodd pwysigrwydd mentrau Merfyn Turner ym maes gwaith cymdeithasol gyda chyn-garcharorion ei gydnabod yng nghyfrol Jeremy Sandford, *Down and Out in Britain* ym 1971. Roedd Sandford yn awdur ac ymgyrchydd arloesol ei hun a wnaeth gyfraniad hollbwysig i godi ymwybyddiaeth y cyhoedd yn y Deyrnas Unedig ynglŷn â digartrefedd trwy ysgrifennu'r sgript ar gyfer drama deledu enwog Ken Loach, *Cathy Come Home*, ym 1966. Fel yn achos stori Cathy, seiliwyd *Down and Out in Britain* ar ei ymchwil personol ymhlith y difreintiedig a'u cefnogwyr, a bu'n cyfweld â Merfyn Turner fel rhan o'r gwaith. Dyfarnodd mai'r Cymro oedd un o'r cyntaf ym Mhrydain i sylweddoli bod 'pobl y dibyn' ym Mhrydain angen mwy na chyfiawnder statudol yn unig: 'He realised that they needed charity and, adults confined in many ways to the role of children, the only thing that really would help them was an artificial family which would replace the family they never had'.[83] Ymgais i greu'r teulu newydd hwn i gyn-garcharorion oedd Norman House yn bennaf felly.

Gellir dadlau fod sylwadau Sandford ar ei gyfraniad unigryw i'r maes trwy greu'r hostel yn tanlinellu'r ffaith bod ei waith yn rhannu'r un egwyddor sylfaenol â gwaith y Crynwyr yn ne Cymru, a drafodwyd yn y bennod flaenorol, a'r hipis a'u comiwnau newydd o'r 1960au y clywn amdanynt yn y bennod nesaf – sef bod angen creu mathau newydd o gartrefi a chymunedau ac ehangu'r syniad o'r teulu y tu hwnt i'r un traddodiadol, cnewyllol (*nuclear*). Gwneir yr un pwynt yng nghyfrol Tony Parker – awdur dylanwadol arall fel Jeremy Sandford a geisiodd amlygu ac egluro problemau 'pobl y dibyn' i'r cyhoedd ym Mhrydain wedi'r Ail Ryfel Byd – *The Unknown Citizen*, ar brofiadau cyn-garcharorion yn y 1960au, sydd eto yn cynnwys cyfweliad gyda Turner ac yn ei gydnabod fel un o'r prif awdurdodau yn y maes.[84] Cyfeiria at gred Turner y dylai Norman House fod yn gartref i'r dynion, a dyfarna ei fod yn llwyddiant digamsyniol: 'Norman House, can help, has helped, and does help all but the most diffcult, for whom there hardly seems to be at present any visible alternative.'[85] Tystia ymwelydd carchar a ddyfynnir yn y gyfrol hefyd pa mor aml y llwyddodd Turner i arbed troseddwyr rhag dedfrydau hir trwy eirioli ar eu rhan.[86]

Credai Turner nad oedd y mwyafrif o droseddwyr a chyn-garcharorion yn beryglus mewn gwirionedd ac mai 'llety cartrefol, a chynhaliaeth, a disgyblaeth cyfeillion hefyd' a fyddai'n eu hadfer yn fwyaf llwyddiannus:

> Y mae cyfartaledd o ddynion – a rhai merched hefyd – a droseddodd yn ddifrifol ac mewn ffordd sy'n wrthun i gymdeithas, ond y mae llawer mwy o'r rheini yr wyf fi'n gartrefol gyda nhw yn ddiffygiol yn gorfforol a meddyliol; ni wnaethant fawr niwed i neb erioed.[87]

Deallodd bod yr hyn a ddisgrifiodd fel 'apartheid cymdeithasol' – a oedd wedi arwain rhai o gymdogion Norman House i ofyn pam nad oedd y cartref wedi cael ei sefydlu mewn ardal dlotach a mwy difreintiedig – yn cadw carcharorion a chyn-droseddwyr y tu hwnt i olwg rhan fwyaf o'r cyhoedd, a bod eu hofn ohonynt yn cynyddu'n anochel o ganlyniad i'w statws anweledig.[88] Sylweddolodd hefyd pa mor anodd oedd y broses o addasu i gymdeithas nad oedd ar y cyfan yn rhoi unrhyw groeso iddynt wedi i nifer o aelodau'r grŵp ddychwelyd i'r carchar bron yn syth ar ôl gadael Norman House. Sefydlwyd yr Ail Dŷ ('The Second House') ym 1962 yn sgil hynny er mwyn cynnig cam pellach iddynt yn y broses, hanner ffordd rhwng y tŷ cyntaf a'r gymdeithas ehangach. Hen reithordy oedd hwn 'o fewn tafliad carreg i garchardai Pentonville a Holloway', a'r broblem fwyaf a brofwyd ar ôl i'r rheolwraig gyntaf gael ei hapwyntio oedd i un o'r dynion gwympo mewn cariad gyda'i merch un ar bymtheg oed.[89] Gadawodd yn sydyn, ond arhosodd rheolwraig nesaf yr Ail Dŷ am bum mlynedd, gan osod seiliau cadarn i'r fenter yn y broses. Cynigiwyd mwy o gyfrifoldeb a rheolaeth dros y tŷ i'r dynion yno nag yn Norman House, ac o'r deunaw o ddynion a symudodd o un tŷ i'r llall ym mlwyddyn gyntaf y prosiect llwyddodd pymtheg ohonynt i aros tu allan i furiau'r carchar ar ôl pum mlynedd. Adlewyrchodd Turner ar lwyddiant yr Ail Dŷ ym 1970:

> Datblygodd y tŷ yn aelwyd gyfeillgar. Daeth a sefydlogrwydd i fywyd ein troseddwyr a symudodd i letya yno. Yr oedd y dyfodol yn eu dwylo hwy, a hwy a benderfynent pa bryd y symudent. Y mae dau yno heddiw a symudodd yno y dydd yr agorodd y tŷ wyth mlynedd yn ôl.[90]

Erbyn y 1970au roedd Turner wedi llwyddo, felly, i sefydlu trefn a oedd nid yn unig yn cynnig cymorth a chartref i garcharorion digartref yn yr wythnosau cyntaf ar ôl eu rhyddhau, ond hefyd cartref mwy hirdymor iddynt, lle gallasent gyfrannu'n llawn at ei reoli a sicrhau llwyddiant bywyd pob dydd o'i fewn.

Profodd llwyddiant Norman House yn fodel ar gyfer cartrefi tebyg i gyn-garcharorion a sefydlwyd ledled Prydain yn y 1950au hwyr a'r 1960au. Disgrifiwyd Norman House yn wir fel 'the prototype halfway house for ex-offenders' mewn cyfrol gymdeithasegol ar gartrefu cyn-droseddwyr.[91] Trwy gefnogaeth Ymddiriedolaeth Goffa Margery Fry, agorwyd tai tebyg ym Manceinion, Birmingham, Caerlŷr, Sheffield a Hull yn y 1960au cynnar. Erbyn 1971 roedd mudiadau fel y Langley Housing Trust a'r Simon Community yn rheoli dros gant o dai hanner ffordd – gyda chefnogaeth grantiau o'r llywodraeth o 1964 ymlaen – yn dilyn llwybrau arbrawf Turner.[92] Aeth Anton Wallich-Clifford, sylfaenydd y Simon Community, ymlaen i sefydlu'r Wallich-Clifford Community, sy'n dal i gynorthwyo a chefnogi'r digartref yng Nghymru heddiw.[93] Er i ragair cyfrol arolwg a gyhoeddwyd y flwyddyn olynol feirniadu Turner am redeg Norman House mewn modd ychydig yn rhy dadol ac awtocratig, cydnabuwyd hefyd pa mor bwysig oedd ei gyfraniad: 'He gave a new concept of hostel life and a lead which has been widely followed in other hostel schemes.'[94]

Un rheswm i'r arbrawf yn Norman House gael ei gopïo mor helaeth oedd oherwydd bod strwythurau cymdeithasol traddodiadol yn cael eu cwestiynu'n gynyddol yn y cyfnod hwn. Datblygodd mathau newydd o gymunedau ac unedau teuluol iwtopaidd eu naws ar hyd Prydain yn sgil hynny wrth i'r Gymdeithas Amgen (*Alternative Society*) dyfu. Ym maes seiciatreg, fel y nodwyd eisoes, arweiniodd R. D. Laing y gwrthwynebiad i'r sefydliadau traddodiadol ar gyfer cartrefu cleifion a chrëodd gymuned arbrofol ar eu cyfer yn Kingsley Hall, Llundain.[95] Cwestiynwyd y cysyniad o'r teulu cnewyllol (*nuclear family*) o sawl cyfeiriad, gan gynnwys ail don ffeministiaeth, yn yr un cyfnod, ac arweiniodd hyn at sawl ymgais i sefydlu teuluoedd o fath gwahanol, llai traddodiadol a phatriarchaidd. Yn ei ddarlith flynyddol i BBC Cymru ym 1970, cyfeiriodd Turner ei hun at yr ymchwydd diweddar yn niddordeb a chyfranogaeth pobl ifanc yn arbennig mewn bywyd comiwnol a adlewyrchai eu diflastod a dadrithiad gyda'r patrwm cymdeithasol confensiynol yn y byd gorllewinol. Disgrifia'r comiwnau oedd yn blaguro ac ehangu yng Nghaliffornia yn arbennig fel arbrofion yn 'the socialisation of twenty-first century man.'[96] Ceisiodd feithrin yn Norman House yr un ymdeimlad o berthyn i gymuned a ddeallai fel yr ysbrydoliaeth ar gyfer y comiwnau. Roedd y cymunedau arbrofol hyn yn ymateb hefyd i'r meddylfryd myfïol ac unigolyddol a dyfodd o fewn cymdeithas ers diwedd yr Ail Ryfel Byd, ac a alluogodd cynifer, yn ei dyb ef, i anwybyddu neu ddiystyru problemau cyn-garcharorion. Yn lle'r pwyslais cyfoes yn y byd gorllewinol ar 'large communities and large units', credai bod angen cefnogi a meithrin cymunedau bychain, newydd fel y comiwnau a'i brosiect yntau.[97]

Cydnabyddir pwysigrwydd ei waith yn hynny o beth mewn erthygl yng nghylchgrawn radical *Anarchy* ar gymunedau therapiwtig ym mlynyddoedd cynnar y 1960au, lle cymharir ei waith yn Norman House gyda gwaith arloesol yr Albanwr Maxwell Jones gyda chleifion seiciatrig.[98] Daw'r erthygl o rifyn ar ddiwygio'r carchardai yn gyffredinol ac ynddi disgrifir Turner fel arloeswr ar ymylon gwaith cymdeithasol ers cyfnod maith. Eglurir iddo gollfarnu'r cymdeithasau cymorth traddodiadol i garcharorion yn bennaf oherwydd iddynt barhau, yn sgil y bwlch cymdeithasol enfawr rhyngddynt, i weld yr unigolion dan eu gofal fel drwgweithredwyr a oedd yn gwbl gyfrifol am eu troseddau. Anwybyddai hynny'r ffaith sylfaenol mai angen mwyaf y carcharor digartref oedd cael ei dderbyn a 'to live in a group which supports him with his weakness and his inadequacy, and which supports him while he is learning to live the life he wants', yng ngeiriau Turner ei hun.[99] Dyfynnir Turner yn rhai o'r erthyglau eraill yn yr un rhifyn, arwydd o bwysigrwydd a statws uchel ei waith yn y 1960au, a chyfeirir yn edmygus at y rhyddid mewnol a'r diffyg ofn o unrhyw fath oedd wedi galluogi iddo wneud llwyddiant o fenter mor arbrofol a newydd â Norman House.[100] Gwelir y ffaith bod nifer o gymunedau tebyg wedi cael eu sefydlu erbyn 1962 i gartrefu cyn-garcharorion fel teyrnged huawdl i'w weledigaeth.[101]

Efallai mai'r dystiolaeth fwyaf trawiadol o agwedd Turner at y cyn-droseddwyr a weithiodd gyda hwy oedd ei ymateb i un ohonynt yn rhoi'r fflat gerllaw Norman House lle trigai gyda'i deulu ar dân. Trwy lwc ni anafwyd unrhyw un ohonynt yn y tân, ond difethwyd y fflat yn llwyr. Ym mlaen copi o'i lyfryn ar ei brofiadau o fyw am gyfnod mewn tŷ annedd yn Llundain, *Forgotten Men*, ceir ei neges bersonol i'r cyfreithiwr Walter

Raeburn. Yn hytrach na chollfarnu'r unigolyn a ddechreuodd y tân, dywed iddo'i dderbyn yn ôl i Norman House:

> One day I hope to tell you the whole story. It reminded me very strongly of the need which you stressed for "sheer and continuous love". The man who destroyed our home needed us all the more because of his action. He has nobody else. Even his own parents had discarded him.[102]

Trwy ei waith yn Norman House llwyddodd Turner i gynnig teulu ac yn bennaf oll derbyniad a chariad i gannoedd o unigolion cyffelyb.

Yn ogystal â chwestiynu'r math o ofal a ddarparwyd ar gyfer carcharorion ar ôl iddynt gael eu rhyddhau, cwestiynodd Turner hefyd sut y gweinyddwyd a rheolwyd y carchardai eu hunain ym Mhrydain. Unwaith eto roedd ei gydymdeimlad gyda'r carcharorion yn bennaf, yn hytrach na'r llywodraethwyr a'r swyddogion, er ei fod yn parchu nifer fawr ohonynt ar lefel broffesiynol a phersonol. Cwestiynodd mewn gwirionedd yr angen i gaethiwo'r mwyafrif o garcharorion am gyfnodau maith mewn sefydliadau oeraidd, anferth a hynafol, a berthynai gan amlaf i oes arall. 'Mewn cyfanswm o ddeugain mil o garcharorion' meddai ym 1970, 'y mae'n amheus a oes mwy na phum mil y mae'n rhaid eu hymneilltuo o gymdeithas am dymhorau maith'.[103] Nid oedd amddifadu troseddwyr o'u rhyddid yn ymateb teg na chyfiawn i'w gweithredoedd yn y mwyafrif o achosion, nac ychwaith yn delio â'r problemau a wnaeth eu harwain i dorri'r gyfraith, ond roedd yn sicrhau bod cyfundrefn enfawr, fiwrocrataidd yn cael ei barhau a'i gyfiawnhau: 'Gweithred syml, gan amlaf, yw trosedd, ond o'i chymhlethu fe ddyry fywoliaeth esmwyth i lu mawr o swyddogion a chyfreithwyr.'[104]

Fel teithiwr brwd, ymwelodd â gwledydd Sgandinafia yn aml yn y 1940au a'r 1950au, gan gynnwys Ysgol Kofoeds yng Nghopenhagen – yr ysbrydoliaeth yn rhannol ar gyfer Norman House – lle cynigiwyd hyfforddiant ac addysg ar gyfer cyn-

garcharorion er 1928. Trwy ymweld â sefydliadau tebyg a
charchardai yn Nenmarc, y Ffindir a Sweden, gwelodd bod
modd delio â throseddwyr mewn ffyrdd llawer mwy creadigol
a dyngarol na'r technegau cosbedigaethol a ddefnyddiwyd ym
Mhrydain ar y cyfan.[105] Rhybuddiodd ym 1968 yn erbyn ymateb i
ffigyrau troseddu'n codi trwy gaethiwo mwy o bobl yn ei bamffled
Prisoners' Progress, a gyfieithwyd gan ei gyfaill agos Dyfnallt
Morgan:

> Yr ymateb swyddogol yw cyhoeddi cynlluniau i godi mwy
> o garcharau i letya mwy o garcharorion. Ond y mae'r
> boblogaeth garcharol yn cynyddu'n gyflymach na gallu'r
> awdurdodau i ofalu amdani. Oni chrëir trefn newydd yn
> ystod y deng mlynedd nesaf, byddwn wedi esgeuluso cyfle i
> greu o'r newydd, ac awn rhagom i'r ganrif nesaf gyda threfn
> garcharol sydd â'i gwraidd yn y ganrif ddiwethaf.[106]

Amlinellodd gyfundrefn newydd yn y pamffled hwn a ymatebai i'r
cynnydd mewn troseddu trwy gynnig gwaith a chyfleoedd ystyrlon
i garcharorion i'w hannog rhag troseddu eto. Mae'n werth rhoi
sylw manwl i'w gynllun gan ei fod yn cynnig cyfres o gamau clir
ac ymarferol er mwyn lleihau poblogaeth y carchardai a chynnig
triniaeth amgen i'r mwyafrif helaeth o droseddwyr yn eu lle.

System lawer symlach a gynigir yn ei gynllun sydd wedi'i
seilio ar ddau fath o ddedfryd yn unig, sef Carchariad Syml a
Chadwraeth Ataliol. Troseddwyr a'u cyfrifir yn 'annigonol' a
fyddai'n derbyn y ddedfryd gyntaf, hynny yw 'troseddwyr nad
ydynt yn ymddangos yn bendant afiach, yn feddyliol neu'n foesol
ond sy'n methu darganfod lle diogel mewn patrwm derbyniol o
fywyd cymdeithasol'. Rhannwyd y troseddwyr 'annigonol' mewn
i dri grŵp pellach.[107] Y cyntaf oedd y rhai annigonol dros oes,
ac yn hytrach nag anfon y rhain i'r carchar dylid eu dedfrydu i
'fyw mewn Cymunedau Ffermio a gynlluniwyd yn benodol ar eu
cyfer'.[108] Y gwersylloedd gwaith a ymwelodd â hwy yn y Ffindir
oedd yr ysbrydoliaeth ar gyfer y syniad o Gymunedau Ffermio.

Byddai'r dynion yn ennill cyflog gweithwyr yn y cymunedau hyn, a byddai hawl ganddynt ymweld â'u teuluoedd a'r gymuned tu allan yn achlysurol. Roedd carcharu aelodau'r ail grŵp, sef y rhai annigonol y gellid gofalu amdanynt yn y gymdeithas rydd, 'yn ddiangen a gwastrafflyd'. Dylid eu hanfon i fyw mewn cartrefi bychain fel Norman House yn lle, gan fod eu carcharu yn 'cyfyngu maes eu profiad o fewn anghenion peirianwaith y carchar'.[109] Ymhellach, nid oedd eu carcharu yn datrys y problemau seicolegol yr oedd troseddu ond yn un symptom ohonynt. Er mwyn gwneud hynny roedd rhaid eu derbyn o fewn y gymdeithas yn bennaf oll, nid eu halltudio ohoni, ac roedd 'rhaid i'r Wladwriaeth ddysgu i'w deiliaid mai anfeidrol bwysicach na dysgu byw gyda chompiwtars oes dechnolegol yw dysgu byw gyda phobl'.[110] Y trydydd grŵp oedd y rheini oedd angen hyfforddiant ac ail-addysgu o dan ofalaeth. Dylid anfon aelodau'r grŵp hwn i weithio mewn Trefedigaethau Ffermio, cymunedau o tua deg ar hugain o ran niferoedd, lle gallasent ddysgu sgiliau amaethu yn ogystal â'r 'grefft o gydfyw gydag eraill'.

Bwriadwyd yr ail fath o ddedfryd, sef Cadwraeth Ataliol, ar gyfer troseddwyr yr oedd eu hymddygiad 'yn achosi niwed gwirioneddol a difrifol i'r cyhoedd' yn unig. Amddiffyn y cyhoedd oedd y prif amcan, ond roedd adsefydlu'r troseddwr yn rhan o'r gadwraeth hefyd, trwy ei baratoi a'i hyfforddi'n gyson ar gyfer dychwelyd i'r byd y tu allan i'r carchar. Deng mlynedd fyddai'r ddedfryd hiraf o ganlyniad, gyda phosibilrwydd o ryddid ar ôl tair, a byddai unrhyw droseddwyr a oedd yn parhau'n berygl i'r cyhoedd ar ôl y cyfnod hwn yn cael eu trin mewn ysbytai seiciatrig. Byddai'r troseddwyr, heblaw am 'y lleiafrif o droseddwyr difrifol ffyrnig', yn gweithio naill ai mewn Canolfannau Diwydiannol neu mewn Unedau Llafur, a dylid 'tynnu i lawr y carcharau eu hunain.'[111] Dylid sefydlu'r Canolfannau Diwydiannol mewn ardaloedd trefol, ar safleoedd yr hen garchardai o bosib, a dylid gwerthu eu cynnyrch ar y farchnad agored. Pwrpas y canolfannau hyn a'r Unedau Llafur fyddai rhoi cyfle i'r troseddwyr 'gyflawni gwaith sy'n fuddiol i gymdeithas' i wneud yn iawn am eu camweddau. Byddent yn byw mewn cabanau neu fythynnod diogel o fewn yr unedau a'r canolfannau, ac yn gweithio oriau ac ennill cyflogau arferol am wneud gwaith o'r fath.

Seiliwyd y cynllun ar yr amodau byw a gwaith yr oedd wedi sylwi arnynt yng ngharchardai Sweden, lle dysgai'r dynion sgiliau newydd mewn gweithdai diwydiannol a drosglwyddwyd i'r gweithle ar ôl iddynt adael, a charchar Sonder Omme yn Nenmarc ar gyfer troseddwyr o'r dinasoedd a oedd yn mynd a dod i garchar, lle roeddynt yn gweithio ar y tir nid er mwyn gwneud ffermwyr ohonynt ond i 'adfer eu hiechyd a'u nerth yn yr awyr agored iachusol cyn iddynt ddychwelyd i fywyd y ddinas a'r trefi cyfagos'.[112] Atebodd y cyhuddiad tebygol fod ei gynllun yn llawer rhy ffansïol ac optimistaidd trwy ddweud:

> Nid ffansïol, ond realistig a dynol, ydyw sefydlu Unedau Gwaith lle y gallant dreulio eu hamser mewn gwasanaeth i gymdeithas a'u cymhwyso eu hunain ar yr un pryd i ddychwelyd iddi yn y pen draw.[113]

Ni weithredwyd unrhyw o argymhellion y cynllun ym Mhrydain, wrth i'r pwyslais droi 'at godi rhagor o garchardai a llymhau'r driniaeth', ond roedd Turner wedi amlinellu cyfundrefn ddyngarol a radical newydd a allwn elwa fel cymdeithas, fe ellir dadlau, o'i fabwysiadu heddiw, ar ffurf a fyddai'n gweddu i'r unfed ganrif ar hugain.[114]

Parhaodd Merfyn Turner i ymweld â charcharorion ym Mhentonville wedi iddo ymddeol o'i rôl fel pennaeth Norman House yn yr 1980au. Yn ei flynyddoedd olaf fel ymwelydd bu'n weithgar tu hwnt ar ran mewnfudwyr o wledydd tramor a gedwid mewn adain benodol o'r carchar wrth iddynt naill ai aros eu prawf neu aros i gael eu halltudio. Darlunnir ei waith yn y cyswllt hwn mewn pennod bwysig o'i gyfrol olaf *Trwy'r Drws ac Allan*. Datgelir ei gynddaredd ynghylch cyfundrefn greulon Prydain o ddelio â mewnfudwyr yn y bennod hon wrth iddo adrodd hanes y rhai o'u plith a gyfarfu yn yr adain. Noda i'w phoblogaeth gynyddu'n sydyn yng nghyfnod Thatcheraidd yr 1980au 'gan fod polisi'r Llywodraeth yn frwd dros gadw Prydain yn wyn ac yn Seisnig.'[115] Unig drosedd honedig y mewnfudwyr a garcharwyd ym Mhentonville oedd diffyg trwydded i aros ym Mhrydain. Disgrifia Turner hwy fel 'plant amddifad y drefn' gan nad oeddynt mor gyfarwydd â'r carcharorion eraill â'r gwasanaethau oedd ar gael iddynt yno ac oherwydd y rhagfarn a oedd yn eu hwynebu: 'Y wers gyntaf a ddysgodd pob un ohonynt oedd mai rhwystr ydoedd eu crefydd a'u diwylliant a'u hiaith, ac yn fwy na dim, lliw eu croen.'[116] Carcharwyd un o'u plith, sef Samuel o Accra yn Ghana, am weithio heb drwydded. Costiai gan punt a hanner yr wythnos i'w gadw ym Mhentonville, swm dipyn uwch na fu'n byw arno ym Mrixton cyn i'r Swyddfa Gartref ei garcharu. Dywed Turner i annhegwch y sefyllfa ei gymell i gydnabod wrth Samuel, 'Dwyt ti ddim yn bodoli fel person yng ngolwg Whitehall, weli di. Yn eu golwg nhw parsel wyt ti sy'n aros i'w rwymo a'i gyfeirio a'i roi ar awyren i fynd i Accra.'[117]

Anfonwyd Samuel yn ôl i Ghana yn y man, ond yn achos amryw o'r dynion a sgwrsiai ymysg ei gilydd yn ystod ei ymweliadau fe'u carcharwyd am gyfnodau hir yn aros am benderfyniad. Clywn hanes Ali Asraf Khan a fu yno am saith mis, Arvind a fu yno ers pedwar mis, ac Arif a garcharwyd am dros flwyddyn wedi iddynt apelio yn erbyn dedfryd y Swyddfa Gartref i'w halltudio. Gofynna Arvind i Turner egluro anghysondeb y gyfundrefn iddo: 'Mi welais yn y papur ddoe am Inspector yn yr heddlu yn cael aros gartref tra oedden nhw'n delio â'i apêl, ac yntau wedi ei dynghedu i ddeunaw mis o garchar am wneud ffafr a throseddwr.' Etyb Turner yn blaen mai hiliaeth oedd yn gyfrifol am eu triniaeth annheg, 'a chasawn y drefn a gadwai dramorwyr digon parchus fel Ali ac Arvind oddi wrth eu teuluoedd a'u cartrefi.'[118] Daeth ei gyfnod o ymweld â hwy i ben wedi i garcharorion tramor gael eu symud i garchar Ashford. Bu'n ymweld yn gyson â charcharorion yn Nhwrci yn y 1970au ac 1980au hefyd. Gweithiodd yn ddygn i geisio rhyddhau rhai o'u plith a ddedfrydwyd i gyfnodau maith tu hwnt yng ngharchardai fel Izmit, Bursa ac Ankara.[119] Yn gyffredinol, clodforwyd ei waith yn y gwledydd amrywiol yn Ewrop y bu'n crwydro trwy gydol ei fywyd, a derbyniodd Shirley, ei wraig, lythyr oddi wrth Weinyddiaeth Gyfiawnder yr Heddlu yn Norwy wedi ei farwolaeth ym 1991, sy'n tystio i fawredd ei gyfraniad a'i ddylanwad rhyngwladol. Dywed y deyrnged hon, o un o'r gwledydd a wnaeth fwyaf i geisio gweithredu rhai o'i syniadau ynglŷn â thriniaeth troseddwyr, mai'r ffaith iddo ysbrydoli eraill oedd un o'i orchestion mwyaf. 'Hir yr erys ac yr anwylir yr enw Merfyn Turner yng nghof swyddogion y Gwasanaeth Prawf, ac eraill yn y gwasanaethau cymdeithasol,' meddai cynrychiolydd y Weinyddiaeth, 'ac yn arbennig y rhai hynny y mae angen help arnynt'.[120]

Illtud Evans

Yn y degawdau wedi'r Ail Ryfel Byd, bu awdur Cymreig arall pwysig yn trafod diwygio'r carchardai ar lwyfan rhyngwladol, sef Dom Illtud Evans. Ganwyd Evans yn Llundain ym 1911 cyn i'w rieni, a oedd yn Gymry Cymraeg o gefndir Anghydffurfiol, benderfynu symud i Dywyn yn y 1920au lle mynychodd yr ysgol ramadeg a dysgu Cymraeg. Aeth ymlaen i astudio Saesneg yng Ngholeg Dewi Sant yn Llanbedr Pont Steffan, ond fe'i diarddelwyd dan amgylchiadau anghyffredin iawn ym 1934 wedi iddo gael ei gyhuddo o geisio cael perthynas rywiol gydag un o'i gyd-fyfyrwyr gwrywaidd. Bu ei gyfaill Cliff Tucker yn ymgyrchu'n llwyddiannus wedi ei farwolaeth ym 1972 i'r brifysgol roi gradd iddo. Penderfynodd hyfforddi fel offeiriad yn yr Eglwys Babyddol a daeth yn ffigwr amlwg o fewn yr eglwys honno wedi'r Ail Ryfel Byd trwy ei rôl fel mynach yn Urdd y Dominiciaid a golygydd y cylchgrawn crefyddol pwysig *Blackfriars*, ac yn ddiweddarach *New Blackfriars*. Neilltuodd sylw yn ei golofn olygyddol yn gyson yn y 1950au a 1960au i drafod cyfiawnder troseddol a chyflwr y carchardai ym Mhrydain a'r Unol Daleithiau yn arbennig. Bu'n gyfaill i un o'r awduron Pabyddol mwyaf dylanwadol yn fyd-eang yn y cyfnod hwn, sef Thomas Merton, ffigwr a wnaeth gyfraniad enfawr tuag at achosion hawliau sifil, gwrth-niwclear a gwrth-ryfel yn y 1960au yn arbennig. Ymwelodd â Merton yn ei feudwyfa enwog yn nhalaith Kentucky a bu'n llythyru â'r mynach chwyldroadol yn gyson.[121] Yn ôl teyrnged papur y *Times* iddo ym 1972, bu'n ymweld â charchardai yn gyson wedi iddo symud i'r Unol Daleithiau ar ddechrau'r 1960au, arfer a ddechreuodd ym Mhrydain ymhell cyn hynny. Bu'n derbyn cyngor gan swyddogion carchardai a throseddegwyr blaenllaw ac yn eu cynghori yn eu tro, a daeth yn hyddysg ym mhob agwedd o bwnc a welai fel un arbennig o berthnasol i'w alwad 'as servant and spokesman of the Christian ideal'.[122] Lluniodd adroddiad ar y gyfundrefn parôl i'r William J. Kirby Foundation yn ninas Washington, a bu'n cynghori un o bwyllgorau'r Cenhedloedd Unedig ar driniaeth troseddwyr yn y 1960au cynnar.[123]

Ceir crynodeb defnyddiol o'i agwedd gyffredinol tuag at y pwnc mewn ysgrif bwysig a gyhoeddwyd yng nghylchgrawn *Blackfriars* ym 1955. Yn 'Crime as an Alibi' cyfeiria'n uniongyrchol at y ffaith bod gobeithion iwtopaidd y wladwriaeth les a sefydlwyd ym Mhrydain wedi'r Ail Ryfel Byd ymhell o gael eu gwireddu'n llawn erbyn canol y 1950au.[124] Awgryma i drosedd a throseddwyr dueddu yn sgil hynny i gael eu trin fel achos problemau cymdeithasol cyfoes yn hytrach nag adlewyrchiad ohonynt. Fe'i hatgoffir o hynny ar fws i ymweld â charchar Wandsworth lle dywed y casglwr tocynnau bod trosedd yn cyffwrdd bywydau pawb:

> The bus conductor was right. The frowning walls of a Wandsworth can be society's final alibi: the publicly condemned, out of sight, out of mind unless there's a riot or an execution, are hostages to many of our miseries and reflect much more than the crimes they have committed.[125]

Gwelai'r gobaith mwyaf i'r dyfodol yn y cymorth i waith ataliol ymhlith pobl ifanc yr oedd ymchwil cymdeithasegol diweddar ynglŷn â dylanwad seicoleg, safle cymdeithasol ac amgylchedd troseddwyr wedi cynnig i egluro eu hymddygiad. Cynghora ei gyd Babyddion wrth gloi'r ysgrif i ymddiddori'n llawer mwy gweithredol ym mywydau carcharorion, yn enwedig wedi iddynt gael eu rhyddhau.

Gwelai gobaith fel rhan hanfodol bwysig o'r ymateb i argyfwng cymdeithasol arall cyfoes y bu ei gyfaill Thomas Merton mor huawdl yn ei gylch, sef bygythiad arfau niwclear. I gloi trafodaeth gyhoeddus ar foesoldeb rhyfel niwclear a gynhaliwyd yng Nghaergrawnt ym 1956, manteisiodd ar ei rôl fel y cadeirydd i gynnig y sylwadau arwyddocaol canlynol ar y tebygrwydd y byddai'r mater yn parhau i fod yn un llosg am flynyddoedd i ddod:

> If we want to avoid the extremes of despair or of presumption we should want to cultivate a measure of hope. And hope doesn't mean the abdication of reason: it's not a vague feeling that somehow or other things are going to be all right. It means rather that we should respect and should want to live by moral principles that are secure – principles that are essential to the business of being human. We can't make moral judgements about nuclear warfare ... unless we possess the sort of hope that is sure of what man (sic) is really meant to be, what he is really meant to do.[126]

Y busnes o fod yn ddynol a lywiodd ei ymwneud â charchardai a charcharorion, ac fe wnaeth gyfraniad pwysig ar lwyfan rhyngwladol i roi llais i'w pryderon a cheisio gwella eu triniaeth yn y 1960au yn arbennig.

J. Eryl Hall Williams

Gwnaeth Cymro arall gyfraniad pwysig i'r drafodaeth ynghylch carchardai a sut ellid eu newid er gwell, neu hyd yn oed eu diddymu'n gyfan gwbl, yn yr un cyfnod â Merfyn Turner ac Illtud Evans, sef John Eryl Hall Williams, a anwyd ym 1921. Fel y nodwyd ym mhennod un, roedd ei dad, Eryl Hall Williams, yn ffigwr pwysig yn natblygiad y mudiad cynllunio trefol rhwng y rhyfeloedd byd, a bu'n ysgrifennydd egnïol i gymdeithasau gardd bentrefi Rhiwbeina a Barri am gyfnod hir. Fel ei dad yn y Rhyfel Byd Cyntaf, bu John yn wrthwynebwr cydwybodol yn ystod yr Ail Ryfel Byd yn dilyn cyfnod yn astudio'r gyfraith yng Ngholeg Prifysgol Cymru, Aberystwyth. Fel rhan o'i wasanaeth amgen rhwng 1943 a 1946, teithiodd i'r Almaen gydag Uned y Crynwyr a bu ymhlith y grŵp cyntaf i gyrraedd gwersyll Belsen wedi iddo gael ei ryddhau o afael y Natsïaid yn Ebrill 1945.

Aeth ymlaen wedi'r Rhyfel i gael gyrfa lwyddiannus fel academydd ac awdur ym maes troseddeg. Bu'n darlithio o'r 1950au cynnar ymlaen ac erbyn diwedd y 1960au roedd yn Ddarllenydd mewn Troseddeg ym Mhrifysgol Llundain. Roedd hefyd yn aelod o'r Bwrdd Parôl ar gyfer Lloegr a Chymru. Cyhoeddodd ddwy gyfrol bwysig ar gyflwr y carchardai ym Mhrydain yn y 1970au cynnar. Yn yr ail, *Changing Prisons*, a gyhoeddwyd gan wasg radical a dylanwadol Peter Owen, Llundain, ceir pennod sy'n trafod y syniad o ddiddymu'r carchardai mewn manylder a gyda chryn gydymdeimlad. Gwna'n eglur yn y bennod hon nad oedd galwadau grwpiau radical cyfoes fel 'Radical Alternatives to Prison' (RAP) yn gwbl newydd ond yn hytrach yn ddatblygiad o dueddiad hirdymor ym maes troseddeg yn yr ugeinfed ganrif y dylid ei gydnabod:

> a major preoccupation of twentieth-century penology has been the development of alternatives to imprisonment, in order to ensure that as few people as possible are sent to prison, and the recognition that prison itself is likely to be, in Professor Cross's words, "a baneful influence".[127]

Roedd y galwadau wedi cynyddu a chyflymu yn y 1970au wrth i fudiadau hawliau carcharorion – fel RAP, grŵp yr oedd yr heddychwraig Pat Arrowsmith a garcharwyd yn rheolaidd yn sgil ei gweithredu uniongyrchol yn ffigwr blaenllaw o'i fewn, a PROP ('The Preservation of the Rights of Prisoners') – gael eu ffurfio ym Mhrydain. Arweiniodd y grwpiau hyn nifer o brotestiadau yn ystod 1972 a bu cynnwrf difrifol yng ngharchardai Albany a Gartree. Cytuna Williams â chraidd dadl RAP bod nifer fawr o fenywod yn y carchar na ddylai fod yno yn y lle cyntaf, y mwyafrif wedi derbyn dedfrydau cymharol fyr am droseddau fel dwyn o siopau a chanran uchel ohonynt â phroblemau yn ymwneud ag alcohol neu gyffuriau.[128] Dengys i fudiadau hawliau carcharorion o'r fath ddadlau bod effaith carcharu ar y troeseddwr yn gwbl negyddol am dri phrif reswm: yn gyntaf, roedd yn ei ynysu'n llwyr o'r gymdeithas; yn ail, roedd yn cynyddu ei broblemau a'i elyniaeth tuag at gymdeithas trwy ei effaith ddiraddiol a'r stigma oedd ynghlwm â'r carchar; ac yn drydydd, roedd yn creu problemau newydd i'r troseddwr yn nhermau adsefydlu ac ail-addasu ei hun yn gymdeithasol.[129]

Ymhlith yr atebion posibl i'r argyfwng yn y carchardai ac i leihau'r niferoedd a anfonwyd iddynt yn y lle cyntaf, mae Williams yn trafod cynyddu'r ddarpariaeth o gyfleusterau rhanbarthol amgen i drin troseddwyr â phroblemau seicolegol, neu a oedd yn gaeth i gyffuriau neu alcohol. Dylid ehangu'r gwasanaeth prawf yn ogystal â chynyddu'r nifer o hosteli teuluol eu naws fel Norman House ar gyfer 'inadequate and homeless offenders, and separate provision for juvenile offenders, with special hostels for maladjusted young people'.[130] Credai y dylai'r llysoedd barn fod yn llawer mwy dethol o ran y defnydd o garcharu, yn enwedig mewn perthynas â mân droseddau yn ymwneud ag eiddo, a dylid osgoi dedfrydau hirdymor, os yn bosibl.[131] O fewn y carchardai eu hunain, dylid cynyddu'r cyfleoedd ar gyfer gwaith a chwnsela grŵp therapiwtig, a chyfeiria at arbrawf llwyddiannus diweddar o'r fath a drefnodd seicotherapydd galluog gyda chefnogaeth y llywodraethwr yng ngharchar Abertawe.[132] Dylid hefyd cynnig parôl i fwy o garcharorion a gwneud hynny'n gynharach yn ystod eu dedfrydau, yn hytrach na'i adael tan y misoedd olaf. Byddai cynyddu'r cyfleoedd ar gyfer cyrsiau hyfforddiant a chyngor gyrfaol o fewn y carchardai yn rhan hanfodol o'r broses hon. Roedd cryfhau ac ehangu gwaith y Swyddog Lles ('prison welfare officer') yn bwysig tu hwnt hefyd oherwydd: 'It is when the prisoner comes to realize that someone actually cares about him and his future that progress can be made.'[133] I gloi'r gyfrol, casgla Williams na fyddai o reidrwydd yn bosibl i gwrdd â holl ofynion y grwpiau hawliau carcharorion ond y byddai'n sicr yn angenrheidiol i wneud newidiadau sylweddol pellach er mwyn ceisio gwneud hynny. Dylid dileu'r cyfyngiadau ar ryddid carcharorion ymhellach, ag eithrio'r rhai oedd modd eu cyfiawnhau ar sail diogelwch, ond byddai'n rhaid i agweddau'r cyhoedd newid hefyd er mwyn galluogi hynny. Fel Merfyn Turner, credai bod parodrwydd cynyddol ar eu rhan i faddau ac i helpu'r cyn-garcharor yn ei ymdrech 'to live a good and useful life in the community' yn gwbl allweddol.[134]

Gorffennwn y bennod hon trwy edrych ar ymateb annisgwyl, efallai, awdur Cymraeg enwog i'r gyfundrefn garchardai a ddeilliodd o'i brofiad personol ohono yn sgil y frwydr dros yr iaith Gymraeg yn y 1960au, ymgyrch yr ymhelaethir yn ei gylch yn y bennod nesaf. Cofir T. Llew Jones yn bennaf heddiw fel un o brif awduron llenyddiaeth plant Cymru a hefyd fel prifardd nodedig. Ychydig iawn fyddai'n cofio, efallai, iddo hefyd ysgrifennu cyfrol fer yn trafod 'hanes crogi a charcharu ym Mhrydain ar hyd y canrifoedd' ym 1970.[135] Eglura yn rhagair *Gormod o Raff* mae ei amcan oedd dangos pa mor bell o weinyddu cyfiawnder yn deg oedd y gyfundrefn gyfredol a rhoi darlun o fywyd tu mewn i garchardai'r wlad. Gwelai angen i wneud hynny 'chan fod llawer o'n pobl ifanc gorau ni yn cael eu carcharu oherwydd eu cenedlaetholdeb a'u cariad at yr Iaith Gymraeg y dyddiau hyn'.[136] Bu ei fab, Emyr Llywelyn, un o ymgyrchwyr pwysicaf y mudiad iaith yn y 1960au, yn eu plith, a cheir hanes un o'i ymweliadau ag ef yng ngharchar Abertawe i ddangos y driniaeth 'sarrug' ac 'anghwrtais' y derbyniai'r carcharorion a'u teuluoedd fel ei gilydd. Mynnodd swyddog blin eu bod yn siarad Saesneg yn ystod un ymweliad a gorfu iddo dynnu llythyr o reolwr y carchar o'i boced i'w berswadio o'r diwedd i adael iddynt sgwrsio yn Gymraeg. Â ymlaen yn y bennod ar '(C)archarau Heddiw' i ddarlunio pa mor hynafol a gorlawn yr oeddynt, gyda chell a gynlluniwyd i dri 'yn dal pump neu ragor yn fynych'. Disgrifia'n fanwl batrwm dydd arferol y carcharorion a pha mor ddibwrpas ac undonog oedd y gwaith yn y "Mailbag Shop" a drefnwyd ar eu cyfer. Roedd eu hamserlen ddiflas a'r diffyg cyfleoedd ar gyfer addysg a ddarparwyd iddynt yn dangos diffygion difrifol y gyfundrefn yn ei dyb ef: 'Mae'n gywilyddus na fyddai rhywrai wedi dyfeisio rhyw ffyrdd mwy effeithiol o ddefnyddio'r holl "man-power" a geir yn holl garcharau Prydain.'[137] Credai fod penderfyniad diweddar Barnwr o Gymru, Edmund Davies, i ddedfrydu'r 'Great Train Robbers' i ddeng-mlynedd-ar-hugain o garchar yn gywilyddus hefyd ac nad oedd yr ateb i broblemau cymhleth gweinyddu cyfiawnder troseddol i'w ganfod mewn 'carchariad hir'.[138]

Neilltuir pennod olaf y gyfrol i Gymro ifanc dienw gyda phrofiad diweddar o gael ei garcharu yn Abertawe, Walton, Amwythig ac Exeter adrodd hanes ei gaethiwed. Disgrifia sut mae'r profiad o garcharu yn newid unigolyn yn anorfod er gwaeth: 'Mae'n colli ei bersonoliaeth, ei ewyllys a'i awydd i fyw fel pobl normal eraill. Mae undonedd y dyddiau hirion a'r nosau hirion yn cael y fath effaith arno, fel nad yw'n bosib yn aml iddo fyw bywyd defnyddiol o fewn y Gymdeithas byth wedyn.'[139] Cymaint creulondeb a'r difrod seicolegol a achosai'r math o ddedfrydau hir yn y carchar a wynebai Ronald Biggs a gweddill y 'Great Train Robbers', gwelai'r gosb eithaf fel dewis mwy tosturiol. Dengys i'r mwyafrif o'r dynion a gyfarfu yn y carchar a fu yno am flynyddoedd maith gael ei plentyneiddio a'u diraddio'n llwyr gan y profiad o'r cychwyn cyntaf. Fel Lewis Valentine o'i flaen yn y 1930au, dywed mai rôl y Swyddog Derbyn oedd gwneud yn glir i'r carcharor 'nad ydych mwyach yn fod dynol, sy'n hawlio parch a dealltwriaeth, eithr yn Nymber yn unig, i'ch trin yn hollol ddi-deimlad – fel petaech yn faw.'[140] Roedd natur cwbl undonog a digyfnewid bywyd carchar yn ei wneud yr un mor annifyr i'r swyddogion a'r carcharorion, ymhellach, er mor anghyfartal oedd y berthynas rhyngddynt. Canlyniad anochel system mor ddiffygiol ac anghyfiawn oedd gwneud y carcharorion 'yn greaduriaid sinical, caled', yn hytrach na'u dychwelyd i gymdeithas yn ddinasyddion gwell. 'Gadewir i'r carcharorion wastio'u bywydau ymaith y tu mewn i'r muriau a'r celloedd cyfyng,' meddai wrth gloi ei gyffes, 'ac mae hynny'n bechod mawr yn fy marn i.'[141]

Casgliad

Beth sy'n uno'r ymgyrchwyr ac awduron Cymreig a fu'n ymdrin â diwygio'r carchardai yn yr ugeinfed ganrif a drafodwyd yn y bennod hon, felly? Un ffactor gyffredin bwysig yn agweddau George M. Ll. Davies, Merfyn Turner, J. Eryl Hall Williams ac Illtud Evans yw bod triniaeth troseddwyr yn gwestiwn hanfodol i Gristnogion ei ystyried a'i gwestiynu yn eu tyb hwy. Arweiniodd eu daliadau Cristnogol radical amrywiol iddynt benderfynu chwarae rhan ymarferol yn y mater cymdeithasol penodol hwn naill ai trwy sefydlu a gweithio o fewn mentrau arbrofol, fel yn achos Davies a Turner, neu drwy astudio ac ysgrifennu'n helaeth ar sut ellid diwygio a gwella'r carchardai fel yn achos Williams ac Evans. Ffactor arall gyffredin oedd iddynt oll dderbyn profiad personol o gaethiwed, neu anghyfiawnder difrifol yn achos Illtud Evans, a'u galluogodd i uniaethu'n agos ac yn empathig gyda charcharorion a chyn-garcharorion, yn hytrach na'u hystyried yn grŵp cymdeithasol neilltuol yn unig.

Efallai mai pwysigrwydd parhaol a pherthnasedd cyfoes mwyaf syniadau'r grŵp uchod oedd iddynt oll, i wahanol raddau ac mewn gwahanol ffyrdd, gwestiynu'r tueddiad i gosbi'r mwyafrif helaeth o droseddwyr trwy eu caethiwo a fu'n sail i'r carchardai ers iddynt gael eu hadeiladu. Yn hytrach na chyfundrefn cyfiawnder gosbedigaethol, ddialgar, amlinellwyd cyfundrefn amgen, oleuedig yn eu gwaith a seiliwyd ar empathi a chariad. Dichon mai sylfaen iwtopaidd, gobeithiol oedd i'w syniadau yn y maes, ond fe'u hadeiladwyd arnynt yn ymarferol ac yn llwyddiannus yn achos mentrau Merfyn Turner yn arbennig, gan gynnig model newydd ar gyfer triniaeth cyn-droseddwyr a'i dilynwyd yn helaeth o'r 1950au ymlaen. Wrth i syniadau fel dadgarcharu a diddymu'r carchardai fagu nerth yn ein canrif bresennol, mae'n werth troi'n ôl i'w gwaith ar gyfer ysbrydoliaeth ac arweiniad.

Nodiadau

1 Gweler yn arbennig Ruth Wilson Gilmore, *Abolition Geography: Essays Towards Liberation* (London: Verso Books, 2023) ac Angela Y. Davis, *Abolition: Politics, Practices, Promises, Vol 1* (London: Penguin, 2024), casgliadau o'u gwaith ar ddiddymu'r carchardai dros gyfnod o ugain mlynedd a mwy.

2 Dywed Angela Davis, 'If prisons as structures of state punishment are produced through history and are, in fact, closely associated with the rise of capitalism and its political expressions in bourgeois democracy … then they can be expected to lose their historical relevance as history itself is transformed.', Davis, *Abolition*, t. xi.

3 Davis, *Abolition*, t. 211.

4 Aviah Sarah Day a Shanice Octavia McBean, *Abolition Revolution* (London: Pluto Press, 2022), t. 8. Gweler hefyd ysgrif arbennig Heledd Melangell Jones, 'The Welsh justice system of the future: Beyond Mega Prisons?', *The Welsh Agenda*, 25 Gorffennaf 2024.

5 Gweler Day a McBean, *Abolition Revolution*, tt. 64–5.

6 Liz Blum, 'Decarcerating Sacramento: Confronting Jail Expansion in California's Capital' yn Jack Norton, Lydia Pelot-Hobbs a Judah Schept (goln), *The Jail is Everywhere: Fighting the New Geography of Mass Incarceration* (London: Verso Books, 2024), t. 74.

7 Norton et al, *The Jail is Everywhere*, t. 153.

8 George M. Ll. Davies, *Essays Towards Peace* (London: Sheppard Press, 1945), t. 28.

9 Davies, *Essays Towards Peace*, t. 29.

10 Davies, *Essays Towards Peace*, t. 30.

11 George M. Ll. Davies, *Pererindod Heddwch* (Dinbych: Gwasg Gee, 1943), t. 30.

12 Davies, *Pererindod Heddwch*, t. 30.

13 George M. Ll. Davies, *Triniaeth Troseddwyr* (Dinbych: Gwasg Gee, 1944), t. 20.

14 Davies, *Triniaeth Troseddwyr*, t. 21.

15 Davies, *Triniaeth Troseddwyr*, t. 27.

16 Davies, *Triniaeth Troseddwyr*, t. 28.

17 Davies, *Triniaeth Troseddwyr*, tt. 29–31.

18 Davies, *Essays Towards Peace*, t. 44.

19 Davies, *Pererindod Heddwch*, t. 29.

20 Davies, *Essays Towards Peace*, t. 49.

21 Davies, *Essays Towards Peace*, t. 87. Gweler hefyd Erich Fromm, *The Fear of Freedom* (London: Routledge, 1942).

22 Davies, *Essays Towards Peace*, t. 87.

23 Davies, *Essays Towards Peace*, t. 87.

24 Davies, *Pererindod Heddwch*, tt. 229–30.

25 D. Cellan Evans, 'Trosedd a Throseddwyr', *Yr Ymofynnydd*, 26/2, Chwefror 1926, 25.

26 Evans, 'Trosedd a Throseddwyr', 25.

27 Evans, 'Trosedd a Throseddwyr', 26.

28 *The Welsh Outlook*, 12/7, Gorffennaf 1925, 181.

29 *Yr Eurgrawn Wesleaidd*, CXVI, Mai 1924, 277.

30 *The Welsh Outlook*, 10/8, Awst 1923, 223.

31 *The Welsh Outlook*, 9/1, Ionawr 1922, 11.

32 *The Welsh Outlook*, 9/1, Ionawr 1922, 11.

33 *The Welsh Outlook*, 9/1, Ionawr 1922, 11.

34 *The Welsh Outlook*, 9/1, Ionawr 1922, 12.

35 Davies, *Pererindod Heddwch*, t. 200.

36 *The Welsh Outlook*, 9/1, Ionawr 1922, 12.

37 Iorwerth C. Peate, 'Daniel Lleufer Thomas', *Lleufer*, 19/4, Gaeaf 1963, 161.

38 Peate, 'Daniel Lleufer Thomas', 161.

39 Davies, *Triniaeth Troseddwyr*, t. 30.

40 Davies, *Pererindod Heddwch*, t. 200.

41 Davies, *Triniaeth Troseddwyr*, t. 91.

42 *The Welsh Outlook*, 8/12, Rhagfyr 1921, 284.

43 *The Welsh Outlook*, 10/8, Awst 1923, 29.

44 Davies, *Triniaeth Troseddwyr*, 31.

45 George M. Ll. Davies, 'Efengyl Cariad', *Yr Efrydydd*, III/1, Hydref 1923, 22.

46 Davies, *Pererindod Heddwch*, tt. 229–30.

47 Thomas Jones, *Cerrig Milltir* (Llandybïe: Llyfrau'r Dryw, 1942), t. 51. Agorodd y Deml Heddwch ar y 23ain o Dachwedd 1938, llai na dwy flynedd cyn i Jones draddodi'r araith hon yn Awst 1940.

48 *The Welsh Outlook*, 9/1, Ionawr 1922, 10.

49 *The Welsh Outlook*, 8/11, Tachwedd 1921, 262.

50 *The Welsh Outlook*, 9/8, Awst 1922, 22.

51 Gwilym Peris, *Y Llwybr Unig* (Caernarfon: Swyddfa'r "Goleuad", 1933); D. Gwenallt Jones, *Plasau'r Brenin* (Aberystwyth: Gwasg Aberystwyth, 1934).

52 *Y Ford Gron*, 4/10, Awst 1934, 235.

53 Jones, *Plasau'r Brenin*, t. 134.

54 Jones, *Plasau'r Brenin*, t. 76.

55 Jones, *Plasau'r Brenin*, t. 77. 'Yr oedd yn barod i ymuno mewn gwrthryfel yn eu herbyn, ymosod arnynt a'u curo, rhwygo'r dorau, chwilfriwio'r ffenestri, gosod y carchar ar dân a dianc.'

56   Jones, *Plasau'r Brenin*, t. 125.

57   Peris, *Y Llwybr Unig*, t. 81.

58   Peris, *Y Llwybr Unig*, t. 72.

59   Peris, *Y Llwybr Unig*, t. 83.

60   Peris, *Y Llwybr Unig*, t. 83.

61   *Y Ford Gron*, 2/5, Mawrth 1932, 101–2 a 113.

62   *Y Ford Gron*, 2/5, 102.

63   *Y Ford Gron*, 2/5, 102.

64   *Y Ford Gron*, 2/5, 113.

65   Merfyn Turner, 'Bert', *Yr Efrydydd*, VIII, Ionawr 1943, 9.

66   *Y Ddraig Goch*, 12/1, Ionawr 1938, 9.

67   *Y Ddraig Goch*, Ionawr 1938, 9.

68   *Y Ddraig Goch*, Ionawr 1938, 12.

69   *Y Ddraig Goch*, 12/5, Mai 1938, 9.

70   *Y Ddraig Goch*, 13/2, Chwefror 1939, 9.

71   *Y Ddraig Goch*, Chwefror 1939, 9.

72   *Y Ddraig Goch*, Chwefror 1939, 9.

73   *Y Ddraig Goch*, Chwefror 1939, 10.

74   *Y Ddraig Goch*, Chwefror 1939, 10.

75   *Y Ddraig Goch*, Chwefror 1939. Ailgyhoeddwyd y gyfres gyfan yn y casgliad o'i waith dan olygyddiaeth John Emyr (gol.), *Lewis Valentine: Dyddiadur Milwr a Gweithiau Eraill* (Llandysul: Gwasg Gomer, 1988), tt. 111–67.

76   Merfyn Turner, *Norman House: The First Five Years* (London: The Grange Press, 1961) t. 28.

77   Turner, *Norman House*, t. 74.

78   Gweler R. D. Laing ac A. Esterson, *Sanity, Madness and the Family: Families of Schizophrenics* (London: Penguin Books, 1964) a *The Divided Self: A Study of Sanity and Madness* (London: Tavistock Publications, 1960) yn arbennig. Gweler hefyd waith arloesol Erving Goffman, *Asylums* (New York: Doubleday, 1961).

79   Amlygir dylanwad diwylliannol dirfodaeth yng Nghymru'r cyfnod wedi'r Ail Ryfel Byd yn fwyaf amlwg efallai yn nramâu Gwenlyn Parry fel *Saer Doliau* (Llandybïe: Llyfrau'r Dryw, 1966) ac fe ellir dadlau yn ysgrifau J. R. Jones ar grefydd, cymaint oedd dylanwad Paul Tillich, y diwinydd dirfodol Almaenig, ar ei syniadau yn y 1960au cynnar.

80   Merfyn Turner, *Safe Lodging: The Road to Norman House* (London: Hutchinson, 1961), t. 8.

81   Turner, *Safe Lodging*, t. 299.

82   Gweler gweithiau Abraham H. Maslow, *Toward a Psychology of Being* (Princeton: Princeton University Press, 1962), Viktor E. Frankl, *Man's Search for Meaning* (Boston: Beacon Press, 1959) a Gwilym O. Roberts, *Dryllio'r Holl Gadwynau* (Talybont: Y Lolfa, 1976).

83   Jeremy Sandford, *Down and Out in Britan* (London: Peter Owen, 1971), t. 61.

84 Bu Tony Parker fel Turner yn wrthwynebwr cydwybodol yn ystod yr Ail Ryfel Byd a gwnaeth ddefnydd arloesol o gyfweliadau tâp gydag amrywiaeth o bobl yr ymylon mewn cyfres o gyfrolau, fel *The Unknown Citizen* (London: Hutchinson, 1963), *Five Women* (London: Hutchinson, 1965), a *The Frying Pan: A Prison and its Prisoners* (London: Hutchinson, 1970), rhwng y 1950au a'r 1990au.

85 Parker, *The Unknown Citizen*, t. 146.

86 Parker, *The Unknown Citizen*, t. 146.

87 Merfyn Turner, *Trwy'r Drws ac Allan* (Gomer: Llandysul, 1987), tt. 146-7.

88 Turner, *Trwy'r Drws ac Allan*, t. 148.

89 Turner, *Trwy'r Drws ac Allan*, tt. 152-62.

90 Merfyn Turner, *O Ryfedd Ryw* (Llandysul: Gomer, 1970), t. 85.

91 Ian Paylor, *Housing Needs of Ex-Offenders* (Avebury, 1995), t. 40.

92 Gweler Dennie Briggs, Merfyn Turner a Stuart Whiteley, *Dealing with Deviants: The Treatment of Antisocial Behaviour* (London: Hogarth Press, 1972), t. 222 a Martin Davies, *Prisoners and Society: Attitudes and After-Care* (London: Routledge, 1974), t. 6.

93 Gweler gwefan The Wallich ar gyfer manylion prosiectau'r elusen gyda'r digartref yng Nghymru, *www.thewallich.com/services*, cyrchwyd 15 Hydref 2024.

94 Briggs et al, *Dealing with Deviants*, t. 14.

95 Gweler bywgraffiad gonest ac nid anfeirniadol Adrian Laing o'i dad, *R. D. Laing: A Biography* (London: Thunder's Mouth Press, 1994), tt. 101-18 ar gyfer hanes sefydlu a rhedeg Kingsley Hall. Gweler hefyd Andrew Rigby, *Communes in Britain* (London: Routledge & Kegan Paul, 1974).

96 Merfyn Turner, *Who Cares?* (London: BBC, 1970), tt. 20-1.

97 Turner, *Who Cares?*, t. 23.

98 Ward Jackson, 'Therapeutic Communities', *Anarchy*, 9, Tachwedd 1961, 270-7.

99 Jackson, 'Therapeutic Communities', 273.

100 Gweler erthyglau'r golygydd dylanwadol Colin Ward, a'r heddychwr Americanaidd enwog Dave Dellinger, un o'r 'Chicago Eight', yn achos llys mwyaf dadleuol y mudiad protest yn yr Unol Daleithiau yn y 1960au. *Anarchy*, 9, Tachwedd 1961, 261 a 283.

101 Jackson, 'Therapeutic Communities', 276.

102 Copi ym meddiant yr awdur o Merfyn Turner, *Forgotten Men* (London: National Council of Social Service, 1960) gyda neges bersonol Turner i Walter Raeburn QC, yn ei lawysgrifen ar glawr mewnol y gyfrol, dyddiwyd 16 Hydref 1960.

103 Turner, *O Ryfedd Ryw*, t. 110.

104 Turner, *Trwy'r Drws ac Allan*, t. 23.

105 Turner, *Trwy'r Drws ac Allan*, tt. 113-26.

106 Turner, *O Ryfedd Ryw*, t. 129.

107 Turner, *O Ryfedd Ryw*. Ceir cyfieithiad Dyfnallt Morgan o'r pamffled, sy'n amlinellu ei gynllun yn llawn, rhwng tt. 118–29.

108 Turner, *O Ryfedd Ryw*, t. 120.

109 Turner, *O Ryfedd Ryw*, t. 122.

110 Turner, *O Ryfedd Ryw*, t. 123.

111 Turner, *O Ryfedd Ryw*, tt. 125–7.

112 Turner, *Trwy'r Drws ac Allan*, t. 118.

113 Turner, *O Ryfedd Ryw*, t. 129.

114 Turner, *O Ryfedd Ryw*, t. 129.

115 Turner, *Trwy'r Drws ac Allan*, t. 78.

116 Turner, *Trwy'r Drws ac Allan*, t. 78.

117 Turner, *Trwy'r Drws ac Allan*, t. 83.

118 Turner, *Trwy'r Drws ac Allan*, t. 88.

119 Gweler Turner, *Trwy'r Drws ac Allan*, tt. 126–34.

120 O atgofion Emlyn Hooson yn Dyfnallt Morgan (gol.), *Cyfaill Carcharorion: Cofio Merfyn Lloyd Turner* (Gwasg Gee: Dinbych, 1992), t. 86.

121 Gweler cyfrol John Howard Griffin, *Thomas Merton: The Hermitage Years* (Tunbridge Wells: Burns & Oates, 1993), t. 14: 'On January 18, (1965), the British Dominican Father Illtud Evans arrived to preach the annual retreat.'

122 *The Times*, 2 Awst 1972.

123 Gweler yr ysgrif ar ei fywyd yng nghyfrol ar-lein Prifysgol Cymru y Drindod Dewi Sant, Ruth Gooding a Nicky Hammond (goln), *200 Bywgraffiad yn Dathlu Daucanmlwyddiant Llambed* (Llanbedr Pont Steffan: Prifysgol Cymru y Drindod Dewi Sant, 2022), *https:// repository.uwtsd.ac.uk/id/eprint/2678/1/200%20bywgraffiad%20 yn%20dathlu%20daucanmlwyddiant%20Llambed.pdf*, cyrchwyd 28 Ionawr 2025, tt. 139 40.

124 Illtud Evans, 'Crime as an Alibi', *Blackfriars*, XXVI/419, Chwefror 1955, 9.

125 Evans, 'Crime as an Alibi', 8.

126 Illtud Evans, 'The Morality of Nuclear War', *Blackfriars*, XXXVII/432, Mawrth 1956, 116–17.

127 J. Eryl Hall Williams, *Changing Prisons*, (London: Peter Owen, 1975), t. 71. Y gyfrol arall oedd *The English Penal System in Transition* (London: Butterworths, 1970).

128 Williams, *Changing Prisons*, t. 71.

129 Williams, *Changing Prisons*, tt. 9–10.

130 Williams, *Changing Prisons*, t. 61.

131 Williams, *Changing Prisons*, t. 53.

132 Williams, *Changing Prisons*, t. 128.

133 Williams, *Changing Prisons*, t. 135.

134 Williams, *Changing Prisons*, t. 196.

135 T. Llew Jones, *Gormod o Raff*, (Llandysul: Gwasg Gomer, 1970), t. 9.

136 Jones, *Gormod o Raff*, t. 10.
137 Jones, *Gormod o Raff*, t. 85.
138 Jones, *Gormod o Raff*, t. 93.
139 Jones, *Gormod o Raff*, t. 94.
140 Jones, *Gormod o Raff*, t. 95.
141 Jones, *Gormod o Raff*, t. 98.

4

Adeiladu'r Deyrnas: Heddychiaeth a'r Gymdeithas Amgen yng Nghymru

Cyflwyniad

Gwelwyd yn y bennod flaenorol sut yr uniaethodd amryw o ffigyrau Cymreig blaenllaw yn agos â charcharorion ar sail eu profiad personol o gael eu caethiwo, yn sgil eu credoau gwleidyddol neu grefyddol gan amlaf. Yn y bennod hon, edrychir yn fanylach ar un o'r prif gredoau hynny, sef heddychiaeth. Ceisir dangos i'r math o heddychiaeth Gymreig a fu'n ddylanwad arbennig o gryf rhwng y rhyfeloedd byd gynnig gweledigaeth iwtopaidd a gwmpasai sawl cwestiwn cymdeithasol canolog, yn ogystal â rhyfel a heddwch, gan gynnwys triniaeth troseddwyr. Wrth wneud hynny, edrychir yn arbennig ar waith dau ffigwr pwysig y mae eu syniadau ac ehangder eu gweledigaeth wedi eu hesgeuluso yn hanesyddiaeth yr ugeinfed ganrif yng Nghymru, sef Gwenan Jones a D. R. Thomas. Bu'r ddau yn ffigyrau blaenllaw yn natblygiad mudiadau pwysig iwtopaidd eu natur fel Urdd y Deyrnas ac Undeb Heddychwyr Cymru y mae'r bennod hon hefyd yn rhoi sylw iddynt. Amlyga'r mudiadau hyn a'u dilynwyr gryfder yr argyhoeddiad a'r delfryd cymdeithasol yng Nghymru hanner cyntaf yr ugeinfed ganrif y gellid adeiladu Teyrnas Nefoedd ar y ddaear.[1] Amlinellwyd yn eu cyhoeddiadau, ymhellach, ddarlun o gymdeithas amgen, ddi-drais, ac yn ail hanner y bennod trafodir rhai o'r grwpiau a mudiadau a adeiladodd ar y weledigaeth hon yng Nghymru wedi'r Ail Ryfel Byd.

Gwenan Jones ac Urdd y Deyrnas

Gwenan Jones (Llyfrgell Genedlaethol Cymru)

Chwaraeodd Dr Gwenan Jones (1889–1971) ran allweddol yn natblygiad heddychiaeth yng Nghymru rhwng y rhyfeloedd byd trwy ei gwaith fel ysgrifennydd a phrif ysgogydd Urdd y Deyrnas, a sefydlwyd ym 1922, a golygydd cylchgrawn cysylltiedig *Yr Efrydydd*. Fel y dengys Heini Gruffudd yn ei gyfrol *Achub Cymru*, bu'r cyfnod hwn yn un arbennig o fywiog a chynhyrchiol i heddychiaeth yng Nghymru, gydag ymddangosiad amryw o grwpiau cyffelyb fel Undeb Cynghrair y Cenedloedd ym 1918 a Chyngor Cenedlaethol Cymru o Undeb Cynghrair y Cenedloedd ym 1923.[2] Tyfodd Undeb Cynghrair y Cenedloedd yn arbennig o gyflym ac erbyn diwedd 1923 roedd ganddi bedwar cant o ganghennau yng Nghymru a dros ugain mil o aelodau.[3] Fel y mae ymchwil rhagorol gwirfoddolwyr, yn bennaf, wedi dangos yn y blynyddoedd diweddaraf, llofnododd dros 390,000 o fenywod Cymreig ddeiseb y gynghrair yn erbyn rhyfel yr aeth aelodau blaenllaw fel Elined Prys a Mary Ellis ag ef yr holl ffordd i Washington.[4]

Mynegwyd optimistiaeth ac egni y mudiadau newydd hyn yn ysgrif E. T. John, 'Cyfle Cymru Heddiw', a gyhoeddwyd ym mlwyddyn sefydlu Urdd y Deyrnas. Dechreua trwy ddyfynnu o araith y nofelydd ac awdur Pabyddol poblogaidd, G. K. Chesterton, i fyfyrwyr Caerdydd ddegawd ynghynt yn rhagweld y byddai Cymru yn chwarae rhan bwysig yn natblygiad 'our peculiar time'.[5] Roedd profiadau'r blynyddoedd ers araith Chesterton wedi profi, yn nhyb John, yn gyntaf yr angen i bob cenedl gael yr hawl i hunan-reolaeth, ac yn ail 'y rheidrwydd anorfod i roddi terfyn bythol ar ryfela'.[6] Dibynnai llwyddiant y cyntaf yn gyfan gwbl ar sicrhau'r ail. 'Gwelir felly fod cenedlaetholdeb a chydwladoldeb yn cydsefyll,' meddai, 'yn anhebgorol y naill i'r llall, ac nid yn wrthwynebol, fel y tybir yn aml.'[7] Credai bod datblygiadau gwleidyddol diweddar yn Iwerddon wedi tanlinellu'r angen am Senedd Gymreig fel cam tuag at sefydlu 'Gwladwriaeth Rydd Cymru' a fyddai'n cymryd ei lle teilwng yng Nghynghrair y Cenedloedd gyda chenhedloedd bychain eraill fel Denmarc. Cynigai'r Gynghrair newydd hon 'i fân genhedloedd y byd fantais, nid aneffeithiol, i hyrwyddo dyfodiad a sefydliad ar seiliau sicr heddwch cydwladol parhaol'.[8]

Ffurfiwyd Urdd y Deyrnas yn bennaf i adeiladu ar waith Mudiad Cristnogol y Myfyrwyr – grŵp arall y bu Gwenan Jones yn rhan bwysig o'i hyrwyddo fel darlithydd mewn addysg yng Ngholeg Prifysgol Cymru, Aberystwyth o 1920 ymlaen – a'i ymestyn i bobl ifanc tu hwnt i'r colegau.[9] Daeth cant o bobl ifanc o wahanol rannau o Gymru at ei gilydd yng Nghaerllion ym mis Ebrill 1922 ar gyfer cynhadledd gyntaf yr Urdd. Pwysleisiwyd yn adroddiad Miall Edwards ar y gynhadledd nad cylch cul o 'etholedigion' dethol fyddai aelodau'r mudiad, ond yn hytrach: 'Dylai fod yn *Frawdoliaeth* syml, iach, naturiol, diffuant, llawn "mwyneidd-dra doethineb" tuag at fyd ac eglwys, er yn dyheu'n ddwys am fyd gwell ac eglwys deilyngach.'[10] Cyfeiria hefyd at 'ysbryd ieuanc, eiddgar, ac ymchwilgar' y mudiad a pharodrwydd ei aelodau 'i wneuthur arbrofion' a theimlo eu ffordd tuag at ddulliau addas i ledaenu Teyrnas Duw ar y ddaear.[11] Yn erthygl un o'r aelodau ifanc hyn, sef Morfudd Huws o Benarth, i'r *Efrydydd* dywedir bod y mudiad newydd 'yn un gobeithiol iawn' oherwydd ei natur anenwadol, eang a fyddai'n agor y drws i dorri lawr rhaniadau dosbarth rhwng myfyrwyr a gweithwyr o wahanol alwedigaethau.[12] Lluniwyd cyfansoddiad ar gyfer yr Urdd yn ystod y gynhadledd gyntaf yn ogystal sy'n nodi mai un o'i brif amcanion fyddai i gydweithio gyda phob mudiad neu gymdeithas gyffelyb 'sy'n gweithio o blaid byd gwell'.[13]

Disgrifiodd Pennar Davies Urdd y Deyrnas yn ddiweddarach fel 'cymrodoriaeth Gymraeg a geisiai barhau ymhlith pobl mewn oed y math o gydaddoli a chyd-drafod Cristnogol a oedd yn digwydd ym mudiad y myfyrwyr.'[14] Gyda Chymry blaenllaw fel Herbert Morgan (1875–1946) – cyd-ddarlithydd i Jones yn Aberystwyth ac awdur dwy gyfrol ar broblemau cymdeithasol a'r eglwysi – ymhlith ei arweinwyr eraill, her y mudiad i'w aelodau oedd creu Cymru newydd o ddinistr y Rhyfel Mawr. Gellir ystyried ei sefydlu fel rhan o'r ymchwydd heddychol cyffredinol a ddilynodd y rhyfel, tuedd a amlygwyd ymysg sawl haenen gymdeithasol yng Nghymru gan gynnwys y dosbarth gweithiol, fel y dengys D. Ben Rees yn ei arolwg o'r cyfnod.[15] Yn ogystal â chefnogi cylchgrawn *Yr Efrydydd* fel llwyfan i drafod ystod eang o gwestiynau cymdeithasol a gwleidyddol, bu'r Urdd yn hyrwyddo ymchwil i effaith y dirwasgiad economaidd yn ne Cymru hefyd.[16] Cyhoeddodd gyfres o bamffledi ar bynciau cymdeithasol a gwleidyddol cyfoes dan y teitl 'Traethodau'r Deyrnas' ym 1924 hefyd, sydd yn aml â blas iwtopaidd iddynt, fel y gwelwn.[17] A threfnwyd cynhadledd heddwch lwyddiannus tu hwnt yng Nghaerllion dan ei nawdd ym 1933 ymhlith sawl digwyddiad tebyg. Brawdoliaeth ddelfrydgar o unigolion ydoedd, yn ôl ei ddiffiniad swyddogol ei hun, 'a'u bryd ar ddirnad y ffydd Gristionogol, ar ddarganfod y ffordd Gristionogol, ac ar ymroddi o ddifrif i fyw y bywyd Cristionogol.'[18] Eir ymlaen yn yr un datganiad i danlinellu cred aelodau'r mudiad y gellid cyfannu'r bywyd personol a chymdeithasol trwy geisio cyrraedd y ddelfryd o sefydlu Teyrnas Duw ym mhob agwedd o fywyd, nid ym materion rhyngwladol yn unig:

> Credant mai bwriad Duw yw sefydlu ei Deyrnas yn y byd a'r bywyd hwn, ac y geilw ar bawb a dderbyn arglwyddiaeth Crist i orseddu cyfiawnder a chariad ym mhob cylch ar fywyd – yn y cartref a'r siop, yr ysgol a'r llys, y llan a'r capel, y ffair a'r farchnad, y pwll glo a'r gwaith tun.[19]

Trwy nerth yr argyhoeddiad hwn a sgiliau Gwenan Jones fel trefnydd ac ysgogydd, bu'r Urdd yn 'rym ym mywyd y genedl' yn ystod ei chyfnod wrth y llyw, yn ôl un o'r amryw deyrngedau iddi a gyhoeddwyd yn y wasg Gymraeg.[20]

Sefydlwyd cylchgrawn *Yr Efrydydd* yn rhannol i gefnogi gweithgaredd Urdd y Deyrnas a Mudiad Cristnogol y Myfyrwyr ill dau, a chyhoeddwyd amryw o ysgrifau Gwenan Jones ei hunan o'i fewn sy'n amlygu pa mor iwtopaidd ac eang oedd ei gweledigaeth. Bu ei syniadau yn ddylanwad pwysig ar ddatblygiad meddwl gwleidyddol iwtopaidd ei natur Gwynfor

Evans, a ddaeth i'w hadnabod fel myfyriwr ifanc yn Aberystwyth yn y 1930au. Fe'i argyhoeddwyd o'r gobaith am fyd newydd yn y cyfnod hwn yn arbennig. Aeth ei gofiannydd pwysicaf mor bell â honni iddo ddibynnu'n drwm fel gwleidydd ar 'iwtopiaeth grefyddol' Urdd y Deyrnas.[21] Fel cadeirydd ac yn ddiweddarach ysgrifennydd y mudiad am dros ddeng mlynedd ar hugain, bu Gwenan Jones yn bennaf gyfrifol am yr amryw gynadleddau a chyhoeddiadau a drefnwyd dan ei nawdd. Credai Pennar Davies i'w phersonoliaeth roi ei stamp delfrydgar neilltuol ar waith yr Urdd.[22] Fe'i disgrifir fel un o'i brif symbylwyr ym mhortread cynnes T. J. Davies – a fu'n un o'i myfyrwyr yn Aberystwyth yn y 1950au – ohoni, lle dywed 'byddai rhai yn barod i ddadlau mai hi oedd y mudiad hwnnw.'[23] Dylanwadodd yn sgil hynny ar sawl cenhedlaeth o fyfyrwyr yn eu tro, a haera Davies ymhellach y byddai'n rhaid i haneswyr y cyfnod rhwng y rhyfeloedd byd 'rhoi sylw arbennig i Urdd y Deyrnas ac i'r *Efrydydd* a bid siŵr i gyfraniad Dr Gwenan.'[24]

Rhydd adroddiadau'r *Efrydydd* ar gynadleddau blynyddol y mudiad – lle daeth ystod eang o siaradwyr a chefnogwyr blaenllaw fel George M. Ll. Davies, Thomas Rees a John Puleston Jones i annerch yr aelodau ifanc – argraff glir o ba mor ddelfrydgar ac optimistaidd oedd ei natur yn y cyfnod hwn. Yn ei hadroddiad ar gynhadledd 1926, er enghraifft, sonia Margaret Thomas o'r Alltwen am ymgais yr aelodau i 'chyd-geisio ffordd allan o anawsterau bywyd a chymdeithas'.[25] Amcan trefnwyr cynhadledd yr Urdd yn Aberystwyth y flwyddyn ganlynol yn ôl adroddiad Gwenan Jones ei hun i'r un cylchgrawn oedd 'i wneuthur Cymru'n well.'[26] Trefnwyd sesiynau ar bynciau cymdeithasol amrywiol fel 'Cyfiawnder Cymdeithasol', 'Adeiladu'r Genedl', 'Addysg i Bawb, ynghyda pherthynas addysg a dinasyddiaeth oleuedig' a 'Neges Llafur a chyfrinach ei dylanwad a'i grym' yn sgil hynny.[27] Clodforwyd Jones ac ysgrifennydd yr Urdd, Owen Griffith, am eu menter gan y golygydd, Miall Edwards, yn y rhifyn nesaf a gyfeiriodd at yr angen taer y byddai'r gynhadledd yn cydnabod 'wrth athroniaeth a delfryd cenedlaethol a fyddo'n cyfarfod â gofynion ac amodau bywyd heddiw.'[28] Fe'i holynodd fel y golygydd ym 1935, a thrwy hynny cafodd gyfle rheolaidd i ymhelaethu ar ei syniadau a'i delfrydau cenedlaethol a chymdeithasol.

Un o'i chyfraniadau mwyaf arwyddocaol oedd ei hymateb i'r gyfrol *Sylfeini'r Ffydd* a gyhoeddodd Mudiad Cristnogol y Myfyrwyr dan olygyddiaeth J. E. Daniel ym 1942. Sylwodd yn arbennig ar y newid pwyslais diwinyddol rhwng cyhoeddiadau'r mudiad yn sgil y Rhyfel Byd Cyntaf a'r gyfrol hon. Yn hytrach na'r pwyslais ar y 'dasg gymdeithasol' sy'n nodweddu'r rhain, dychwelwyd yn y 1940au cynnar dan ddylanwad Karl Barth yn arbennig 'at y Beibl ac at athrawiaeth'.[29] Arwyddai'r newid hwn wahaniaeth rhwng dwy genhedlaeth hefyd o ran eu byd-olwg. 'Gwelem deyrnas nefoedd ar y ddaear yn ymyl,' meddai am ei chenhedlaeth hi, 'ac aethom at y gwaith o'i dwyn yn nes yn gyflymach'. Ond yn sgil dyfodiad ffasgaeth gwelai awduron *Sylfeini'r Ffydd* uffern ar y ddaear yn unig. Mae'n cydnabod na all yr unigolyn achub ei hunan drwy ei alluoedd yn unig, 'ac ohoni ei hunan ni ddatblygai ei gymdeithas i'r ewtopia a ddymunai ef yn ei galon.' Ond ar y llaw arall credai na ddylid colli golwg ar ei ddelfrydau a'i ddyheadau am fyd gwell. Roedd hynny'n bwysicach nag erioed, ymhellach, yn sgil pwyslais cynyddol y gymdeithas dechnolegol, wyddonol, gyfalafol ar gynnydd materol yn unig, ac ar '(f)wy a mwy o gyflymdra, mwy a mwy o allu a rheolaeth oddi fry.' Peryglai'r tueddiadau hynny genedl fach fel Cymru yn ogystal â'r unigolyn, gan fygwth troi ei chymdeithas yn 'nyth o forgrug marwol'. Ond gwelai obaith am adfywiad er gwaethaf y bygythiadau enbyd diweddar o gyfeiriad arbennig, sef y dychymyg cymdeithasol:

> Nid datblygiad dall na pheirianwyr dideimlad – na saint dihidio ychwaith – a wna'r gymdeithas dda. Creadigaeth ydyw; gwaith y beirdd, y seiri, y gwneuthurwyr. Y mae yn y dychymyg yn gyntaf – yna yn ffaith. Y mae pob adfywiad yn beth newydd, yn wir greadigaeth. Rhaid cael y gweledydd i'w ddangos a'i greu.[30]

Fel ei chyd-heddychwr, George M. Ll. Davies, gwelai arwyddion bod proffwydi o'r fath yn ymddangos mewn grwpiau bychain, neu 'heidiau yr Ysbryd', o feddylwyr, artistiaid a chrefftwyr a allai wireddu'r freuddwyd hon. Galwodd ar awduron *Sylfeini'r Ffydd* o ganlyniad i wneud lle o'r newydd i'r freuddwyd yng ngwaith Mudiad Cristnogol y Myfyrwyr ac i beidio troi eu cefnau ar y byd a'i broblemau cymdeithasol.[31]

Bron ugain mlynedd ynghynt, yng nghanol y 1920au, roedd y galw am Gymru newydd a Chymru well yn ei hanterth fel y dengys erthygl arall o'i heiddo ar Fudiad Cristnogol y Myfyrwyr. Amlinellodd ei darlun o'r gydwybod gymdeithasol gywir yn yr erthygl hon a fyddai'n arwain unigolion i weithio 'am gyfiawnder a phrydferthwch, nid yn unig iddynt hwy a'u tylwyth, ond i'r dref a'r ardal y maent yn byw ynddi.'[32] Yr angen mwyaf oedd am 'arweinwyr i adeiladu'r Gymru newydd' o blith y to iau yn arbennig, a dylid edrych i'r colegau i'w canfod. Haera i Fudiad Cristnogol y Myfyrwyr arwain y gwaith trwy gynnig cyngor a chyfle iddynt drafod problemau cymdeithasol a chyd-genedlaethol, yn ogystal â rhai ysbrydol. Cyhoeddodd Hughes a'i Fab gyfres o draethodau ar faterion cymdeithasol ar ran Urdd y Deyrnas yn yr un flwyddyn, gan gynnwys ysgrif Gwenan Jones ei hun ar addysg yng Nghymru.[33] Pwrpas gweithgaredd o'r fath oedd tanio brwdfrydedd y myfyrwyr i newid cymdeithas a Chymru er gwell. Diwedda'r ysgrif trwy ofyn i'r cyhoedd gefnogi a noddi gwaith y Mudiad a'r Urdd 'i godi arweinwyr i adeiladu Cymru ac i godi rhagfuriau y gymdeithas a'r bywyd Cristnogol drwy'r byd.'[34]

Cyfunodd Gwenan Jones ei delfrydiaeth gyda'i harbenigedd fel darlithydd mewn toreth o ysgrifau a phamffledi ar sut i wella'r gyfundrefn addysg yng Nghymru a meithrin arweinwyr cenedlaethol o'r fath o oedran ifanc. Y flwyddyn cyn iddi gymryd yr awennau fel golygydd y cylchgrawn ym 1935, er enghraifft, cyfrannodd erthygl i'r *Efrydydd* ar 'Yr Ysgolion a'r Oes Newydd'. Bu'n gefnogol yn gyffredinol, fel amryw o Gymry blaenllaw eraill rhwng y rhyfeloedd byd, o syniadau'r 'Addysg Newydd' oedd wedi magu nerth ers y Rhyfel Byd Cyntaf wrth i faes seicoleg plant ddatblygu a syniadau arloeswyr fel Maria Montessori, Rudolf Steiner ac A. S. Neill ymledu'n rhyngwladol.[35] Rhoi mwy o ryddid i blant a llai o bwyslais ar ddisgyblaeth a rheolau oedd un o gonglfeini'r Addysg Newydd, ac yn ei herthygl i'r *Efrydydd* dadleuodd dros gadw dosbarthiadau yn ddigon bach i allu rhoi sylw unigol i bob plentyn ac i hwyluso'i annibyniaeth ysbryd. 'Tra bydd dosbarthiadau dros 30 mewn rhif ni ellir ond cael rheol y *sergeant-major* ac apêl teimladol yr arweinydd cyfareddol,' meddai, 'a phob un yn groes i ddatblygu rhyddid a deall.'[36] Credai hefyd bod gormod o bwyslais ar arholi a chystadleuaeth yn ysgolion Cymru a bod hynny'n arwain at unffurfiaeth ormodol: 'Ar hyn o bryd efallai mai'r arholiadau yw achos pennaf troi'r ysgolion yn argraffdai *postage stamps*'.[37]

Cefnogodd Jones genadwri'r Addysg Newydd yn fwyaf clir a diamwys yn ei chyfraniad i gyfres Urdd y Deyrnas o draethodau ar faterion cymdeithasol mor gynnar â 1924. Cyfeiria at waith a syniadau arloeswyr y mudiad yn yr ugeinfed ganrif, fel Montessori, John Dewey a Homer Lane, yn ei hysgrif, a chefnogodd eu menter a'u pwyslais cadarn ar ryddid y plentyn, gan argymell y dylid mabwysiadu eu technegau yn ysgolion Cymru:

> cais yr ysgolion newydd ennyn sêl dros gyfiawnder cymdeithasol yn eu hysgolheigion; mwy, hwyrach, na hynny, ceisiant fagu y math ar ddineswyr na foddlona ar bethau rywsut rywfodd, ond a feddwl ac a rag-drefna gyda barn glir a dychymyg treiddgar ... Gellir cael ysgolion fel y rhain yng Nghymru; yn wir, rhaid eu cael os yw ein gwlad a'n cenedl i lwyddo ac i dyfu.[38]

Agwedd arall hollbwysig o'r ysgolion newydd oedd eu pwyslais ar chwarae a gadael i'r plentyn ddatblygu ei ddychymyg a'i ddoniau trwy chwarae'n naturiol. Cyfeiriodd Jones at y pwyslais hwn yn yr un ysgrif trwy nodi mai dim ond addysg 'yn ôl natur' a allai gyrraedd y nod o greu unigolion annibynnol eu hysbryd a oedd yn rhydd o ofnau gwahanol:

Ymhellach, drwy ymarfer cyhyrau y corff y datblygir y meddwl, ac nid all yr ysgol ar chwarae bach anwybyddu'r hyn a ennilla'r plentyn pan fydd yn "chwilota", yn trin defnyddiau ac arfau, yn chwarae y naill ai yn ddiamcan ai yn ôl rheol. Drwy deimlo a thrafod y byd sylweddol o'i gwmpas yr ennilla plentyn brofiad a deall. Nid newid gwaith a rhoddi awr o seibiant a mwyniant i'r plentyn yw garddio a gwaith coed, felly, ond rhan bwysicaf addysg y meddwl a'r ysbryd.[39]

Athroniaeth wrth-awdurdodol oedd hon yn ei hanfod gan iddi argymell fod plant yn rheoli eu hunain i raddau helaeth yn yr ysgol. 'Rheolir, nid drwy awdurdod yr athraw', meddai, 'ond drwy farn a chyngor cymdeithas, ac yn y pen draw drwy ddisgyblaeth fewnol y person ei hun.' Roedd meithrin ymddiriedaeth yn ein hunain o'r dyddiau cynharaf, ymhellach, yn rhan o fagu hyder yn ein hunain fel cenedl i Gwenan Jones. Cyplysai ei phwyslais ar ryddid a datblygu annibyniaeth y plentyn yn yr ysgol yn gyson, o ganlyniad, gyda'i chenedlaetholdeb. Hi oedd un o aelodau cynharaf a mwyaf blaengar y Blaid Genedlaethol, a sefydlwyd y flwyddyn wedi i'r ysgrif hon gael ei chyhoeddi; aeth ymlaen i sefyll fel ymgeisydd seneddol dros etholaeth Prifysgol Cymru ym 1945, y ddynes gyntaf i wneud hynny yn enw'r Blaid.

Erbyn cyhoeddi ei chyfrol fer ar *Ysgolion y Cymry* ychydig flynyddoedd ynghynt ym 1942, roedd wedi datblygu a dyfnhau'r cyfuniad delfrydgar nodweddiadol o genedlaetholdeb ac agweddau o'r Addysg Newydd sy'n nodweddu ei gwaith. Seiliwyd y gyfrol hon ar gyfres o ysgrifau a gyfrannodd i'r *Faner* yr haf blaenorol a'u bwriad oedd 'i ddodi egwyddorion cydnabyddedig addysg wir yn y ffrâm Gymreig, ac yn arbennig eu dwyn i berthynas â'r broblem a osodir arnom ni Gymry gan ein hiaith a'n hanes.'[40] Parhaodd i ddadlau yn erbyn gor-arholi ar draul cyfleoedd i chwarae a datblygu'r dychymyg yn yr ysgrifau hyn, gan gyplysu ei gwrthwynebiad i'r gyfundrefn or-academaidd a chystadleuol gyda gwrthwynebiad ehangach i'r gyfundrefn gyfalafol:

Gwyddoch fel y mae: yr amryw destunau, chwip yr arholiadau yn gyrru'r disgyblion ddydd a nos, a'r athrawon hefyd. Nid oes amser i feddwl nac i chwarae. Disgwylir i bob plentyn "basio" ym mhopeth – trais ofnadwy ynddo'i hun ar ddoniau cynhenid a diddordeb ewyllys rhydd. A gweir y cyfan i ffitio'r person i mewn fel cocsen ym mheiriant y byd masnachol.[41]

Prif amcan y gyfundrefn addysg oedd 'paratoi caethion i'r farchnad' yn ei thyb hi, a dadleuodd 'mai'r ffordd i wella ein haddysg yw newid ein hathrawiaeth amdani'. Rhan hanfodol o'r newid hwn fyddai cydnabod pwysigrwydd diwylliant yn yr ysgolion 'er ei fwyn ei hun, drwy lenyddiaeth a chelfyddyd', yn hytrach na chanolbwyntio mor haearnaidd ar baratoi disgyblion ar gyfer byd gwaith, fel y gwnaed o dan y gyfundrefn gyfredol. Ymhellach, gallai addysg o dan feddylfryd a phwyslais newydd chwarae rhan bwysig yn y broses o 'berffeithio'r' unigolyn a chreu cymdeithas well. 'Mewn gair,' meddai, 'y mae'n rhan o hyfforddiant yr ysgolion i berffeithio'r disgyblion yn eu deall cymdeithasol a'u cyfrifoldeb at eu cymdogion.'[42] Gwelai fod 'Cymreigio'r' ysgolion yn drylwyr yn hanfodol er mwyn cyrraedd y nod hwn, a chredai fod addysg dda yn dibynnu 'ar wybod hanes a llenyddiaeth Cymru, arfer yr iaith Gymraeg gyda chywirdeb a pharch, ymroddi i fyw yn Gymreig'.[43] Bu ei hysgrifau a'i gyrfa gyhoeddus fel hyrwyddwr ac ymgyrchydd yn brawf huawdl i'w hymroddiad arloesol i'r bywyd cenedlaethol hwnnw.

Gresynodd un arall o aelodau mwyaf blaenllaw Urdd y Deyrnas, Herbert Morgan, bod gobeithion a delfrydau uchelgeisiol y cyfnod wedi'r Rhyfel Byd Cyntaf yn bell o'r golwg ar ddiwedd yr Ail ym 1945. Yn ei erthygl ar 'Wynebu'r Oes Newydd' haerodd nad oedd cenhedlaeth 1945 yn agos i'r un mor obeithiol â chenhedlaeth 1919 yn sgil y dadrithiad mawr a brofwyd yn y cyfamser.

Y mae'r duedd i wan-obeitho yn dod i'r golwg yn y parodrwydd a ganfyddir mewn siaradwyr ac ysgrifenwyr i watwar delfrydiaeth trwy wfftio ei chynnyrch fel Utopia neu "brint glas". Gwyn ei fyd y cymedrol ei ddisgwyliadau canys ni fydd ei siomiant yn fawr yw dihareb yr angenrheidiol.[44]

Cyfrannodd Morgan bamffled ar Ddiwydiant yng Nghymru i gyfres 'Traethodau'r Deyrnas' yr Urdd ugain mlynedd ynghynt. 'Gwell argyhoeddi na gorthrechu,' meddai, 'ac argyhoeddi a fydd raid cyn y ceir cydfod a heddwch. Ffordd y cymod yw ffordd y Deyrnas. Ni cheir cymod ond trwy rym y delfrydau uwch a'r cymhellion gwell.'[45]

Ceir ymdriniaeth fer â syniadau iwtopaidd a'u gwerth yng nghyfraniad y Prifathro Thomas Rees i'r un gyfres, 'Gwleidyddiaeth yng Nghymru'. Cyfeiria at fethiant Platon i weithredu ei gynllun ar gyfer y 'Weriniaeth' ddelfrydol yn ymarferol yn ninas Syracusa, fel yn sawl achos wedi hynny: 'Cyffelyb a fu llawer ymgais arall i osod Utopia i lawr ar y ddaear. Un o anawsterau mawr delfrydwyr y byd o hyd ydyw'r siom a ddilyn bob cynnig i droi eu delfrydau'n ffeithiau'.[46] Credai serch hynny na ddylid ymwrthod â'r fath gynlluniau. Dywed nad oedd yr amryw gynadleddau ar faterion cenedlaethol a gynhaliwyd yn y blynyddoedd diweddaraf yn Amwythig a Llandrindod wedi dwyn ffrwyth yn ymarferol eto. 'Ond ni fuont yn fethiant hollol chwaith,' meddai, 'oblegid cadwasant yn fyw ryw ddyheadau a'n gyrr i dreio eto.'[47] Â ymlaen i ddadlau dros ymreolaeth i Gymru fel llwybr angenrheidiol er mwyn gweithredu cynlluniau cenedlaethol i wella cymdeithas, ac amlinella beth ddylai'r pwysicaf o'r rhain fod. Rhydd bwyslais yn arbennig ar y modd y gallasai ymreolaeth ganiatáu Cymru ymuno â Chynghrair y Cenhedloedd a chynnig ei llais cryf dros heddwch ar lwyfan rhyngwladol yn sgil hynny: 'Nid difudd yno a fyddai tystiolaeth cenedl wedi meddiannu ei henaid a datblygu ei diwylliant "heb gleddyf na grym arfau"'.[48] Dylid cofio i Thomas Rees chwarae rhan arwrol ac allweddol i gynnal llais heddwch yng Nghymru yn ystod y Rhyfel Byd Cyntaf trwy olygu a hyrwyddo cylchgrawn heddychol *Y Deyrnas* pan oedd yn Brifathro Coleg Bala-Bangor.[49] Bu Alwyn Lloyd, David Thomas a Dorothy Roberts ymhlith yr awduron eraill a gyfrannodd i'r gyfres bwysig hon o draethodau sy'n rhoi arolwg clir o'r math o ysbryd cenedlaethol delfrydgar a fagwyd yng Nghymru wedi'r Rhyfel Byd Cyntaf. Aeth amryw o aelodau'r Urdd ymlaen i chwarae rhan amlwg yng ngwaith mudiad cyffelyb y trown ein sylw ato nesaf, sef Undeb Heddychwyr Cymru.

D. R. Thomas

Ynysoedd gobaith oedd un o brif themâu 'Seiat Heddychwyr Cymru' a gynhaliwyd ym Mangor yng ngwanwyn 1945, yn ôl adroddiad D. R. Thomas i'r *Efrydydd*. Dywed mai hon oedd yr ysgol haf gyntaf i Undeb Heddychwyr Cymru ei chynnal yn ystod amser rhyfel. Cynnig gobaith mewn cyfnod tywyll trwy adrodd straeon am arbrofion heddychol diweddar o wahanol fath oedd un o amcanion y gynhadledd: 'Treuliwyd diwrnod hapus iawn yn clywed am "ynysoedd gobaith" yng nghanol anialwch cymdeithas heddiw'.[50] Roedd yr ysgol haf yn ei chyfanrwydd wedi rhoi cipolwg o ddyfodol posibl i Gymru wedi'r rhyfel: 'Cawsom gipdrem ar y Gymru a all fod, – y Gymru a fydd, y Gymru sy'n un â'i gorffennol.' Cynigai'r math o gymunedau bychain a drafodwyd yn ei sesiynau lwybr amgen a fyddai'n apelio i gyhoedd a oedd wedi diflasu â grymoedd dieflig y gwladwriaethau mawr yn nhyb D. R. Thomas. 'Blina'r bobloedd ar y sistemau mawr;' meddai, 'rhaid gweithio allan ein hiachawdwriaeth mewn seiadau bychain nes lledaenu'r Neges drwy genedl gyfan, ac o'r genedl i'r byd.'[51] Wrth i'r byd fynd i gyfeiriad cynyddol dotalitaraidd ac amhersonol yn ystod y rhyfel, roedd yr angen am 'seiadau bychain' o'r fath yn fwy amlwg nag erioed er mwyn creu gwareiddiad newydd.

Rhydd enghreifftiau o'r gwaith ar gychwyn yng Nghymru eisoes, megis fferm lle ysbrydolwyd ei pherchennog i roi gwaith a bywoliaeth i ddeg o ddynion di-waith ac ar yr un pryd 'i werthu cynnyrch ei fferm i'r anghenus am lai na phris y farchnad'.[52] Daeth ceiswyr lloches Iddewig a charcharorion rhyfel o'r Eidal i gymryd eu lle wrth i'r rhyfel fynd yn ei flaen. Sonia hefyd am ysgol yng Nghymru 'lle y ceisir ymarfer "y ffordd well": rhoddi rhyddid i'r plentyn a phob cyfle iddo ddatblygu yn ôl yr hyn sydd ynddo heb geisio gwthio unrhyw syniadau arno na'i gosbi am fethu â chydsynio â syniadau oer oedolion.' Ac yn olaf, cyfeiria at "Pacifist Service Unit" yng Nghaerdydd a sefydlwyd mewn tŷ 'yng nghanol trefedigaeth o Foslemiaid'.[53] Aeth Thomas ymlaen i wneud cyfraniad hollbwysig i'n dealltwriaeth o'r traddodiad iwtopaidd a heddychol Cymreig a rhyngwladol a'r cysylltiadau agos rhwng y ddau wedi'r rhyfel trwy ei erthyglau, cyfrolau a phamffledi mynych. Ysgrifennodd bamffled ar syniadau Robert Owen fel addysgwr yn y 1960au, er enghraifft, a chyfrol fer ond hynod graff ar athroniaeth y sosialydd iwtopaidd o'r Almaen, Erich Fromm, yn yr 1980au.[54] Beth oedd rhai o nodweddion y weledigaeth a amlinellodd Thomas yn ei gyhoeddiadau felly?

Ganed Daniel Rowland Thomas (1912–2004) yn Llwynygroes, Llangeitho, Ceredigion, ardal y cawr Methodistaidd â'i henwid ef ar ei ôl. Symudodd ei deulu i Aberdâr yn fuan wedi hynny ac yno yr aeth i'r ysgol cyn mynd ymlaen i astudio Hebraeg ac Athroniaeth ym Mhrifysgolion Caerdydd, Caergrawnt a Tübingen. Bu'n weinidog Methodistaidd maes o law, gyntaf yn Aberdâr o 1939 i 1945, ac wedyn ym Merthyr Tudful rhwng 1945 a 1963.[55] Symudodd i fyd addysg y flwyddyn honno pan y'i penodwyd yn ddarlithydd yn Adran Addysg coleg Prifysgol Cymru yn Aberystwyth, lle bu'n gweithio nes iddo ymddeol ym 1978. Bu'n llywydd Cymdeithas y Cymod yn ystod y 1960au ac yn ffigwr blaenllaw o fewn y mudiad am ddegawdau. Cyn hynny, a chyn i fudiad a dderbyniodd gefnogaeth Gymreig amlwg o'r cychwyn sef CND ('Campaign for Nuclear Disarmament') gael ei sefydlu, trefnodd ymgyrch yn erbyn arfau niwclear ym Merthyr ym 1950. Aeth yr ymgyrch ymlaen am bythefnos gyfan gan orffen gyda rali a fynychodd pum mil o bobl i glywed enwogion fel S. O. Davies, yr aelod seneddol a sosialydd tanbaid, yn rhybuddio yn erbyn peryglon rhyfel niwclear.[56] Bu sosialaeth ardal ei fagwraeth yn y Rhondda yn ddylanwad trwm ar D. R. Thomas, a chyfunodd ei chenadwri â neges Gristnogol, optimistaidd, ddelfrydgar yn ei bamffledi, ysgrifau ac erthyglau i ystod eang o gyhoeddiadau fel *Y Traethodydd* ac *Efrydiau Athronyddol*.

Un o'r mwyaf diddorol o'r rhain yw ei bamffled ar ran Cymdeithas y Cymod, *Y Plentyn yn y Canol*, a gyhoeddwyd ym 1955. Amlyga'r pamffled hwn sut y bu grwpiau heddwch Cymreig yn ymwneud ag amrywiaeth o gwestiynau cymdeithasol tu hwnt i ryfel yn unig fel rhan o ymgais i greu cymdeithas a ffordd o fyw sy'n ddi-drais yn ei holl agweddau. Dengys hefyd pa mor gyffredinol y derbyniwyd dysgeidiaeth a gwersi seicoleg y plentyn yng Nghymru erbyn y cyfnod wedi'r Ail Ryfel Byd: 'Yn ein hoes ni yr ydym yn fwy ymwybodol o dreiddgarwch dylanwadau blynyddoedd cynnar bywyd. Gwyddom fod prif dueddiadau personoliaeth yn cael eu sefydlu yn y blynyddoedd hynny.'[57] Tanlinella bwysigrwydd magu plant mewn awyrgylch o dynerwch a chariad gan fod hynny'n fodd o sicrhau 'bydd ei bersonoliaeth ef wedi cael gwell cyfle i ddatblygu yn llawn a naturiol, heb *frustration* a gwrthryfel'.[58] Adlewyrchir syniadau Freudaidd ymhellach yn ei rybudd ynglŷn â pheryglon yr 'ataliadau' a fegir ar y llaw arall mewn awyrgylch ansicr a chwerylgar i ddatblygiad seicolegol y plentyn. Roedd parchu'r plentyn a'i roi yn y canol yn amlwg yn rhan o ddatblygu cymdeithas ddi-drais lle perchir hawliau pob unigolyn o'i ddyddiau cynharaf i D. R. Thomas, fel heddychwr o argyhoeddiad.

Ymhelaethodd ar syniadau'r meddylwyr iwtopaidd a oedd wedi rhoi'r plentyn yn y canol yn hanner gyntaf yr ugeinfed ganrif yn ei gyfrol ar *Athronwyr ac Addysg* ym 1969. Ceir pennod ar Bertrand Russell sy'n crybwyll Beacon Hill – yr ysgol a sefydlodd gyda'i wraig, Dora Russell ym 1927 – ac yn ymdrin â'r syniadau a ysbrydolodd y fenter ddadleuol hon. Dulliau Montessori oedd ymhlith y pwysicaf o'r rhain, a dengys Thomas i Russell gael ei argyhoeddi o'u dilyn 'a gwneud dysgu'n hyfrydwch a pheidio gorweithio'r plentyn, ni fyddai angen llawer o ddisgyblaeth oddi allan arno ac yn sicr ni fyddai angen y math ar ddisgyblaeth sydd yn creu euogrwydd.'[59] Roedd dylanwad Freud hefyd wedi argyhoeddi Russell o beryglon euogrwydd ac 'ataliad' yn y blynyddoedd cynnar. Cyfeiria Thomas at y feirniadaeth chwyrn a dderbyniodd syniadau Russell ynglŷn ag addysg yn y 1920au a'r 1930au wrth gasglu ei fod yn 'rhyfedd – a chysurlon – sylweddoli gynifer ohonynt sydd yn cael eu derbyn hyd heddiw'.[60] Erbyn trydydd degawd y ganrif bresennol mae amryw o'r prif gredoau chwyldroadol a heriol a ysbrydolodd yr ysgolion newydd – fel pwysigrwydd chwarae, meithrin creadigrwydd plant a pheidio eu cosbi yn ormodol, ac yn sicr nid yn gorfforol – yn rhan ddi-gwestiwn o'n cyfundrefn addysg ac yn enghraifft bwysig o'r modd y gall syniadau a mentrau sy'n ymddangos yn iwtopaidd ar y cychwyn arwain at newidiadau cymdeithasol sylfaenol yn yr hir dymor.

Trafododd Thomas addysg eto mewn pamffled arall a gyhoeddodd ym 1971, y tro hwn yng nghyswllt syniadau un o sylfaenwyr sosialaeth iwtopaidd, Robert Owen o'r Drenewydd. Pwysleisia gred sylfaenol Owen bod yr unigolyn yn gynnyrch ei amgylchedd cymdeithasol, a bod gosod amgylchiadau mor ffafriol â phosibl iddo neu iddi o oedran ifanc yn hanfodol o ganlyniad. Arweiniodd hynny at bwysigrwydd arloesol yr ysgolion i blant ei weithwyr a sefydlodd yn Lanarc Newydd. Rhan o'i weledigaeth o 'harmoni newydd' cymdeithasol oedd ei syniadau ar addysg, a rhybuddia Thomas yn erbyn ei ddiystyru:

> Roedd gweledigaeth Robert Owen yn syml ac unplyg; fe haerai llawer ei fod yn naïf. Ond ni ellir osgoi'r her sydd yn ei syniad o gytgord. Mae perygl inni ymgysuro'n rhy rwydd wrth fwrw allan ei syniadau fel breuddwydion plentynnaidd. Y cwestiwn pwysig yw, a oedd ei weledigaeth yn iawn?[61]

Ateb Thomas yng ngweddill y pamffled yw ei fod yn iawn ar y cyfan, er nad yw'n gwbl ddifai. Cytunai ag Owen yn arbennig yn ei benderfyniad i wneud addysg yn hwyl ac yn fywiog trwy gyflwyno mwy o luniau, mapiau a chwarae i'r dosbarth a thrwy beidio cosbi'r plant: 'Creu rhagrithwyr y mae arferion sydd wedi ei sefydlu ar awdurdod. Am hynny nid oedd lle i gosb o gwbl yn New Lanark ... Peth anghyfiawn yw cosbi plentyn am fethiant oedolion.'[62] Â ymlaen i ddangos na fu Owen mor llwyddiannus pan geisiodd ledu ei weledigaeth yn yr Unol Daleithiau yn arbennig pan 'aeth i annog yr harmoni newydd fel efengyl ac egwyddor' a throi'n 'dipyn o granc' yn sgil hynny. Fel sosialydd credai Thomas mai gwendid mwyaf Owen oedd iddo beidio rhoi digon o sylw i'r berthynas rhwng y gweithwyr a'r dosbarth llywodraethol yr oedd wedi esgyn i'w plith trwy lwyddiant ei fusnes: 'Ni sylweddolodd Owen y rhyfel dosbarth oedd yn pegynnu'r cyfalafydd a'r gweithiwr. Dyma gryfder Marx a grym ei gondemniad o Owen fel breuddwydiwr utopïaidd.'[63] Credai, serch hynny, bod neges Owen 'yn ddirfodol bwysig' gan iddo gynnig gweledigaeth newydd ar gymdeithas yr oedd elfennau ohono'n parhau'n ddilys a defnyddiol yng Nghymru'r 1970au, yn enwedig ei bwyslais ar garedigrwydd a goddefgarwch wrth addysgu plant.[64]

Mae'n debygol mai apêl y cyfuniad gwreiddiol o Farcsiaeth, syniadau diwinyddol o sawl traddodiad byd-eang, a seicdreiddiad a geir yng ngwaith Erich Fromm (1901–80) a arweiniodd Thomas i ysgrifennu cyfrol ar ei waith yng nghyfres 'Y Meddwl Modern' tua degawd yn ddiweddarach.[65] Ceir dadansoddiad treiddgar o rai o lyfrau mwyaf dylanwadol Fromm yn y gyfrol fer hon, gan gynnwys *The Sane Society*, ei ddarlun o gymdeithas ddelfrydol a gyhoeddwyd pan oedd y Rhyfel Oer wrthi'n poethi yng nghanol y 1950au. Seicolegydd ac aelod cynnar o'r Ysgol Frankfurt ddylanwadol a ymfudodd i'r Unol Daleithiau yn y 1930au hwyr oedd Fromm, rhan o'r genhedlaeth ôl-Freudaidd gyntaf a gwestiynodd rhai o seiliau seicdreiddiad gan ymestyn y ddysgeidiaeth i gyfeiriadau newydd. Aeth ymlaen i ddisgrifio a dadansoddi'r hyn a alwodd yr anymwybod cymdeithasol (*social unconscious*) mewn cyfrolau fel *The Sane Society* a *The Fear of Freedom*, a rhydd Thomas grynodeb defnyddiol o'r gweithiau hyn yn eu tro. Yn gyntaf, fe ddengys mor hanfodol bwysig i waith Fromm oedd ei gefndir a thras Iddewig. Traddodiad 'cynyddol', eangfrydig, oedd yr un crefyddol yr ymuniaethai ag ef felly. 'Elfen arall a oedd yn allweddol i'w ddatblygiad oedd ei ffydd gadarn yn ei ddyfodol;' meddai, 'yr Iddewon, medd rhywun, yw'r unig bobl a'u hoes aur yn y dyfodol.'[66] Golygodd Fromm gyfrol eclectig dan y teitl *Socialist Humanism* yn ystod y 1960au sy'n cynnwys pennod gan un arall o brif feddylwyr iwtopaidd y cyfnod, sef Ernst Bloch.[67]

Yng nghyfrol D. R. Thomas, amlinellir nodweddion y ddyneiddiaeth sosialaidd hon trwy gyferbynnu darlun Fromm o'r gymdeithas glaf â'r gymdeithas iach fel y'i cyflwynir yn *The Sane Society* yn bennaf. Dengys iddo gael ei ysbrydoli'n rhannol gan y math o sosialaeth gymunedol a geir yng ngwaith Charles Fourier a Robert Owen.[68] Er i Owen golli ei ben yn yr Unol Daleithiau, tynnodd Fromm sylw at nifer o enghreifftiau cyfoes mwy llwyddiannus o ail-drefnu gwaith ffatri yn arbennig er mwyn cynnig hunanlywodraeth i'r gweithwyr. 'Golyga hyn chwyldro mewn dulliau gweithio,' meddai Thomas, 'yn arbennig golyga ddatganoli ynni a chreu unedau bychain'.[69] Cytuna â Fromm mai trwy greu'r math hwn o ddemocratiaeth yn y gweithle ar lefel bersonol, agos y gellir rhoi gwir ystyr i ddemocratiaeth wleidyddol. Y ddelfryd hon o ddatganoli grym a chynnig rheolaeth i unigolion dros eu gwaith pob dydd ddylai fod wrth wraidd sosialaeth felly. 'Ni all delfrydau sosialaidd sy'n gyfundrefnol sicrhau brawdgarwch a rhyddid oni allant lanw calonnau dynion ag ysbryd newydd.'[70] Mae'n cydnabod wrth gloi ei fraslun o'r gymdeithas iach nad oes sicrwydd o gyrraedd y delfrydau hyn trwy'r ymgais i 'adfer dimensiwn personol bywyd' yn y gweithle a'r gymuned, ond bod rhaid tystio i'r posibilrwydd o'u gwireddu neu ildio i anobaith fel arall.[71]

Yn yr un cyfnod cyhoeddodd Thomas ei lyfryn heriol, *Y Dewis Olaf*, yn ymdrin â bygythiad cynyddol rhyfel niwclear yn yr 1980au cynnar. Fel Fromm, a oedd yn ymgyrchydd gwrthniwclear dylanwadol ar lefel rhyngwladol am sawl degawd, mae'n cynnig neges broffwydol, gref yn rhybuddio yn erbyn y defnydd o arfau niwclear ac yn egluro'r rhesymau seicolegol a rwystrai'r mwyafrif o'r boblogaeth rhag ymuno yn yr ymgyrch i'w dileu. Diymadferthedd oedd y pennaf o'r rhain a ddeilliai o anobaith a'r gred ddilynol na ellir newid cymdeithas. Cred i'r anobaith hwn arwain yn baradocsaidd at iwfforia hefyd trwy feithrin byd o ffantasi ym meddwl yr unigolyn sy'n gwrthod realiti. 'Rhaid gobeithio er mwyn credu mewn dyfodol;', meddai, o ganlyniad, 'gwell paradwys ffŵl nag uffern y gŵr sy'n gweld. Ond effaith felltithiol y rhamantau hwn yw rhyddhau dyn o'i gyfrifoldeb i wneud dim.'[72] Math gweithredol, ymarferol o iwtopiaeth sy'n cael ei gynnig yng ngwaith D. R. Thomas mewn cyferbyniad, sydd wedi'i seilio ar ffydd bod ffordd amgen o drefnu cymdeithas a'r berthynas rhwng cenhedloedd yn bosibl. 'Mae'r gobaith am heddwch yn dibynnu ar ffydd newydd,' eglura, 'er mai'r hen ffydd a "glywsom o'r dechreuad" yw hi.'[73]

Deallai bod arfau niwclear wedi dangos yn glir pa mor annigonol yw'r ffydd gyffredinol 'mai grym sy'n gwneud cyfiawnder' ym myd gorllewinol yr ugeinfed ganrif , a galwodd ar y sefydliadau crefyddol i gefnogi 'chwyldro meddwl' a fyddai'n arwain nid at ddiwygiad crefyddol traddodiadol ond yn hytrach at 'ail ddarganfod yr Olwg Newydd ar ystyr bywyd, a hynny'n troi yn agwedd newydd at broblemau a safonau newydd i gymdeithas'.[74] Gresyna pa mor amharod i gynnig yr arweiniad hwn y bu'r eglwysi yng Nghymru yn gyffredinol, cymaint oedd eu pwyslais ar barchusrwydd. 'Gwrthododd Cymanfa un enwad gefnogi CND', meddai, hyd yn oed, 'am fod rhai o aelodau'r mudiad yn cwrdd mewn tafarnau!'[75] Dychwela wrth gloi'r gyfrol i ddelwedd a ddefnyddiodd gyntaf yn ei ysgrifau bron i hanner canrif ynghynt wrth adlewyrchu ar gyfrol a gyhoeddodd yr hanesydd sosialaidd G. D. H. Cole yn y cyfnod hwn yn rhagweld y byd a ddilynai'r rhyfel. Dengys i Cole ddadlau bod yr allwedd i'r chwyldro yn nwylo 'cannoedd o gelloedd bychain yn cwrdd ar hyd a lled y wlad i ystyried a dadrys eu problemau. Nid trwy drefnu canolog yn unig y daw byd newydd'.[76] Cytuna Thomas â'r casgliad hwn a dywed nad 'ynys o 50 miliwn yw cartref, ond y fan lle mae dyn yn cyfrif.' Yno yn unig y gallai'r chwyldro gychwyn, felly, ac yn y ffydd newydd a'r gydwybod effro hwn a fyddai'n ysbrydoli eraill gwelai'r gobaith ar gyfer y dyfodol.

Yn un o'i gyhoeddiadau olaf, sef y pamffled *Helbulon Heddychwr* a gyhoeddwyd ym 1988, dangosodd Thomas eto pa mor effro ydoedd i frwydrau yn erbyn anghyfiawnder cymdeithasol ymhell tu hwnt i Gymru. Cyfeiria at ymgyrch Steve Biko a'r mudiad 'black consciousness' a ysbrydolodd i godi ymwybyddiaeth ynghylch cydraddoldeb hiliol ac i ddangos 'bod posibilrwydd cymdeithas lle gall dynion o bob llun a lliw gyd-ddyheu a chydweithio a chreu gwladwriaeth frawdol.'[77] Rhydd sylw hefyd i fudiad Diwinyddiaeth Rhyddhad a oedd wedi tyfu yn Ne America dros yr ugain mlynedd flaenorol, a chlodfora eglurder a dewrder ei harweinwyr fel Oscar Romero wrth ddangos 'pwysigrwydd praxis a gweithredu rhagor trafod mewn pwyllgor.'[78] Pwysleisia bod angen i dystiolaeth heddychwyr yng Nghymru fod yr un mor gadarnhaol ac i fynd lawer ymhellach nag ymwrthod â rhyfel yn unig. Er mwyn creu heddwch a chymdeithas deg credai dylid 'llafurio ac ymdrechu a gwario i sicrhau amodau heddwch gyda'r un brwdfrydedd ag y gwneir i gynnal rhyfel.'[79] Thomas yn sicr oedd un o'r lleisiau cryfaf a mwyaf gobeithiol ac eangfrydig ei weledigaeth i wneud hynny yng Nghymru'r ugeinfed ganrif.

Undeb Heddychwyr Cymru a Phamffledi Heddychwyr Cymru

Gwelwyd eisoes i Thomas ddechrau ysgrifennu am heddwch trwy ei erthygl ar y cysyniad o ynysoedd gobaith ym 1945. Ychydig flynyddoedd ynghynt defnyddiodd heddychwr ifanc arall, sef Dyfnallt Morgan, yr un ddelwedd yn ei erthygl yntau i gylchgrawn *Heddiw* ar waith yr Unedau Coedwigo a sefydlodd Undeb Heddychwyr Cymru yn ystod yr Ail Ryfel Byd. Y gangen Gymreig o fudiad y 'Peace Pledge Union' oedd y gymdeithas hon. Fe'i sefydlwyd gan Gwynfor Evans, George M. Ll. Davies a heddychwyr Cymreig blaenllaw eraill ym 1938, bedair blynedd wedi i Dick Sheppard ei chychwyn yn Lloegr. Yn ôl Gwynfor Evans roedd gan y Gymdeithas 12,000 o aelodau, ar bapur, yn ystod yr Ail Ryfel Byd.[80] Efelychiad o waith mudiad heddychol arall yn Lloegr, sef y 'Christian Pacifist Forestry and Land Unit', oedd yr hanner dwsin o unedau coedwigo a sefydlwyd yng Nghymru yn ystod blynyddoedd cyntaf yr Ail Ryfel Byd.

Fe'u poblogwyd gan wrthwynebwyr cydwybodol Cymreig ifanc oedd wedi cytuno i ymgymryd â gwaith amaethu neu goedwigo wedi iddynt ymddangos gerbron tribiwnlysoedd. Ym mhedwar o'r unedau roedd y bechgyn ifanc yn cyd-fyw mewn bythynnod yn y wlad: 'Ystyrir gan drigolion yr ardaloedd bod hyn yn beth hollol newydd, ac y *mae*, i raddau hefyd.'[81] Bu Dyfnallt Morgan yn byw a gweithio yn un ohonynt 'ar fforest Crychan ym mhentref yr Halfway, rhwng Llanymddyfri a Threcastell'.[82] Dengys i arweinwyr naturiol godi o fewn y grwpiau bychain hyn i drefnu'r gwaith tŷ a'r diwrnod gwaith hir a ddechreuai am 7.00 bob bore a gorffen am 5.30pm yn yr haf. Er gwaethaf yr oriau hir a'r tywydd garw dros y gaeaf, gwelai fanteision amhrisiadwy i'r profiad, yn bennaf oll trwy roi cyfle i'r myfyrwyr ifanc ymuniaethu'n agosach â'r dosbarth gweithiol. Ymhellach, gallai parodrwydd myfyrwyr ymgymryd â gwaith llaw cyffredin fod o gymorth i gydbwyso unochredd y bywyd academig yn ogystal ag ysgafnhau baich y dosbarth gweithiol. Credai y dylai'r rhain 'gael rhyddid i weithio yn onest a chydwybodol a deallgar yn ôl ei bwysau, gyda mesur teg o oriau hamdden i roi seibiant i'r corff a chyfle i'r meddwl, yn lle cael ei ddreifio fel caethwas.'[83] Cydnabu y byddai'n cymryd cyfnod hir i gyrraedd y ddelfryd hon ond y gallai cymdeithasau bychain fel yr unedau coedwigo roi cychwyn pwysig i'r broses ac ysbrydoli eraill yn eu sgil. 'Rhaid dechrau popeth mawr ar raddfa fechan,' meddai yn obeithiol, 'ac mewn cymdeithasau bychain – "Ynysoedd Gobaith", chwedl George Davies – y ceir y cyfle gorau i roi treial i bethau.'[84]

Dadleua hefyd y gallai cymdeithasau o'r fath gyfannu'r rhwyg rhwng y materol â'r ysbrydol a nodweddai'r gymdeithas gystadleuol gyfoes. Cyfeiria yn y cyswllt hwn at syniadau'r athronydd John Macmurray, a fu'n ddylanwad pwysig ar feddylwyr Cymraeg ifanc fel Morgan a J. R. Jones yn y 1940au.[85] Eglura i Macmurray ddarlunio'r teulu fel sail 'ein gobaith am gymdeithas well' trwy'r modd y cydweithreda'r aelodau o'i fewn. Yr un egwyddor a weithredir trwy'r unedau coedwigo, ynghyd â chymhelliad ychwanegol hollbwysig:

> Peth naturiol, yn ôl deddfau cnawd, yw teulu yn yr ystyr gyffredin. Ond nid yr un cymhellion a ddaw â nifer o bobl at ei gilydd i gydweithio a chydfyw fel teulu. Y mae hyn yn act o ymddiried ac o ffydd gymdeithasol yn ystyr lawnaf y gair; ac os lledaenir y syniad (ac y mae'n rhaid wrtho, mi gredaf, hwyr neu hwyrach), yna dymchwelir yn sicr y gymdeithas anghyfiawn sydd ohoni, gyda'i phwyslais ar ddeuoliaeth bywyd.[86]

Ceir adlais yn y cyfeiriad at 'ffydd gymdeithasol' o gysyniad yr athronydd cyfoes Swedaidd, Martin Hägglund, o ffydd seciwlar ('secular faith') sy'n ganolbwynt i'w gyfrol bwysig, *This Life: Why Mortality Makes us Free*.[87] Cyfuna Hägglund elfennau o syniadau dirfodol a Marcsaidd yn y cysyniad hwn a wêl fel elfen hanfodol mewn rhaglen ehangach o newid cymdeithasol a gwleidyddol i gyfeiriad sosialaeth ddemocrataidd. Mae erthygl Dyfnallt Morgan a'r weledigaeth gymdeithasol uchelgeisiol sydd ynddi yn nodweddiadol o ba mor eang yr oedd syniadau a chymhellion heddychwyr Cymreig hanner cyntaf yr ugeinfed ganrif. Gwelir hyn yn eglur iawn yng nghyfres pamffledi Undeb Heddychwyr Cymru ar yr amrediad o syniadau a dylanwadau crefyddol, athronyddol a gwleidyddol a'u cwmpasir o fewn heddychiaeth fodern, a gyhoeddwyd yn yr un cyfnod a menter yr unedau coedwigo.

Yng nghyhoeddiad cyntaf un y mudiad ym 1938, y pamffled *Ymwrthodwn â Rhyfel!*, fel rhan o amlinelliad cryno o'i amcanion ar y dudalen ôl, nodir mai cyhoeddi neges heddwch oedd un o'r pwysicaf ohonynt.[88] Roedd ei haelodaeth wedi cyrraedd 10,500 erbyn hynny gyda changhennau wedi'u sefydlu yng ngogledd a de Cymru, a thrwy gefnogaeth hael Kate Roberts a Morris T.

Clawr un o Bamffledi Heddychwyr Cymru, dyluniad Dewi-Prys Thomas
(Llyfrgell Genedlaethol Cymru)

Williams, perchnogion Gwasg Gee, aeth ymlaen i gyhoeddi cyfres
o ddeg ar hugain o bamffledi iwtopaidd iawn eu cynnwys ar
wahanol agweddau o heddychiaeth yn ystod yr Ail Ryfel Byd. Ceir
datganiad pellach o amcanion yr Undeb yng nghefn y pamffledi
cyntaf yn y gyfres sy'n nodi bod yr aelodau yn ymwrthod â rhyfel 'a
cheisiant ddeall a symud ei achosion yn ôl eu cyfle a'u cyrraedd'.[89]
Ymgais gynhwysfawr i olrhain a disgrifio'r achosion hynny a geir

191

yn y gyfres hon. Un o'r pamffledi mwyaf diddorol a dadlennol yw'r ddeuddegfed a'r olaf yn y gyfres gyntaf, sef *Tystiolaeth y Plant*, lle cyflwynir croestoriad o safbwyntiau'r genhedlaeth ifanc Gymreig a aeddfedodd pan oedd poblogrwydd heddychiaeth ar ei uchaf yn y 1930au. Aeth nifer o'r cyfranwyr i'r pamffled hwn ymlaen i wneud cyfraniadau arwyddocaol i fywyd cenedlaethol Cymreig mewn sawl maes, gan gynnwys y pensaer Dewi-Prys Thomas, yr athronydd J. R. Jones, y bardd Waldo Williams, a'r ysgolheigion J. Gwyn Griffiths ac A. O. H. Jarman. Datgelir yn eu datganiadau bod daliadau gwleidyddol a chenedlaetholgar, yn ogystal â rhai Cristnogol, wrth wraidd eu penderfyniadau i wneud safiad fel gwrthwynebwyr cydwybodol.

I'r athro a sosialydd radical ifanc D. Tecwyn Lloyd, er enghraifft, rhyfel imperialaidd oedd y gwrthdaro presennol, yn debyg i ryfel 1914–18, a'i brif fwriad oedd amddiffyn buddiannau cyfalafol. 'Yr unig obaith am sicrwydd heddwch parhaol a chyfiawn' credai, 'ydyw undod ac unfrydedd gwerinoedd y gwledydd, a rhaid i hynny dyfu o'r gwerinoedd eu hunain yn annibynnol ar unrhyw wladwriaeth neu lywodraeth gyfalafol'.[90] Ceir lleisiau benywaidd hefyd yn y pamffled hwn, am y tro cyntaf yn y gyfres. Mynegodd Rosalind Bevan, er enghraifft, ei phendantrwydd bod ei heddychiaeth yn rhannol seiliedig ar y ffaith ei bod yn ddynes: 'Yr wyf hefyd yn basiffist am fy mod yn fenyw, yn sosialydd ac yn athrawes. I mi, golyga pob dyn a leddir neu a anafir mewn rhyfel drasiedi i ryw gartref.'[91] Erbyn diwedd 1941 roedd menywod hefyd wedi dod o dan y gyfraith orfodaeth filwrol, yn wahanol i'r Rhyfel Byd Cyntaf. Aeth 1,700 o fenywod o flaen tribiwnlysoedd fel gwrthwynebwyr cydwybodol dros y pedair blynedd a ddilynodd ac fe garcharwyd 500 ohonynt.[92] I Annie Humphreys, fel amryw o awduron eraill y pamffledi yn y gyfres, trasiedi mwyaf y cyfnod oedd 'methiant eglwysi crêd i dystio'n unllais yn erbyn ffordd rhyfel o geisio cyfiawnder rhwng y gwledydd.'[93] Roedd y ddwy yn ffigyrau blaenllaw o fewn Undeb Heddychwyr Cymru, Humphreys fel ysgrifennydd cyntaf y mudiad ym 1938 a Bevan fel ysgrifennydd gorllewin Cymru.

Bu Bevan, athrawes a anwyd ym 1915, yn gwerthu cylchgrawn *Peace News* ac yn cynnal stondin ar ran yr Undeb ym marchnad Abertawe nes i gyngor y dref ei gorfodi i'w gau ym 1940. Fe'i diswyddwyd hi a deunaw o weithwyr eraill y cyngor yn sgil eu daliadau fel heddychwyr a'u haelodaeth o'r PPU yr haf hwnnw.[94]

Y dystiolaeth fwyaf dwys a syfrdanol a gynigir ym mhamffled *Tystiolaeth yr Ifanc* yw cyfraniad y llenor a gweinidog ifanc Pennar Davies, neu Davies Aberpennar fel y'i hadnabyddir bryd hynny, ar 'Y Bywyd Newydd'. Rhydd fynegiant gonest ac angerddol i'w gredoau heddychol fel a ganlyn:

> mae'n amhosibl i minnau gymryd rhan mewn rhyfel: nid oes ronyn o ryfel ynof. Perthynaf i hil newydd sydd wedi colli'r moddion a'r dymuniad i ryfela. Nid oes esboniad ar wahân i'r ffaith ryfedd fy mod wedi cael fy ail-eni yng Nghrist. Creadur newydd ydwyf, yn perthyn i wareiddiad newydd. Ni *allaf* gymryd rhan mewn rhyfel. A wyf wedi colli fy rhyddid i ddewis? Nac ydwyf, arhosaf yn hollol rydd.[95]

Cyplysodd ei heddychiaeth, ymhellach, gyda'i genedlaetholdeb gan mai creu bywyd a ffordd o fyw newydd oedd amcan y ddau. 'Ceisiaf fywyd helaethach i'm cenedl a'm diwylliant', meddai, 'am yr un rheswm yn union ag y ceisiaf ddinistrio'r pethau a fyn lofruddio pob cenedl a phob diwylliant a phob bywyd'.[96] Gwneir cysylltiad agos rhwng cenedlaetholdeb a gwrthgyfalafiaeth gan fod imperialaeth a 'Mamongarwch' yn rhan o'r 'hen wareiddiad colledig', yn ôl ei weledigaeth. Cafodd gyfle i ymhelaethu ar ei weledigaeth trwy gyfrannu pamffled cyfan i'r gyfres yn ddiweddarach ar bwnc *Ffederaliaeth*.[97] Ceir tystiolaeth hanesyddol ddiddorol tu hwnt ynddi o'r math o syniadau ynglŷn â sut ddylid trefnu'r cenhedloedd ar ôl y rhyfel, a'u perthynas â'i gilydd, a nodweddai'r cyfnod.

Mae'n trafod yn arbennig y syniad o 'Fyd-Wladwriaeth' wedi'i drefnu ar seiliau ffederal a oedd yn gynyddol boblogaidd erbyn y 1940au. Syniadau'r athronydd Immanuel Kant oedd ysbrydoliaeth wreiddiol y delfryd o lywodraeth gydwladol, unedig. Yr oedd yr athronydd dylanwadol Cymreig, Richard Price, wedi cynnig cynllun cyffelyb ym 1776, a dyfynnir o'i waith ym mhamffled *Tystiolaeth y Tadau* dan olygyddiaeth Tom Parry yn gynharach yn yr un gyfres:

> Parhaed pob gwlad, o ran ei materion mewnol, yn annibynnol ar y gweddill; ond ffurfier undeb cyffredinol trwy benodi senedd yn cynnwys cynrychiolwyr o'r holl wahanol wledydd. Rhodder i'r senedd hon y gallu i reoli materion cyffredin y gwledydd unedig, ac i farnu a dyddio rhyngddynt ymhob anghydwelediad. Rhodder dan reolaeth y senedd hon hefyd holl luoedd arfog y gwledydd, er cynnal ei phenderfyniadau.[98]

Elfen hanfodol bwysig i gadw trefn rhwng y cenhedloedd yn nadleuon cynyddol boblogaidd y cyfnod rhwng y rhyfeloedd byd dros fyd-wladwriaeth, ac un a cefnogodd David Davies, fyddai'r Heddlu Cydwladol. Ond anghytuna Pennar Davies yn llwyr â'r syniad hwn, unwaith eto ar y sail nad cosbi ddylai prif ddiben yr heddlu a'r gyfundrefn gyfreithiol fod:

> Mae'n debyg bod pob heddychwr bron yn credu y dylai cymdeithas, wrth drin troseddwyr, anelu nid at gosbi ond at iacháu; nid carchardai ond ysbytai a ddylai fod iddynt; a gwaith priodol yr heddlu a fyddai cynorthwyo cymdeithas yn y gwaith dyngarol hwnnw.[99]

Pwysleisia enghraifft y rhyfel cartref yn Unol Daleithiau America i wneud y pwynt nad oedd system ffederal ynddo'i hun yn ddigon i atal rhyfel. 'Tröedigaeth foesol' yn unig a allai sicrhau hynny.[100]

Yn hytrach na'r 'World Federation Plan' a gynigiodd Ely Culbertson o Efrog Newydd ym 1944, mae'n dadlau y byddai rhyddid Cristnogol i Gymru yn debycach o arwain at heddwch hirdymor. 'Byddai'n rhoddi i un genedl fach y cyfle i ymgadw rhag cymryd rhan mewn unrhyw gyflafan a eill ddod yn y dyfodol' credai. 'Ni ddaw ymwared drwy sefydlu neu chwyddo Galluoedd Mawrion: ni cheir ymwared ond drwy greu heddgarwch'.[101] Gwelwn eto mai datganoli a dadadeiladu pŵer y wladwriaeth or-rymus oedd y cam allweddol i'w gymryd yn ôl heddychwyr Cymreig y 1940au. Ymhlyg yn hynny yn anorfod fyddai gwrthod 'mamonaddoliaeth imperialaidd Prydain'. Nid ymwrthod â rhyfel yn unig y dylai heddychwr wneud felly, yn ôl Davies, ond ymdrechu â'i holl egni i sicrhau rhyddid i Gymru. Trwy greu Cymru rydd, heddychol gallasid dynesu at y ddelfryd ryngwladol o berthynas rydd rhwng cymdeithasau a chenhedloedd rhydd. 'Cymdeithas rydd o gymdeithasau rhyddion' yw ei ddisgrifiad o'r ddelfryd hon, 'a'r cymdeithasau hynny'n cynnwys cymdeithasau rhyddion eraill, a rhyddid hanfodol yn sylfaen i'r cwbl – dyna'r math o fyd a ddylai fod y nod i bob heddychwr'.[102] Yn ei ddadl iwtopaidd ei naws mynegir yn huawdl egni creadigol a brwdfrydedd eclectig Cylch Cadwgan, grŵp dylanwadol o feddylwyr ac awduron ifanc yn y Rhondda y bu'n rhan ganolog ohono.

Beirniadodd yn hallt y sawl a ddefnyddia'r gair iwtopia i wrthwynebu'r ddelfryd uchelgeisiol hon:

> Cas gennyf y gair "Utopia" fel y defnyddir gan "realwyr" pengaled y byd hwn. Maent yn hoff o luchio'r gair yn erbyn unrhyw ymgais i berswadio dynion i fyw yn ôl gofynion y Bywyd Newydd. Dywedant, er enghraifft, fod heddychiaeth yn wtopiaidd, bod y natur ddynol yn ei herbyn. Mae'r ffederalwyr yn hoff o ddweud hynny. Y maent hwy, fel y gwleidyddwyr "ymarferol" i gyd, yn derbyn fel acsiom yr egwyddor na ellir newid y natur ddynol. Mae'r ddysgeidiaeth honno, fel y dylai fod yn afraid dweud, yn hollol groes i Gristnogaeth. Holl bwrpas a diben Cristnogaeth ydyw newid y natur ddynol; dyna yw iachawdwriaeth.[103]

Fel yn ei gyfraniad i'r pamffled yn rhoi tystiolaeth yr ifanc, fe welir pa mor ganolog yw'r syniad o'r byd a'r bywyd newydd yn heddychiaeth a gweledigaeth ehangach Pennar Davies.

Amlinellodd y weledigaeth honno mewn ysgrif i'r *Faner* yn yr un cyfnod lle dywed bod ei ddyneiddiaeth Gristnogol a'i gred mewn dynoliaeth wedi'i seilio ar ei ffydd bod yr 'Ysbryd o Gariad' a ddaeth i'r byd trwy fywyd yr Iesu yn 'gweithio yn y galon ddynol i godi Teyrnas y Goruchaf ar y ddaear hon.'[104] Gweithreda Duw trwy'r natur ddynol felly, a golygai hynny bod iachawdwriaeth yn bosibl i'r gymdeithas gyfan yn hytrach na'r unigolyn ynysig. 'Y peth pwysicaf, y peth hawddgaraf,' meddai, 'mewn bywyd yw'r weledigaeth o Deyrnas Dduw', a galwodd ar ei gydwladwyr i'w sylweddoli yng Nghymru a thrwy'r byd.[105]

Yr oedd aelod arall o Gylch Cadwgan, sef Kate Bosse-Griffiths, eisoes wedi cyfeirio at syniadau Immanuel Kant yng nghyswllt heddwch rhyngwladol a sut i'w sicrhau yn ei chyfraniad i'r gyfres, *Mudiadau Heddwch yr Almaen*. Disgrifia Kant fel 'un o amddiffynion cryfaf y syniad o heddwch bydeang'.[106] Bu darllen gweithiau Lao Tse a'r traddodiad Taoaidd, Tolstoi, Gandhi, a Martin Niemöller yn ddylanwad pwysig ar ei heddychiaeth eclectig hefyd.[107] Roedd wedi ffoi o'r Almaen ychydig flynyddoedd ynghynt ac enwyd y cylch ar ôl ei chartref hi a'r Cymro a briododd, y bardd, ysgolhaig a chyd-Eifftolegwr J. Gwyn Griffiths, yn y Rhondda. Cymaint oedd egni a brwdfrydedd yr unigolion disglair a gyfarfu yno, mae'n deg disgrifio Cadwgan fel ynys o obaith yn ystod tywyllwch yr Ail Ryfel Byd yng Nghymru. Cyfrannodd ei gŵr, Gwyn, bamffled i'r gyfres ar efallai'r syniadaeth wleidyddol fwyaf iwtopaidd oll, 'Anarchistiaeth'. Rhannai gwrthwynebwyr cydwybodol i ryfel yr un gred sylfaenol a'r anarchwyr yn nhyb Griffiths bod deddf a disgyblaeth fewnol sy'n 'rhan o'r gydwybod, yn dyst mewnol a roddwyd gan Natur; ac y mae uwchlaw deddf y wladwriaeth.'[108]

Cyfeiria at y math o unedau bychain yng Nghymru wledig y cyfeiriwyd atynt uchod y bu unigolion ymroddedig o'r fath fel Dyfnallt Morgan a Dafydd Jenkins yn rhan ohonynt. 'Er mor fychan yr uned,' meddai yn edmygus, 'ffurfiai gymdeithas gyflawn. Yr oedd pob uned yn hunan-gynhaliol, ac yr oedd undod ysbrydol wrth wraidd y cydweithredu.'[109] Gwelir pa mor ddylanwadol y bu darlun George M. Ll. Davies o werth mentrau o'r fath ar ei edmygwyr iau yng nghyfeiriad Griffiths ato'n 'sôn am "Ynysoedd Gobaith"; a theimlaf yn gryf fod gwaith yr "ynysoedd" hyn yn her i orffwylledd a drygedd ein gwareiddiad.'[110] Trefnwyd aduniad o Gylch Cadwgan ar gyfer rhaglen radio ym 1971 ac ynddi cyfeiriodd Pennar Davies at ddylanwad y cysyniad ar y grŵp: '"Ynys o obaith", fel petai. Dyna un o ymadroddion Gwyn ar y pryd, ac roedd hon yn elfen bwysig iawn.'[111] Dywed aelod arall, y bardd Rhydwen Williams, i heddychwyr blaenllaw fel George M. Ll. Davies ymweld â hwy yn rheolaidd.

Cafodd George M. Ll. Davies gyfle yn gynharach yn y gyfres i ymhelaethu ar y cysyniad yn ei bamffled ar *Ffordd y Cymod*. Mae'n olrhain hanes yr ynysoedd gobaith a fu'n cynnal ffordd Cymod o ddyddiau'r Rhufeiniaid, trwy'r Anghydffurfwyr cynnar a'r Crynwyr, cymdeithasau'r Diwygiad yng Nghymru, sosialwyr yr ugeinfed ganrif cynnar, fel Keir Hardie a George Lansbury, i'r rhai cyfoes yn India a wrthwynebodd yr Ymerodraeth Brydeinig yn ei holl greulondeb ffiaidd. Roedd grwpiau bach o unigolion yn mentro i roi ffordd heddwch ar waith yng Nghymru hefyd:

> Yn unigedd carchardai a thorfeydd, ac yng nghylchoedd bychain y "dau neu dri" yn Ei enw Ef, mewn seiadau pentref, mewn cydweithrediad yng ngweinidogaeth y llochesfeydd yn Nwyrain Llundain, y fforestydd yng Nghymru, yr ysbytai yn Lloegr, a'r cydweithrediad ar y tir, y mae Heddychwyr heddiw yn mentro'r ddisgyblaeth newydd heb ildio i wawd a gwatwar na diystyru dydd y pethau bychain.[112]

Yn hytrach nag aros i'r dorf a'r grymoedd gwleidyddol symud, gwelai mai pwysigrwydd celloedd a mentrau o'r fath oedd iddynt gychwyn y gwaith o greu heddwch yn ymarferol wrth eu traed.

Dylid nodi bod awdur arall a gyfrannodd i'r gyfres, sef Dafydd Jenkins, yn perthyn i garfan gref o ymgyrchwyr ifanc radical ac adain chwith eu daliadau ymhlith aelodau'r Blaid Genedlaethol yn y cyfnod hwn, carfan y tueddwyd i'w hanghofio i raddau helaeth yn hanesyddiaeth y mudiad. Wrth adlewyrchu ar ei hanner canrif cyntaf, gofynnodd Jenkins beth achosodd yr argraff a gychwynnodd yn y 1930au hwyr mai plaid adweithiol, adain dde oedd y Blaid Genedlaethol. 'Yr argraff honno a barodd ymosodiadau afiach Gwilym Davies a Thomas Jones ym mlynyddoedd cynta'r Rhyfel;' meddai, 'a'r argraff honno sy'n peri fod y wasg heddiw'n sôn byth a hefyd am y Blaid yn *troi* i'r Chwith yn y blynyddoedd diwethaf. A minnau'n hollol sicr mai ar y Chwith yr oedd hi erioed.'[113] Mae ei gyfraniad i gyfres pamffledi Heddychwyr Cymru ar *Economeg Heddwch* yn cynnig amlinelliad craff o'r rhyngberthynas rhwng cyfalafiaeth ac imperialaeth sy'n parhau'n berthnasol heddiw.

Cychwynna drwy nodi ar ran Undeb Heddychwyr Cymru, corff o bobl a ymrwymodd i ymwrthod â rhyfel yn gyfan gwbl, mai eu prif amcan ar gyfer y gyfres oedd 'cynorthwyo'r rhai nad yw'n dda ganddynt ryfel i weld sut y gellir rhwystro rhyfeloedd yn y dyfodol'.[114] Gyda hynny fe â ymlaen i olrhain twf cyfalafiaeth a rhan allweddol imperialaeth yn y cynnydd hwnnw. Dim ond trwy ddirwyn y ddau rym cyd-ddibynnol i ben y gellid rhwystro rhyfeloedd yn ei dyb ef. 'Mae imperialaeth bob amser yn golygu gormes y wlad imperialaidd ar y wlad ddarostyngedig,' meddai, 'a phan ddêl buddiannau dwy wlad i wrthdrawiad, daw rhyfel.'[115] Dengys yn glir sut i gyfoeth yr Ymerodraeth Brydeinig gael ei seilio ar ormesu trigolion y trefedigaethau fel India yn drylwyr yn economaidd a gwleidyddol, ac yn sgil hynny 'ni cheir byth heddwch o fewn yr Ymerodraeth ei hun nes y rhyddheir y gwerinoedd o'r ormes hon arnynt.'[116] Credai mai'r unig lwybr i sicrhau heddwch oedd i lywodraeth Prydain ymwrthod â'i phenderfyniad i fod yn 'Allu Mawr', a chwestiynai'r graddau yr elwodd y mwyafrif o'i phobl o'r statws hwnnw yn y lle cyntaf. Mae'n cloi trwy alw am 'chwyldro gwirioneddol mewn cymdeithas' a fyddai'n deillio o'r ymwrthod hwn â grym anghyfiawn ac yn arwain at heddwch hirdymor mewn byd a seiliwyd ar anghenion pawb yn hytrach nag 'ariangarwch' a thrachwant lleiafrif bychan.[117]

Dadleuodd Ithel Davies – cyfreithiwr canol oed a'i garcharwyd fel gwrthwynebwr cydwybodol yn ystod y Rhyfel Byd Cyntaf – mewn modd tebyg, yn ei gyfraniad i'r gyfres ar *Rhyfel a'r Werin* bod grym economaidd wedi aros yn yr un dwylo er y ffaith bod pobl gyffredin wedi ennill cydraddoldeb, mewn enw yn unig, trwy gael y bleidlais, a bod y grym hwnnw wedi parhau i gael ei gynnal a'i weithredu trwy imperialaeth a rhyfel.[118] Ymhellach, dengys, fel amryw o'i gyd-awduron yn y gyfres, bod heddychiaeth yn ei ystyr ehangaf yn golygu llawer mwy nag ymwrthod â rhyfel yn unig. Golygai ymgyrraedd at ffordd newydd o fyw ag o ymdrin â'n gilydd, fel unigolion ac fel cenhedloedd, oedd wedi'i seilio ar gyfrifoldeb personol a chyfiawnder. Ildiwyd y cyfrifoldeb hwnnw, yn ei dyb ef, yn sgil twf y wladwriaeth a'r modd yr y canolwyd grym yn gynyddol o'i fewn. Mae'n adeiladu dadl wrth-awdurdodol, yn ogystal â gwrth-gyfalafol, wrth fanylu ar y modd y gwnaed hynny rhwng y rhyfeloedd byd trwy ddeddfau fel 'Emergency Powers Act' 1920, 'Public Order Act 1936' a'r 'Incitement to Disaffection Act' ym 1934. 'Canys y duedd fewnol ydyw canoli popeth' meddai, 'a dwyn popeth o dan drefn ac awdurdod canolog llywodraethol a biwrocratig, gan ddarostwng deiliaid y wladwriaeth i wasanaeth ufudd a di-nag i'r wladwriaeth'.[119] Dyfynna'r addysgwr ac athronydd Americanaidd pragmataidd, John Dewey, i ddangos peryglon gadael i rymoedd y wladwriaeth ganolog dyfu i'r fath raddau: 'Authoritarian methods come to us in new guises'.[120] Dadleua bod yn rhaid i unigolion dderbyn eu cyfrifoldeb personol yn hytrach na'i ildio i'r wladwriaeth a bod rhaid gwrthod 'ufudd-dod tyrfa' ac ail-sefydlu nerth 'y cylch bychan agos atoch lle y gall dynion gymdeithasu'n rhydd'.[121] Mynna wrth gloi bod rhaid i heddychwyr a'r sefydliadau crefyddol ddal ymlaen i'w gobeithion iwtopaidd er gwaethaf twf awdurdodaeth. 'Y mae byd gwell i fod,' meddai, 'dim ond i ni gredu ynddo a'i geisio yn yr ysbryd priodol'.[122]

Cytunai awdur un arall o'r pamffledi cyntaf yn y gyfres, y gwleidydd ac ymgyrchydd brwd dros sawl achos a drafodwyd eisoes yn y gyfrol hon, Rhys J. Davies (1877–1954), bod heddychiaeth yn rhan hanfodol o unrhyw ymgais i greu 'Oes Newydd'. Deuai Davies yn wreiddiol o Langennech yn sir Gaerfyrddin ac fel sosialydd brwdfrydig bu'n aelod cynnar o'r ILP (*Independent Labour Party*) ac yn Aelod Seneddol Llafur dros etholaeth Westhoughton ger Manceinion am ddeg mlynedd ar hugain o 1921 ymlaen. Neilltuir rhan olaf ei bamffled ar *Y Cristion a Rhyfel* i ddisgrifio'r 'Oes Newydd' wrth iddo edrych ymlaen at y math o fyd a fyddai'n dilyn y rhyfel. Rhestra adeiladu tai newydd o safon lawer uwch a thrafnidiaeth gyhoeddus mwy effeithlon ymhlith ei nodweddion, ynghyd â rhyddid newydd i draethu barn ar y cyfryngau modern am bob pwnc dan haul.[123] Byddai hawliau cyfartal i feibion a merched dderbyn addysg o safon a gwaith ystyrlon yn rhan o'r newid hefyd. Ac yn unol â delfrydau sosialaeth iwtopaidd ers ei chychwyn, credai byddai eu horiau gwaith yn cael eu lleihau hefyd a'u cyfleoedd i hamddena yn cynyddu. 'Ni bydd mwyach angen gweithio wyth awr y dydd am chwe diwrnod yr wythnos,' meddai yn sgil hynny, 'caiff pawb ei wala a'i weddill ond iddo daro ergyd am bedair awr bedwar dydd o bob saith; a bydd saib a hamdden i'r gweithiwr fel y mynno yn union fel pe bai'n fonheddwr cyfoethog.'[124] Credai nad oedd modd cyrraedd yr 'Oes Euraid' hon, serch hynny, heb i drigolion y byd ymroi ar y cyd i weithio dros heddwch yn hytrach nag ymladd â'i gilydd.

Gwelwn ym mhamffled Iorwerth Jones yntau ar y grym di-drais, *Satyagraha*, a arloesodd Gandhi a'i ddilynwyr y defnydd ohono yn India, bod agwedd newydd tuag at yr unigolyn dan ddylanwad cynyddol seicoleg newydd yr ugeinfed ganrif yn rhan bwysig o heddychiaeth y cyfnod. I'r cwestiwn pwysig sut ddylai ymgyrchwyr di-drais ymateb i ymosodiadau creulon neu sadistig yn eu herbyn, ateba Jones nid trwy wadu bod creulondeb yn bodoli ond trwy haeru mai caredigrwydd a chymorth seicolegol oedd y ffordd orau i'w ddileu.[125] Dysgodd gwyddor newydd seicoleg 'nad trais a chas a wna fwyaf o les i'r gwan eu meddwl' a bod eu caethiwo yn gwaethygu eu problemau. Yn yr un modd, daethpwyd i ddeall yn gynyddol nad oedd 'dychryn a chas yn arfau effeithiol ar yr aelwyd nac yn yr ysgol.'[126] Fel y diwygwyr carchardai a ganolbwyntiwyd ar eu gwaith yn y bennod flaenorol, credai Jones, ymhellach, nad oedd cosbi a defnyddio grym corfforol yn ddull effeithiol o drin troseddwyr. 'Daeth John Howard a Elizabeth Fry i ddeall,' meddai, 'gyda golwg ar y troseddwyr yr oedd eu sefyllfa cyn hynny mor druenus, nad oedd gorthrech yn effeithiol. Ac i'r un cyfeiriad ag yr aethant hwy yr aeth pob trefniant cosbol goleuedig diweddarach.'[127] Amlyga ei gyfraniad pa mor amlweddog a chynhwysfawr yw'r weledigaeth heddychol a gyflwynir yng nghyfres pamffledi Undeb Heddychwyr Cymru ar gyfer ffordd o fyw a chymdeithas newydd, ddi-drais.

Wedi'r Ail Ryfel Byd, cafodd rhai o awduron y gyfres hon a oedd yn aelodau o Blaid Cymru hefyd gyfle i roi syniadau o'r fath ynglŷn â dulliau di-drais ar waith yn ymarferol trwy brotestiadau i rwystro'r awdurdodau milwrol Prydeinig rhag traflyncu mwy o diroedd y genedl. Bu'r protestiadau hyn yn gynsail pwysig ar gyfer rhai Cymdeithas yr Iaith o'r 1960au ymlaen y dychwelwn atynt yn y man. Cynhaliwyd y pwysicaf ohonynt yn Nhrawsfynydd yn Awst a Medi 1951 yn dilyn ymgyrch lythyru a deisebu aflwyddiannus i atal y fyddin rhag meddiannu pum mil yn rhagor o aceri yn yr ardal. Ar y 30ain o Awst daeth dros saithdeg o aelodau'r Blaid ynghyd, gan gynnwys enwogion fel Lewis Valentine, D. J. Williams a Waldo Williams, y bardd ifanc R. S. Thomas, a'r pâr priod Eileen a Trefor Beasley i eistedd ar y ffordd tu allan i'r gwersyll milwrol yn Nhrawsfynydd. Aeth Waldo a'r Beasleys ymlaen i wneud safiadau pellach dewr dros heddwch a'r iaith yn y 1950au a fyddai'n ysbrydoli eraill i weithredu. Rhwystrwyd cerbydau am dros chwe awr yn y brotest gyntaf yn Nhrawsfynydd er i rai lorïau wthio mor agos â phosibl i'r protestwyr sawl tro.

Yn adroddiad *Y Ddraig Goch*, cyfeiria'r golygydd J. Gwyn Griffiths at ochr ddoniol y weithred pan ddaeth dau swyddog milwrol allan o'u car gydag un yn troi at y llall i ddweud, 'Ac 'roeddet ti wedi meddwl cael torri dy wallt? Wel, dyna ti wedi'i methu hi (you've had it).'[128] Yn fwy difrifol, disgrifiodd rhai o brofiadau ac emosiynau'r protestwyr y diwrnod hwnnw fel a ganlyn: 'Ymdeimlad o ddwyster ac o bosibilrwydd niwed corfforol (posibilrwydd a fu'n agos iawn ar rai adegau), sylweddoliad o nerth rhyfeddol hefyd – onid Gwynfor Evans oedd gwir bennaeth y gwersyll y diwrnod hwnnw? – ac o oruchafiaeth foesol'. Yn ôl ysgrifennydd diflino'r Blaid, J. E. Jones, bu'r brotest, a'r un mwy a'i dilynodd ym mis Medi, yn llwyddiannus oherwydd 'y canlyniad fu i'r Swyddfa Ryfel ddileu'r cynllun i feddiannu mwy o dir yn Nhrawsfynydd.'[129] Noda i ymgyrch gyffelyb er mwyn rhwystro'r Comisiwn Coedwigo rhag meddiannu tir yn ardal Rhandirmwyn, sir Gaerfyrddin fod yn llwyddiannus y flwyddyn flaenorol hefyd a rhai tebyg ym mynyddoedd Preseli, Eryri ac yn ardal Tregaron. Er i'r brotest yn Nhrawsfynydd gael ei beirniadu'n helaeth yn y wasg Gymreig hefyd, fel y dengys Rhys Evans yn ei gofiant mawreddog i Gwynfor Evans, bu'n gam ymarferol pwysig ymlaen yn natblygiad dulliau di-drais yng Nghymru'r ugeinfed ganrif.[130]

Bu heddychiaeth yn sail ar gyfer menter gomiwnol ddiddorol a sefydlwyd yn Nhŷ Garth Newydd ym Merthyr Tudful yn hwyrach yn y 1950au. Yn dilyn cynhadledd dan ofal y Crynwyr ym Mryste ym 1957, cynigiwyd y tŷ i grŵp bach o heddychwyr Seisnig yn bennaf a oedd yn gysylltiedig â sawl mudiad gwahanol, gan gynnwys y Pwyllgor Gweithredu Uniongyrchol yn erbyn Rhyfel Niwclear ('Direct Action Committee').[131] Yn ôl datganiad aelodau'r grŵp a alwai eu hunain 'The Fellowship of the Friends of Truth', bwriad y fenter a sefydlwyd oedd gwasanaethu'r gymuned leol, a byddai unrhyw incwm yn cael ei rannu rhwng yr aelodau a fyddai hefyd yn gwneud unrhyw benderfyniadau ar y cyd. Daeth Garth Newydd yn gartref am ychydig i ddau ffigwr arwyddocaol yn hanes y cyfnod, sef Harri Webb, a symudodd mewn ym 1960, a Meic Stephens a'i dilynodd ym 1962. Yn ôl cyfrol werthfawr Malcolm Llywelyn ar berthynas Webb â Merthyr, teimlai 'a cold contempt for the group's hopelessly impractical schemes', ac ymhen peth amser symudodd ei haelodau i gyd allan.[132] Dywed Meic Stephens yn ei hunangofiant i Garth Newydd yn raddol ddod 'yn rhyw fath o fecca i genedlaetholwyr hen ac ifanc' lle cyfarfu cangen leol Plaid Cymru.[133] Dechreuodd orsaf radio herwrol ('pirate') o'r enw Radio Cymru Rydd/Radio Free Wales ddarlledu o'r atig ym 1963 gan fod y Blaid wedi ei rhwystro rhag gwneud datganiadau gwleidyddol ar donfeddi mwy swyddogol yr adeg hynny. Galwai'r heddlu lleol mewn am baned, yn ôl y goel leol, heb sylweddoli bod y darllediadau anghyfreithlon yn cael eu trosglwyddo o'r atig.[134] O Garth Newydd yr aeth rhai o'r cenedlaetholwyr ifanc a gyfarfu yno allan i baentio sloganau trwy Gymru yn ôl Stephens, gan gynnwys yr enwocaf o'r cyfan, 'Cofiwch Tryweryn' ger Llanrhystud.[135] Bu'r llyfrgell a sefydlodd yr heddychwyr o'u blaen yng Ngarth Newydd yn sail ar gyfer casgliad yr Ysgol Astudiaethau Heddwch arloesol ym Mhrifysgol Bradford yn ddiweddarach, felly gellid dadlau bod i'r gymuned hon le balch yn hanes heddychiaeth a chenedlaetholdeb ail hanner yr ugeinfed ganrif.[136]

Hipis, Heddwch a'r Gymdeithas Amgen

Dadleua Chris Coates yn ei arolwg cynhwysfawr *Communes Britannica* mai dilyniant o draddodiad a sefydlwyd yn gynharach yn yr ugeinfed ganrif oedd y comiwnau a flodeuodd ym Mhrydain trwy ddylanwad diwylliant ieuenctid yr hipis yn bennaf yn y 1960au a'r 1970au, yn hytrach na ffrwydrad cwbl newydd neu ddigynsail.[137] Dengys ymhellach mai'r math o gymunedau bwriadus ('intentional communities') a grëodd y *Peace Pledge Union* a grwpiau heddychol eraill cyn ac yn ystod yr Ail Ryfel Byd, fel y rhai yng Nghymru a gyfeiriwyd atynt uchod, oedd un o gynseiliau pwysicaf yr ymchwydd sylweddol o fentrau comiwnol yng nghyfnod yr hipis a'u dilynwyr. Bu Cymru yn sicr yn lleoliad ar gyfer nifer o'r comiwnau arbrofol a restrir yng nghyfrol Coates a'r llyfrau cyfoes a gyhoeddwyd i geisio'u darlunio a chroniclo o safbwynt cymdeithasegol. Daeth gogledd a gorllewin Cymru, yn arbennig, yn gartref ar gyfer ton newydd o'r gymdeithas amgen a'r *counterculture* o'r 1960au ymlaen ar ffurf y cymunedau a sefydlodd grwpiau o bobl ifanc, gan mwyaf. Tueddir yn rhy aml i ddibrisio neu ddiystyru y ddelfrydiaeth a'r gobaith oedd yn sylfaen i'r mentrau hyn a meddylfryd yr hipis yn gyffredinol, a pha mor ganolog yr oedd heddwch a chariad i'w syniadaeth. Bu amryw o'r rhai a restrir yn *Communes Britannica* yn flaengar tu hwnt yn natblygiad y mudiad ecolegol ym Mhrydain hefyd, fel cymuned hunangynhaliol Glaneirw ger Aberteifi a chomiwn Eithin y Gaer, cartref BRAD neu 'Biotechnic Research and Development', menter sy'n cael sylw manwl yn arolwg cyfoes Patrick Rivers o ddyddiau cynnar y mudiad yn y 1970au.[138]

Mae'n arwyddocaol yng nghyd-destun heddychiaeth i'r comiwn a gydnabyddir yn gyffredinol fel un o'r cyntaf i sbarduno adfywiad y mudiad yn y 1960au, sef Selene, gael ei leoli yng Nghymru wledig ac i'r fenter hon gael ei gwreiddio yn y traddodiad di-drais, Gandhiaidd. Ysbrydolwyd cylchgrawn y grŵp a gychwynnodd Selene, *Ahimsa Communities*, gan y syniadaeth ynghylch didreisedd o'r un enw a boblogeiddiwyd yn y gorllewin trwy ymgyrchoedd Gandhi a'i ddilynwyr. Bwriad y grŵp oedd cefnogi cymunedau figan a llysieuol a thrwy hynny hybu'r egwyddor o beidio camddefnyddio unrhyw fodau byw. Ffurfiwyd Selene yn sir Gaerfyrddin ym 1967 a neilltuwyd sylw i'r gymuned hon yn nwy arolwg o'r mudiad a gyhoeddwyd yn y 1970au cynnar.[139] Symudodd y gymuned i fferm fynyddig pumdeg pedwar acer ger pentref Ffarmers ym 1968 ond canolbwyntiodd ei haelodau ar ddatblygu'r mudiad comiwnau newydd ymhellach, yn hytrach nag ar waith amaethyddol. Tyfodd aelodaeth y mudiad i dros gant erbyn diwedd 1969 a dechreuwyd efelychu ei menter yn sir Gaerfyrddin yn rhannau eraill o Gymru.

Mae tudalennau cefn cylchgronau gwasg danddaearol y 1970au cynnar yn sicr yn cynnig tystiolaeth helaeth o apêl Cymru wledig i hipis y cyfnod yn arbennig, er bod rhai o'r hysbysebion ar gyfer y comiwnau yn adlewyrchu'r trafferthion a brofwyd i'w cynnal, fel yr un canlynol o'r *International Times (IT)* ym 1972:

Our commune is faced with extinction unless we find £2,000
within the next two months, we are trying to get loans, etc.,
but without much success. Please help. Any financial support,
however small, will help to keep us going. Love and Peace.
Gilly and all at Oerle Commune, Trefeglwys, Caersws,
Mons.[140]

Rhestrwyd amrywiaeth o gymunedau tebyg yng ngwyddoniadur
seicadelig Nicholas Saunders o'r gymdeithas amgen ym 1975,
Alternative England and Wales, gan gynnwys y nifer cynyddol
o rai crefyddol eu hysbrydoliaeth a sefydlwyd yng nghefn gwlad
Cymru, fel cymuned Hindŵaidd ac aml ffydd Skanda Vale yn sir
Gaerfyrddin a grŵp Swffi gerllaw Tref-y-Clawdd ym Mhowys.[141]
Ceir llun o aelodau grŵp tebyg a ymsefydlodd yn Aberystwyth
a gerllaw Llandysul, sef dilynwyr y *guru* ifanc Maharaj ji o'r
'Divine Light Mission', yn adroddiad *Tafod y Ddraig* ar un o
brotestiadau lleol Cymdeithas yr Iaith ynglŷn â'r farchnad dai yn
hydref 1973.[142] Awgryma eu cefnogaeth o'r ymgyrch yn Nerwen
Gam y tir cyffredin ysbrydol a fodolai rhwng y grwpiau hyn a'r
mudiad protest yng Nghymru.

Teithiodd Nicholas Saunders trwy Gymru yr haf dilynol gan
ddod ar draws olion comiwn byrhoedlog a sefydlodd grŵp o'r
enw 'New Atlantis' ym mhentref Nant Gwrtheyrn yng Ngwynedd
ychydig flynyddoedd ynghynt. Ceir adroddiad yn y *Daily Post* yn
Hydref 1968 am y grŵp o hipis cynharach a geisiodd ymsefydlu
yno yn hen dai gwag y chwarelwyr. Yn ôl arweinydd y grŵp:

We were hounded out of Notting Hill, London, and had
hoped to settle down in this abandoned hamlet to live a life
of freedom. We were not starving. We had a good supply of
brown rice and tea. Children from the nearest village brought
us bread, milk and apples.[143]

Symudodd yr heddlu lleol y grŵp ymlaen, ond ymsefydlodd nifer o
hipis eraill yng nghefn gwlad Cymru yn llawer mwy llwyddiannus

yn y 1970au yn arbennig. Er bod cyffuriau fel canabis ac LSD yn ddiamheuol yn rhan o ddiwylliant yr hipis, fel y dangoswyd yn fwyaf amlwg yng Nghymru yn achos byd-enwog *Operation Julie*, roedd gwerthoedd pwysig eraill, ysbrydol yn elfen yr un mor bwysig o'r diwylliant.[144] Credai aelodau'r mudiad yn ddiffuant yn aml, ymhellach, y gallai cyffuriau seicadelig fel LSD ddyfnhau a helpu lledaenu'r gwerthoedd hynny.

Nodwyd yn *Llais Ogwan*, un o'r papurau bro newydd a sefydlwyd yn y 1970au cynnar, bod y mwyafrif o'r adroddiadau lu a gyhoeddwyd yn y wasg genedlaethol am gyffuriau yng Nghymru wledig y cyfnod wedi cael eu hysgrifennu 'gan bobl nad ydynt yn byw yma'. Disgrifiwyd Bethesda fel 'canolfan cyffuriau Gogledd Cymru' mewn adroddiadau o'r fath lle'r oedd 'estroniaid yn troi bythynnod y chwarelwyr yn lleoedd o ddrygioni ac anfoesoldeb'.[145] Ymateb yn llawer mwy pwyllog a wna'r trigolion lleol a holwyd eu barn ar gyfer erthygl *Llais Ogwan* ar y mater. Yn gyffredinol, fe werthfawrogwyd ochr ysbrydol diwylliant yr hipis mewn llefydd annisgwyl o fewn y Gymru Gymraeg o'r 1960au hwyr ymlaen. Cymeradwyodd yr awdur a cholofnydd Alun Page dueddiad 'Plant y Blodau' i wrthod materoliaeth ym 1968, er enghraifft. 'Ar ôl gwneud cyfrif o'r bobl hynny sy'n amddifad o unrhyw gymhelliad i fyw ond drwy fod yn od,' ysgrifennodd mewn cylchgrawn diwinyddol, 'rhaid cyfaddef fod llawer o bobl ifainc o'r teip hwn mewn gwrthryfel cydwybodol yn erbyn materoliaeth ddall a dyfeisgar.'[146]

Trafodwyd rhaglen deledu'r BBC am hipis San Francisco ym mhapur wythnosol yr Eglwys yng Nghymru ym 1967, nid er mwyn condemnio y 'cwltws yma o gariad brawdol a phrofiadau mawr' ond er mwyn pwysleisio eu bod 'yn pwyntio bys at afiechyd cymdeithasol na ellir mo'i anwybyddu'.[147] Roedd dyhead 'pobl y blodau' i ddianc o'r 'ras lygod masnachol' er mwyn sefydlu 'cyfnod newydd o wynfyd ar y ddaear' yn un iach, yn ôl colofnydd yn yr un papur ddwy flynedd yn ddiweddarach.[148] Cyffelybodd y diwinydd R. Tudur Jones yr hipis â'r Cristnogion cynnar ym 1970 gan fod y ddau grŵp wedi 'herio seiliau ein gwareiddiad ni yn y Gorllewin'.[149] Er bod rhai agweddau o ddiwylliant yr hipis yn ymgorfforiad o'r Gymdeithas Oddefol (*Permissive Society*), fel ei anogaeth o gariad rhydd a chwalu confensiynau parchus, bwrgeisaidd ynglŷn ag ymddangosiad ac ymddygiad, roedd y diwylliant hefyd yn ymgais i ailsefydlu gwerthoedd ysbrydol a gollwyd yng nghanol materoliaeth a thrachwant y gymdeithas oludog. Yn hynny o beth, roedd tir cyffredin annisgwyl rhwng yr hipis a'r eglwysi yng Nghymru, ffactor sy'n esbonio i ryw raddau efallai pam na brofwyd gelyniaeth arbennig o helaeth na chryf yn erbyn y mewnfudwyr hipïaidd a'u gwerthoedd yng nghefn gwlad Cymru yn y 1970au.

Bu peth tensiynau yn anochel, serch hynny, rhwng y newydd-ddyfodiaid delfrydgar a'u cymdogion Cymreig, a chyfeirir at rhain yng nghyfrol Nicholas Saunders. Erbyn 1975, meddai yn ei arddull ddi-lol:

> There isn't much integration with the Welsh who can be very helpful and friendly but still draw the line at close personal relationships. Perhaps symbolic of this, when the first marriage between a freak and a local girl took place last autumn, the police chose their wedding party for the first drugs raid in the area.[150]

Wrth ddisgrifio Cymru fel lleoliad cynyddol boblogaidd ar gyfer y gymdeithas amgen, eglura Saunders mai'r ffaith bod cynifer o hen dai gwag ar gael i'w prynu yng nghefn gwlad a arweiniodd i raddau helaeth at ddyfodiad yr hipis yno. Mae'r dystiolaeth a gasglwyd ar gyfer arddangosfa a llyfryn cysylltiedig defnyddiol Amgueddfa Ceredigion, *Tua'r Gorllewin*, yn cadarnhau dyfarniad Saunders.[151] Datgela nifer o'r rhai a gafodd eu cyfweld ar gyfer yr arddangosfa iddynt symud i'r ardal yn ystod eu hugeiniau yn bennaf gan fod bythynnod a ffermdai rhad ar gael ym mhentrefi fel Penuwch a Chilcennin. Ond dylid nodi bod cymhellion delfrydgar gan amlaf yn rhan o'u penderfyniad i ymgartrefu yng Nghymru weledig hefyd, a oedd yn aml yn ymgais i ddilyn ffordd o fyw amgen, mwy syml a llai materol na fyddai'n bosibl yn nhrefi a dinasoedd Lloegr. Dysgodd rhai ohonynt Gymraeg, a thrwy eu hanfon i ysgolion bach lleol daeth llawer o'u plant yn siaradwyr Cymraeg o oedran ifanc. Yn achos pentref Penuwch, bu hyn yn dipyn o hwb i'r ysgol, fel y noda Angela Edwards yn ei hatgofion o'r cyfnod: 'Yn 1974 roedd 17 o blant yn yr ysgol leol. Ar ddechrau'r 80au tyfodd yr ysgol i oddeutu 40 o blant, yn nhymor y Pasg yn 1981 roedd 46 o blant ar y llyfrau, y nifer mwyaf ers 1948, ond ar ddiwedd y degawd roedd dros 70 o blant ar gofrestr yr ysgol.'[152]

Sylwodd y prifardd lleol, John Roderick Rees, ar y newydd-ddyfodiaid hyn yn amryw o'i gerddi, ac er iddo eu beirniadu ar adegau, cydnabu hefyd iddynt ddod â bywyd newydd i'r ardal. Ym mhryddest fuddugol Eisteddfod Genedlaethol Llambed ym 1984, 'Llygaid', cyfeiriodd ar un llaw at 'Llu aliwn y tepî a'r canabis' ac yn ddiweddarach at un o'u plith yn 'Neidio dros glawdd am y madarch hudol / A nôl i'w Nirfana fyglyd / Yn y babell blantog.'[153] Ond yn hwyrach yn y bryddest, ar y llaw arall, ar ôl nodi'n gynnil bod wyrion a gorwyrion perchnogion y tai lleol bellach wedi symud i 'swbtopia' y dinasoedd, disgrifia blant y mewnfudwyr a ddaeth yn eu lle yn siarad Cymraeg yn yr ysgol, a dathla 'Menter parau ifainc yn cyweirio cyfannedd, / Adnewyddu hen dai, / Aileni hen grefftau.'[154] Casglodd mewn man arall mai 'gwell oedd croesawu'r mewnlifiad i'r bryniau hyn na gweld cymdogaeth yn marw a neb ar ôl i siarad unrhyw iaith'.[155] Ceir yr un amwysedd yn ei gerdd 'Yn Nyddiau'r Pasg' sy'n darlunio hipi yn cerdded strydoedd Aberystwyth adeg y Pasg gydag oen yn ei gôl. Fe'i disgrifia fel 'Dyn dŵad yn hipieiddio byw', ond caiff ei atgoffa hefyd o'r 'Bugail Da' yn y cyferbyniad amlwg rhwng ei ofal tyner o'r oen a'r dyrfa faterol o'i gwmpas sy'n 'ffroeni bargeinion/O siop i siop'.[156]

Dwy flynedd wedi i grŵp bychan o unigolion sefydlu cymuned Selene yng nghefn gwlad sir Gaerfyrddin ym 1967, darluniodd John Rowlands, un o nofelwyr ifanc Cymraeg amlycaf y cyfnod, gymuned fwriadus nid annhebyg yn *Bydded Tywyllwch*. Stori

Ann, menyw yn ei hugeiniau cynnar yn dychwelyd i Gymru wledig ar ôl cyfnod anhapus yn byw yng nghanol berw gwyllt Llundain yn y 'Swinging Sixties' a geir yn y nofel hon. Y cyfle i fyw mewn tŷ anghysbell gyda grŵp bach o unigolion sy'n galw eu hunain y 'Cwmni' â'i tynna yn ôl. Dim ond tri unigolyn sy'n rhan o'r gymuned fach hon, cyn i Ann gyrraedd, sef Gwendoline Mason, arweinydd carismatig neu *guru* o fath; Jacob, sy'n ŵr canol oed; ac Alun, bachgen ymddangosiadol diniwed yn ei ugeiniau. Daw Ann i ddarganfod eu bod yn ffurfio rhyw fath o deulu amgen ym Mhlas Gwyn, ac er ei amheuaeth ar y cychwyn, mae'n cael ei denu'n gynyddol i aros yn eu plith. Erbyn diwedd y nofel, mae Jacob yn ei hannog i adael Plas Gwyn yn amlach ac etyb trwy nodi: 'Sut gallwch chi ddeud hynna? Ydy bod yn ynys ddim yn un o ddelfrydau'r Cwmni?'[157] Yn hytrach na sylwebaeth realaidd uniongyrchol ar dueddiadau cymdeithasol y cyfnod, alegori yw'r nofel sy'n dadlennu'r modd yr oedd y teulu 'niwclear' traddodiadol yn cael ei gwestiynu'n gynyddol o sawl cyfeiriad yn y 1960au, dan ddylanwad syniadau R. D. Laing ac eraill, fel y nodwyd ym mhennod tri. Yn y 1970au, daeth y gymdeithas amgen yng Nghymru wledig dan sylw awduron mwy confensiynol, fel J. R. Evans yn ei nofel *Y Cwm Cul*. Stori dieithryn 'rhyw labwst o ddyn ifanc blewog' sy'n cysgu ar lawr capel y pentref tawel mae'n crwydro i'w ganol, a'r cyffro y mae'n creu yn ei sgil a geir yn y nofel hon.[158] Cymro a deithiodd mor bell ag India cyn hynny i ganfod goleuedigaeth yw'r dieithryn, ond daw ei fywyd i ddiwedd erchyll mewn tân yn y capel wedi iddo gael ei gyhuddo ar gam o lofruddio merch leol.

Fel yr hipis a ddaeth i Gymru i geisio chwyldro tawel, mae'r alwad am chwyldro di-drais wedi bod yn rhan ganolog a chyson o genhadaeth Cymdeithas yr Iaith ers y degawd sefydlwyd y mudiad yn y 1960au. Yn hynny o beth, rhannai dir cyffredin gyda'r mudiad heddychol yng ngweddill y Deyrnas Unedig yn yr un cyfnod. Amlygir hyn yn y ffaith i'w gylchgrawn mwyaf hirhoedlog a dylanwadol, *Peace News*, fabwysiadu 'for nonviolent revolution' fel ei arwyddair ar ddechrau'r 1970au.

Cefnogodd yr un cylchgrawn brotestiadau Cymdeithas yr Iaith yn gyson o ganlyniad, fel yn rhifyn mis Medi 1974 pan neilltuwyd sylw i'w hymgyrch dros sefydlu sianel deledu Gymraeg wrth iddi ddwysáu'r flwyddyn honno. Dywedir i staff y Swyddfa Gymreig gyrraedd gwaith ar y 19eg o Awst i ddarganfod tri o ymgyrchwyr y Gymdeithas yno o'u blaen a wnaeth gyfnewidfa ffôn yr adeilad yn anweithredol.[159] Rhwng 1962 a 1992, bu 1,105 o unigolion a fu'n barod i dorri'r gyfraith fel rhan o ymgyrchoedd anghyfansoddiadol y Gymdeithas gerbron llysoedd barn, a charcharwyd 171 ohonynt.[160] Nid myfyrwyr a phobl ifanc oedd y rhain i gyd, fel y gwelwn.

Cefnogwyd gweithredu uniongyrchol, di-drais aelodau ifanc y Gymdeithas gan amryw o aelodau hŷn a fu'n ffigyrau blaenllaw ym mudiadau heddychol hanner cyntaf yr ugeinfed ganrif o'u blaen hefyd. Yn sgil hynny, carcharwyd rhai unigolion canol oed am gymryd rhan yn ymgyrchoedd y Gymdeithas yn y 1970au cynnar. Treuliodd y Parchedig W. Bryn Roberts, Rhosddu, Wrecsam, er enghraifft, ddeg diwrnod yn y carchar yn hydref 1972 'am wrthod talu dirwy a roddwyd arno am ei ran yn yr ymgyrch treth deledu'.[161] Defnyddiodd Alwyn D. Rees, a fu'n gefnogwr cyson a dylanwadol o ymgyrchoedd Cymdeithas yr Iaith o'r cychwyn, ei golofn olygyddol yng nghylchgrawn *Barn* i glodfori ei safiad ac i gollfarnu ynadon Wrecsam yn hallt am 'hurtrwydd gweinyddol a dallineb moesol' eu penderfyniad i'w garcharu.[162] Roedd hynny'n unol â'r ddadl a wnaeth yn ei golofn ychydig flynyddoedd ynghynt ynglŷn â pheryglon dwyfoli'r 'Gyfraith' a 'rhoi cylch o gysegridrwydd o gwmpas cyfreithiau unigol digon annheilwng ... Yr hyn sy'n ddwyfol yw cyfiawnder, nid cyfraith Prydain Fawr.'[163]

Bu Pennar Davies, un o heddychwyr ifanc mwyaf huawdl y 1930au a 1940au, ymhlith dros ddeugain o weinidogion ac offeiriad eraill a wnaeth weithred symbolaidd dros yr iaith yng Nghaerfyrddin y flwyddyn flaenorol, trwy orchuddio arwydd ffordd uniaith Saesneg gydag un dwyieithog. Yn ei araith ar risiau swyddfa'r Cyngor yn dilyn y weithred, dywedodd bod gagendor yn gallu tyfu rhwng cyfraith a chyfiawnder a bod gweithredu'n ddi-drais yn fodd teg o ddod ag anghyfiawnder i sylw'r awdurdodau. Roedd eu gweithred hefyd yn ffordd o ddangos cefnogaeth y canol oed i'r to ifanc a fu'n arwain yr ymgyrch.[164] Cyfeirir at yr un gagendor rhwng moesoldeb a'r gyfraith yn erthygl y Parchedig Norman Hughes i bapur wythnosol yr Eglwys yng Nghymru ychydig cyn hynny. Mynegodd ei gefnogaeth yntau o ddulliau ymgyrchwyr Cymdeithas yr Iaith, a beirniadodd ynadon heddwch Cymreig am eu cosbi mor llym. Cwestiyna pwy oedd y gwir 'ddrwg-weithredwyr' mewn achosion o'r fath a rhagwela 'fe all y daw'r dydd pan edrychir ar y bobl ifainc hyn fel arwyr cenedlaethol gan y gymdeithas Gymreig'.[165] Yn ystod un achos yn Llys Ynadon Wrecsam yn haf 1973, cododd gweinidog arall, sef T. Glyn Thomas, ar ei draed i fynegi ei gefnogaeth o'r protestwyr ifanc. Fe'i gorchmynnwyd i eistedd ond aeth ymlaen â'i araith gan ddatgan bod 'y Llys hwn yn ddirmygedig'.[166]

Bu Cymdeithas y Cymod – mudiad heddychol rhyngwladol y bu'r Cymro o Flaenau Ffestiniog, Richard Roberts, yn rhan allweddol o'i sefydlu ym 1914 ac a fu'n bresenoldeb cryf ym mywyd Cymreig ers hynny – hefyd yn gefnogol iawn o weithredoedd a dulliau Cymdeithas yr Iaith. Yn ei anerchiad ar ran y mudiad yn Eisteddfod Genedlaethol Caerfyrddin ym 1974, clodforodd Islwyn Ffowc Elis arweinwyr ifanc y Gymdeithas am 'weithredu'r cymod Cristnogol yn eu calon ac yn eu lleferydd.'[167] Credai bod hynny i'w edmygu fwyfwy yng nghyd-destun rhyngwladol tymhestlog y 1970au cynnar: 'A'r byd yma mor llawn o fwriadau *guerilla* a theroristaidd sy'n ymladd am ryddid cenedlaethol drwy rym arfau a chasineb, mae'r sefydliad Prydeinig yn methu deall dynion a merched ifanc sy'n gweithredu'n fonheddig, yn wâr, yn ddidrais, ac yn ysbryd cariad.'[168] Cyfeiria at Martin Luther King yn yr un araith, ac fel y bu syniadaeth a dulliau di-drais Gandhi a'i ddilynwyr yn India yn ddylanwad pwysig ar heddychwyr Cymraeg yn y 1930au a 1940au, bu'r mudiad hawliau sifil yn yr Unol Daleithiau a arweiniodd yn y 1960au yn ddylanwad cyffelyb pwysig ar ymgyrchwyr Cymdeithas yr Iaith.[169] Haerodd W. J. Edwards, gweinidog arall a gefnogodd y mudiad yn gryf a chyson, ym 1969 fod athroniaeth King ynghylch y gwahaniaeth sylfaenol rhwng deddfau cyfiawn ac anghyfiawn wedi ysbrydoli ymgyrchwyr ifanc yng Nghymru a gytunai â'i ddadl bod 'arnom ddyletswydd foesol i anufuddhau i gyfreithiau anghyfiawn'.[170] Galwodd ar Eglwysi Cymru i gefnogi 'arwyr yr iaith' a pharchu eu hymroddiad i draddodiad o anufudd-dod dinesig ac 'ufudd-dod i ddeddfau uwch' a ellid ei olrhain yn ôl i'r Cristnogion bore yn nyddiau'r Ymerodraeth Rufeinig.[171]

Cafodd un o'r arweinwyr ifanc a fawrygodd Islwyn Ffowc Elis ym 1974 yntau gyfle i annerch ar ran Cymdeithas y Cymod yn yr Eisteddfod y flwyddyn flaenorol, ac i amlinellu gweledigaeth nid annhebyg i'r freuddwyd enwog a rannodd King gyda'r byd yn ei araith yn Washington ym 1963. Gweithredu di-drais oedd pwnc anerchiad Gronw ab Islwyn, ac ynddo amlinella ei rinweddau a manteision fel dull o weithredu yn wleidyddol. Ond yn fwy na hynny, dengys ei bwysigrwydd fel cam cyntaf yn y broses o osod sylfeini cymdeithas a byd newydd:

> Rhaid i'r neb a fynn weld amgenach byd na hwn fynd ati i hau gwreiddyn newydd a dwf i ddisodli'r un pwdr presennol, sydd wedi esgor ar gymaint o anfadwaith. Rhaid i'r neb a ewyllysiodd hynny fynd ati'n ddiriaethol i'w wneud, oherwydd y mae gwir ewyllysio yn weithred mewn gofod ac amser.[172]

Cyhoeddwyd araith a draddododd un arall o ymgyrchwyr mwyaf blaenllaw y mudiad, Ffred Ffransis, wedi iddo gael ei ryddhau o garchar Walton yn *Barn* ychydig fisoedd ynghynt. Camau'r chwyldro oedd testun ei araith, ac ynddi amlinella ei gred mai imperialaeth filwrol, wleidyddol, economaidd, ddiwylliannol ac ysbrydol oedd yn bennaf gyfrifol am 'waeledd cenedlaethol sylfaenol' Cymru.[173] Y moddion mae'n cynnig i iacháu'r gwaeledd yw chwyldro di-drais a fyddai'n herio'r drefn 'trwy ymdrechion uniongyrchol cyfran helaeth o'r bobl', yn hytrach na dibynnu ar bleidiau gwleidyddol i'w arwain.[174] Cam cyntaf y chwyldro oedd creu gobaith newydd ymhlith nifer cynyddol o'r Cymry trwy eu tynnu mewn i'r frwydr dros yr iaith, ac yn y broses, adfer eu hunan-barch a dileu'r ymdeimlad o israddoldeb a ddatgelwyd mor rymus yng ngwaith yr athronydd J. R. Jones ychydig flynyddoedd ynghynt.[175] Byddai deffro'r ysbryd newydd hwn yn arwain at gamau nesaf y chwyldro, sef adfywiad diwylliannol ac economaidd a fyddai'n blaenoriaethu anghenion cymdeithasol ac ysbrydol o flaen rhai cyfalafol y farchnad yn unig. Y cam olaf oedd i 'orchfygu trais imperialaeth' a dadleua'n gryf nad trwy drais cyffelyb y dylid cyrchu at y nod. 'Yr angen yw nid cynyddu'r trais ond atal y trais sy'n rheibio'n gwlad ac atal yr awydd i dreisio a'r meddylfryd treisiol,' meddai wrth gloi'r araith, 'a go brin y gallwn ni wneud hyn trwy ddefnyddio trais ein hunain ac felly ymdebygu i'r imperialwyr'. Yn y ddwy araith hyn crynhoir y math o weledigaeth ysbrydol, iwtopaidd ei naws a oedd yn sylfaen bwysig ar gyfer ymgyrchoedd Cymdeithas yr Iaith o'r 1960au ymlaen.

Yn un o bamffledi'r Gymdeithas a gyhoeddwyd yng nghanol yr ymgyrch fawr i baentio arwyddion ffyrdd ym 1969, pwysleisir mai dileu trais oedd amcan gweithredoedd o'r fath yn y pen draw. Roedd aelodau'r Gymdeithas a ddaeth o flaen y llys wedi pledio'n ddieuog ar sail foesol yn ôl y pamffled hwn gan mai 'argyhoeddiad, egwyddor a chydwybod a symbylodd eu gweithredoedd, ac nid malais neu fandaliaeth.'[176] Haerir ymhellach bod paentio'r arwyddion yn gam ymarferol, uniongyrchol tuag at ddileu trais y wladwriaeth Brydeinig yng Nghymru: 'Mae arwydd uniaith Saesneg yn symbol o'r trais a ddioddefodd yr iaith Gymraeg, ac y mae ei ddileu yn ergyd dros y Gymraeg ac yn erbyn trais.'[177] Yn nhyb cefnogwr canol oed arall, sef D. O. Davies, a garcharwyd am ddeng niwrnod ym 1973 wedi iddo gymryd rhan mewn ymgyrch allweddol ddiweddarach trwy wrthod talu trwydded deledu, roedd parodrwydd y Gymdeithas i herio awdurdod 'wedi troi'r ddelfryd o Gymreigrwydd yn sefydliad a hwnnw'n sefydliad chwyldroadol.'[178] Fel Islwyn Ffowc Elis, cyferbynnodd eu harweiniad moesol a'u hymrwymiad i ddulliau di-drais gyda'r bywyd gwleidyddol cynyddol dreisgar y 1970au cynnar ar lwyfan rhyngwladol:

> Ym myd Watergate, Poulson, Lonrho, Norma Levy, y brodyr Littlejohn, Iwerddon, Vietnam a Chambodia, dyma gymdeithas lân, wedi gwadu trais a materoldeb a chysur personol, wedi llwyddo drwy aberth i ennill parch y rhai y gellir gobeithio amdanyn nhw, a chasineb ffiaidd y sawl sy'n pesgu ar bydredd yr oes ddrewllyd hon.[179]

Roedd chwyldro di-drais a fyddai'n creu 'Cymru newydd' yn rhan yr un mor bwysig o genhadaeth mudiad Cymraeg arall arbennig o ddelfrydgar o'r 1970au cynnar, sef Adfer. Gellir dadlau bod y math o iwtopiaeth ymarferol a gyfeirir ato trwy'r gyfrol hon, o gymunedau Robert Owen a'i ddilynwyr ymlaen, yn rhan amlycach a mwy canolog o waith Adfer na Chymdeithas yr Iaith mewn gwirionedd. Yn hytrach na phrotestio yn bennaf, roedd pwyslais Adfer o'r cychwyn ar weithredu yn y gymuned ac ar sicrhau bod cymunedau Cymraeg yn ffynnu. Un ffordd ymarferol o wneud hynny oedd sicrhau bod tai a chartrefi ar gael i Gymry ifanc yn ardaloedd gwledig gorllewin a gogledd Cymru, fel nad oedd angen iddynt symud i ardaloedd mwy dinesig. Aed ati i wneud hynny ar y cyd trwy gynnal penwythnosau i drwsio ac atgyweirio bythynnod gwag ym mhentrefi fel Talgarreg yng Ngheredigion. Wrth i'r hipis a symudodd i'r ardal atgyweirio bythynnod ac adfeilion ym Mhenuwch a phentrefi eraill, roedd eu cyfoeswyr lleol yn Adfer yn gwneud gwaith cyffelyb yn enw'r iaith a'r diwylliant Cymraeg. Dau grŵp gyda chefndiroedd diwylliannol cwbl wahanol oedd y mewnfudwyr hipïaidd ac aelodau Adfer, ond rhannai'r ddau yr un cymhelliad gwaelodol i wrthod cymdeithas gyfalafol a'r gwerthoedd oedd ynghlwm ag ef er mwyn ceisio sefydlu cymdeithas amgen ar seiliau gwahanol, mwy cydweithredol ac ysbrydol. Yn un o ysgrifau prif sylfaenydd ac ysgogydd y mudiad, Emyr Llywelyn, cyfeirir at yr angen i beidio cydymffurfio â chyfundrefn sydd yn ei hanfod yn anghyfiawn: 'Oherwydd rhaid i ni anelu at sefyllfa yng Nghymru lle bydd yn gwbl naturiol i fyfyrwyr colegau anghydffurfio â'r drefn (mynd yn "drop out") am gyfnod er mwyn helpu eraill sy'n ceisio sefydlu yn y Gorllewin, ac yna sefydlu yno eu hunain yn eu tro'.[180] Mae'n ddiau fod gweledigaeth Adfer ynglŷn ag argyfwng y farchnad dai wedi cael ei wireddu i raddau helaeth iawn ers y 1970au, gyda phobl ifanc mewn ardaloedd fel Pen Llŷn yn ei chael yn gynyddol amhosibl i brynu cartrefi eu hunain ac aros yn eu cymunedau. Ymhellach, fe gamddehonglwyd athroniaeth y mudiad yn ddifrifol yn y 1970au ac ers hynny, ond nid oes amheuaeth ei fod wedi ei wreiddio yn y traddodiad heddychol, cydweithredol sy'n iwtopaidd a delfrydgar yn ei hanfod.

Casgliad

Gwelwyd yn y bennod hon sut y mynegwyd gweledigaeth amlweddog, gyflawn ynglŷn â chymdeithas newydd ddi-drais, a sut i'w sefydlu trwy waith ymgyrchu a chyhoeddiadau mudiadau heddychol fel Urdd y Deyrnas yng Nghymru hanner cyntaf yr ugeinfed ganrif. Dilynwyd eu hesiampl gan fudiadau yn ymwneud â dyfodol y genedl a'r iaith yn ail hanner y ganrif, fel Cymdeithas yr Iaith yn fwyaf amlwg, a rannodd eu hymlyniad wrth ddulliau di-drais. Awgrymwyd hefyd bod tir cyffredin rhwng y mudiadau Cymraeg eu hiaith hyn ag isddiwylliant yr hipis a wnaeth argraff nodedig yng nghefn gwlad yn y 1970au. Elfen amlwg o'r tir cyffredin oedd pwyslais y ddau ar greu cymdeithas amgen a seiliwyd ar werthoedd gwahanol i'r rhai cyfalafol a materol a lywodraethai yn y Deyrnas Unedig fel arall. Rhagflaenodd eu gwaith a'u syniadau amryw o'r problemau mwyaf difrifol sy'n ein hwynebu yn ein canrif bresennol, yng nghyswllt ecoleg a'r amgylchedd yn fwyaf penodol, a gallwn elwa o efelychu eu dewrder a'u haberth heddiw.

Nodiadau

1   Dywedodd un o'r rhain, Ben Bowen Thomas, yn ei bamffled i gyfres Coleg Harlech ar *Heddwch a Rhyfel* (Aberystwyth: Gwasg Aberystwyth, 1940) mai'r Cymry oedd un o'r unig genhedloedd i gymryd y ddelfryd hon o ddifrif, t. 24.

2   Heini Gruffudd, *Achub Cymru: Golwg ar gan mlynedd o ysgrifennu am Gymru* (Talybont: Y Lolfa, 1983), t. 106.

3   Goronwy J. Jones, *Wales and the Quest for Peace* (Cardiff: University of Wales Press, 1969), t. 105.

4   Gweler Jenny Mathers a Mererid Hopwood (goln), *Yr Apêl, 1923–24: Hanes Rhyfeddol Deiseb Heddwch Menywod Cymru*, (Talybont: Y Lolfa, 2022) ar gyfer y stori lawn.

5   E. T. John, 'Cyfle Cymru Heddiw', *Y Genhinen*, XL/3, Gorffennaf 1922, 121.

6   John, 'Cyfle Cymru Heddiw', 121.

7   John, 'Cyfle Cymru Heddiw', 121.

8   John, 'Cyfle Cymru Heddiw', 122.

9   Gweler nodiadau'r golygydd D. Miall Edwards yn *Yr Efrydydd*, III/1, Hydref 1922, 1–3, ar gyfer cefndir ac amcanion sefydlu Urdd y Deyrnas.

10 *Yr Efrydydd*, II/4, Mehefin 1922, 74.

11 *Yr Efrydydd*, II/4, 74.

12 Morfudd Huws, 'Agor y Drws', *Yr Efrydydd*, II/4, Mehefin 1922, 90.

13 *Yr Efrydydd*, II/4 Mehefin 1922, 96.

14 Pennar Davies, *Gwynfor Evans* (Abertawe: Tŷ John Penry, 1976), t. 23.

15 Gweler ei bennod, 'Traddodiad Heddychol Cymdeithas y Cymod (1914–1945)' yn D. Ben Rees (gol.), *Dilyn Ffordd Tangnefedd: Canmlwyddiant Cymdeithas y Cymod, 1914–2014* (Lerpwl: Cyhoeddiadau Modern Cymreig, 2015) t. 73.

16 Dewi Eirug Davies, *Protest a Thystiolaeth: Agweddau ar y Dystiolaeth Gristionogol yn yr Ail Ryfel Byd* (Llandysul: Gwasg Gomer, 1993). t. 8.

17 *Traethodau'r Deyrnas 1 i 12* (Wrecsam: Hughes a'i Fab, 1924).

18 *Yr Efrydydd*, III/3, Mawrth 1938, 45.

19 *Yr Efrydydd*, III/3, 45.

20 *Barn*, 101, Mawrth 1971, 148.

21 Rhys Evans, *Gwynfor: Rhag Pob Brad* (Talybont: Y Lolfa, 2005), t. 33.

22 Davies, *Gwynfor Evans*, t. 23.

23 T. J. Davies, *Cyfle i Nabod* (Abertawe: Christopher Davies, 1977), t. 125.

24 Davies, *Cyfle i Nabod*, t. 125.

25 *Yr Efrydydd*, II/9, Mehefin 1926, 251.

26 *Yr Efrydydd*, III/1, Hydref 1926, 26.

27 *Yr Efrydydd*, III/1, Hydref 1926, 27–8.

28 *Yr Efrydydd*, III/2, Tachwedd 1926, 31.

29 Gwenan Jones, 'Llythyr at Gyn-Ysgrifennydd Mudiad Cristnogol y Myfyrwyr yng Nghymru', *Yr Efrydydd*, VII/1, Ionawr 1943, 2.

30 Jones, 'Llythyr at Gyn-Ysgrifennydd', 3.

31 Jones, 'Llythyr at Gyn-Ysgrifennydd', 3.

32 Gwenan Jones, 'Mudiad Cristnogol y Myfyrwyr', *Cymru*, 70, 1926, 41.

33 Gwenan Jones, *Addysg yng Nghymru: Traethodau'r Derynas, Rhif 4* (Wrecsam: Hughes a'i Fab, 1924).

34 Jones, 'Mudiad Cristnogol', 42.

35 Bu Rudolf Steiner yng ngogledd Cymru ei hun ym 1923 ar gyfer cynhadledd o'r Gymdeithas 'Anthroposophy' a sylfaenodd. Gwnaeth Penmaenmawr a'i gylch o feini hynafol argraff ddofn arno, a mewn llythyr at ffrind dywedodd: 'There is a wonderful solitude there. Two derelict druid circles ... Standing by the Druid sanctuaries, where so many years ago people used to watch over spiritual matters, was very meaningful to me.' Gweler gwybodaeth y Gymdeithas Anthroposophi ar gynhadledd a gynhaliwyd ym Mhenmaenmawr i nodi'r canmlwyddiant yn 2023: *https://dasgoetheanum.com/en/ascension-conference-penmaenmawr/*, cyrchwyd 21 Medi 2024. Symudodd Summerhill, ysgol enwog A. S. Neill, a sefydlodd ym 1921, i dŷ sylweddol o faint o'r enw Bryn Llywelyn ger Llan Ffestiniog rhwng 1940 a 1945. Gweler Llion Wigley, '"Y Plentyn yn y Canol": Yr Addysg Newydd yng Nghymru c.1918– 1969', *Y Traethodydd*, CLXXIV, Gorffennaf 2019, 147–67.

36 Gwenan Jones, 'Yr Ysgolion a'r Oes Newydd', *Yr Efrydydd*, XI/1, Hydref 1934, 26.

37 Jones, 'Yr Ysgolion a'r Oes Newydd', 27.

38 Jones, *Addysg yng Nghymru*, t. 16.

39 Jones, *Addysg yng Nghymru*, t. 11.

40 Gwenan Jones, *Ysgolion y Cymry* (Llandysul: Gwasg Gomer, 1942), t. 3.

41 Jones, *Ysgolion y Cymry*, t. 13.

42 Jones, *Ysgolion y Cymry*, t. 17.

43 Jones, *Ysgolion y Cymry*, t. 25.

44 *Seren Cymru*, 27 Gorffennaf 1945. Ailargraffwyd yr erthygl mewn atodiad o ysgrifau cyfoes yng ngyfrol Dewi Eirug Davies, *Protest a Thystiolaeth*, t. 190.

45 Herbert Morgan, *Diwydiant yng Nghymru: Traethodau'r Deyrnas, Rhif 3* (Wrecsam: Hughes a'i Fab, 1924), t. 16.

46 Thomas Rees, *Gwleidyddiaeth yng Nghymru: Traethodau'r Deyrnas, Rhif 7* (Wrecsam: Hughes a'i Fab, 1924), t. 13.

47 Rees, *Gwleidyddiaeth yng Nghymru*, t. 13.

48 Rees, *Gwleidyddiaeth yng Nghymru*, t. 16.

49 Gweler portread R. J. Jones ohono yn *Cenhadon Hedd II* (Dinbych: Gwasg Gee, 1944), tt. 19–31.

50 D. R. Thomas, 'Seiat Heddychwyr Cymru', *Yr Efrydydd*, IX/4, Gwanwyn 1945, 23.

51 Thomas, 'Seiat Heddychwyr Cymru', 24.

52 Thomas, 'Seiat Heddychwyr Cymru', 23.

53 Thomas, 'Seiat Heddychwyr Cymru', 23.

54   Gweler Erich Fromm, *The Politics of Hope* (New York: Harper & Row, 1968) ar gyfer cyfrol fwyaf iwtopaidd yr aelod cynnar o Ysgol Frankfurt a ddatblygodd ei gyfuniad unigryw ei hun o syniadau seicdreiddiol a Marcsaidd.

55   Gweler pennod Pryderi Llwyd Evans arno yn Rees (gol.) *Dilyn Ffordd Tangnefedd*, tt. 166–74.

56   Gwynfor Evans, *Heddychiaeth Gristnogol yng Nghymru* (Caerdydd: Cymdeithas y Cymod, 1991), t. 21.

57   D. R. Thomas, *Y Plentyn yn y Canol* (Caerdydd: Cymdeithas y Cymod, 1955), t. 9.

58   Thomas, *Y Plentyn yn y Canol*, t. 9.

59   D. R. Thomas, *Athronwyr ac Addysg* (Caerdydd: Gwasg Prifysgol Cymru, 1969), t. 114.

60   Thomas, *Athronwyr ac Addysg*, t. 117.

61   D. R. Thomas, *Robert Owen ac Addysg* (Aberystwyth: Cyfadran Addysg Coleg Prifysgol Cymru, 1971), t. 6.

62   Thomas, *Robert Owen ac Addysg*, t. 10.

63   Thomas, *Robert Owen ac Addysg*, t. 14.

64   Thomas, *Robert Owen ac Addysg*, t. 15.

65   D. R. Thomas, *Fromm* (Dinbych: Gwasg Gee, 1984).

66   Thomas, *Fromm*, t. 10.

67   Erich Fromm (gol.), *Socialist Humanism: An International Symposium* (London: Allen Lane, 1967).

68   Thomas, *Fromm*, t. 85.

69   Thomas, *Fromm*, t. 85.

70   Thomas, *Fromm*, t. 85.

71   Thomas, *Fromm*, tt. 85–6.

72   D. R. Thomas, *Y Dewis Olaf: Ymgadw Rhag Armagedon* (Abertawe: Tŷ John Penry, 1982), t. 19.

73   Thomas, *Y Dewis Olaf*, t. 26.

74   Thomas, *Y Dewis Olaf*, tt. 27–8.

75   Thomas, *Y Dewis Olaf*, t. 34.

76   Thomas, *Y Dewis Olaf*, tt. 34–5.

77   D. R. Thomas, *Helbulon Heddychwr* (Pontrhydfendigaid: Argraffdy Fflur, 1988), t. 4.

78   Thomas, *Helbulon Heddychwr*, t. 10.

79   Thomas, *Helbulon Heddychwr*, t. 11.

80   Gwynfor Evans, *George M. Ll. Davies: Pererin Heddwch* (Cymdeithas y Cymod, 1980), t. 10.

81   Dyfnallt Morgan, 'Yr Unedau Coedwigo', *Heddiw*, 6/8, Mawrth-Ebrill 1941, 220.

82   Dyfnallt Morgan (gol.), *Cyfaill Carcharorion: Cofio Merfyn Lloyd Turner* (Gwasg Gee: Dinbych, 1992), t. 67.

83   Morgan, 'Yr Unedau Coedwigo', 222.

84   Morgan, 'Yr Unedau Coedwigo', 222.

85 Gweler ysgrif J. R. Jones yn J. E. Meredith (gol.), *Credaf: Llyfr o Dystiolaeth Gristionogol* (Aberystwyth: Gwasg Aberystwyth, 1943) tt. 101–16.

86 Morgan, 'Yr Unedau Coedwigo'.

87 Martin Hägglund, *This Life: Why Mortality Makes Us Free* (New York: Profile, 2019).

88 George M. Ll. Davies, M. Artemus Jones, J. P. Davies, *Ymwrthodwn â Rhyfel!* (Dinbych : Gwasg Gee, 1938), t. 31.

89 Dafydd Jenkins, *Economeg Heddwch* (Dinbych: Gwasg Gee, 1941), t. 27.

90 Gwynfor Evans (gol.), *Tystiolaeth y Plant* (Dinbych: Gwasg Gee, 1942), t. 17. Gweler y cofnod ar D. Tecwyn Lloyd gan Ieuan Parri yn *Y Bywgraffiadur Cymreig* ar gyfer ei hanes yn yr Ail Ryfel Byd: *https:// bywgraffiadur.cymru/article/c8-LLOY-TEC-1914*, cyrchwyd 25 Ionawr 2025.

91 Evans (gol.), *Tystiolaeth y Plant*, t. 15.

92 Caroline Moorhead, *Troublesome People: Enemies of War 1916–1986* (London: Hamish Hamilton, 1987), tt. 193–4. Ar gyfer y berthynas rhwng heddychiaeth a ffeminyddiaeth, gweler Richard Evans, *Comrades and Sisters: Feminism, Socialism and Pacifism in Europe 1870–1945* (Brighton: Prentice Hall, 1987).

93 Evans (gol.), *Tystiolaeth y Plant*, t. 11.

94 Gweler cofnod Jean Silvan Evans ar ei bywyd yn *Y Bywgraffiadur Cymreig*: *https://bywgraffiadur.cymru/article/c11-RUSB-ROS-1915*, cyrchwyd 15 Hydref 2024.

95 Evans (gol.), *Tystiolaeth y Plant*, t. 21.

96 Evans (gol.), *Tystiolaeth y Plant*, t. 22.

97 Pennar Davies, *Ffederaliaeth* (Dinbych: Gwasg Gee, 1944).

98 Tom Parry (gol.), *Tystiolaeth y Tadau* (Dinbych, Gwasg Gee, 1942), t. 26. Daw'r dyfyniad o lyfr Richard Price, *Observations on the Nature of Civil Liberty* (1776).

99 Davies, *Ffederaliaeth*, t. 12.

100 Davies, *Ffederaliaeth*, t. 16.

101 Davies, *Ffederaliaeth*, t. 25.

102 Davies, *Ffederaliaeth*, t. 31.

103 Davies, *Ffederaliaeth*, t. 18.

104 Pennar Davies, 'A yw Cymru'n Gristnogol', *Y Faner*, 22 Mawrth 1944. Ymddengys yr ysgrif yn ei chyfanrwydd yn Davies, *Protest a Thystiolaeth*, tt. 166–7.

105 Davies, *Protest a Thystiolaeth*, t. 167.

106 Kate Bosse-Griffiths, *Mudiadau Heddwch yr Almaen* (Dinbych: Gwasg Gee, 1943), t. 24.

107 Gweler y casgliad o'i hysgrifau, Kate Bosse-Griffiths, *Teithiau'r Meddwl* (Talybont: Y Lolfa, 2004), t. 110.

108 J. Gwyn Griffiths, *Anarchistiaeth* (Dinbych: Gwasg Gee, 1944), t. 21. Disgrifia Pennar Davies Mikhail Bakunin, un o'r ffigyrau canolog yn

hanes 'anarchistiaeth' sy'n derbyn cryn sylw yn y pamffled hwn, fel arwr ei hawdur. Gweler Davies, *Gwynfor Evans*, t. 102.

109 Griffiths, *Anarchistiaeth*, t. 23.

110 Griffiths, *Anarchistiaeth*, t. 23.

111 'Aduniad Cylch Cadwgan' yn Y Gwrandawr, IV, atodiad yn *Barn*, 101, Mawrth 1971, 3.

112 George M. Ll. Davies, *Ffordd y Cymod* (Dinbych: Gwasg Gee, 1941), t. 25.

113 Dafydd Jenkins, 'Penyberth a'r Cyfnod Wedyn, 1936–1938' yn John Davies (gol.), *Cymru'n Deffro: Hanes y Blaid Genedlaethol, 1925–1975* (Talybont: Y Lolfa, 1981), t. 63.

114 Jenkins, *Economeg Heddwch*, t. 3.

115 Jenkins, *Economeg Heddwch*, t. 4.

116 Jenkins, *Economeg Heddwch*, t. 24.

117 Jenkins, *Economeg Heddwch*, t. 26.

118 Ithel Davies, *Rhyfel a'r Werin* (Dinbych: Gwasg Gee, 1942), tt. 3–5. Carcharwyd Ithel Davies am dair blynedd yn y Rhyfel Byd Cyntaf yn sgil ei safiad heddychol. Derbyniodd driniaeth filain yn y carchar. Bu'n weithgar ar ran gwrthwynebwyr cydwybodol eraill yn rhinwedd ei swydd fel cyfreithiwr yn ystod yr Ail Ryfel Byd.

119 Davies, *Rhyfel a'r Werin*, t. 17.

120 Davies, *Rhyfel a'r Werin*, t. 16.

121 Davies, *Rhyfel a'r Werin*, t. 20.

122 Davies, *Rhyfel a'r Werin*, t. 31.

123 Rhys J. Davies, *Y Cristion a Rhyfel* (Dinbych: Gwasg Gee, 1941), tt. 14–15.

124 Davies, *Y Cristion a Rhyfel*, t. 15.

125 Iorwerth Jones, *Satyagraha: Grym Di-drais* (Dinbych: Gwasg Gee, 1945), t. 14.

126 Jones, *Satyagraha*, tt. 14–15.

127 Jones, *Satyagraha*, t. 15.

128 *Y Ddraig Goch*, XXV/10, Hydref 1951, 2.

129 J. E. Jones, *Tros Gymru* (Abertawe: Gwasg John Penry, 1970), t. 305.

130 Rhys Evans, *Gwynfor: Rhag Pob Brad* (Talybont: Y Lolfa, 2005), tt. 141–3.

131 Gweler Chris Coates, *Communes Britannica: A History of Communal Living in Britain, 1939–2000* (London: Diggers and Dreamers, 2013), t. 489.

132 Malcolm Llywelyn, *Harri Webb and Merthyr Tydfil* (Merthyr Tudful: Llyfrau Brynach, 2023), tt. 9–10.

133 Meic Stephens, *Hunangofiant Meic Stephens: Cofnodion* (Talybont: Y Lolfa, 2012), t. 71.

134 Llywelyn, *Harri Webb*, t. 10.

135 Stephens, *Cofnodion*, t. 77.

136 Coates, *Communes Britannica*, t. 489.

137 Coates, *Communes Britannica*, tt. 381–2.
138 Partick Rivers, *The Survivalists* (London: Methuen, 1975), tt. 11–18.
139 Gweler Clem Gorman, *People Together: A Guide to Communal Living* (London: Paladin, 1973), tt. 43–4, ac Andrew Rigby, *Alternative Realities: A Study of Communes and their Members* (London: Routledge & Kegan Paul, 1974), tt. 94–6 a 115–19.
140 *International Times*, 132, Mehefin 1972, 46.
141 Gweler Nicholas Saunders, *Alternative England and Wales* (London: Nicholas Saunders, 1975), tt. 10–12 a 273 yn arbennig.
142 *Tafod y Ddraig*, 65, Hydref 1973, 7. Mae pump o aelodau'r 'Difyin Lyit', fel y'u gelwir yn y capsiwn, yn dal darn o bapur yr un sy'n cyfuno i ddweud, 'As you shall do unto others so shall be done unto you – Such is the law of karma – Deprive others of their homes'.
143 *Daily Post*, 9 Hydref 1968. Gweler hefyd Saunders, *Alternative England and Wales*, t. 155.
144 Gweler Lyn Ebenezer, *Operation Julie: The World's Greatest LSD Bust* (Talybont: Y Lolfa, 2010) ac Andy Worthington, *Albion Dreaming: A Popular History of LSD in Britain* (London: Marshall Cavendish Editions, 2012) yn arbennig ar gyfer stori anhygoel Operation Julie.
145 *Llais Ogwan*, 1, Ebrill 1975, 1. Gweler hefyd erthygl Vaughan Hughes ar y papurau bro newydd yn *Barn*, 151, Awst 1975, 771–2.
146 *Diwinyddiaeth*, 19, 1968, 36.
147 *Y Llan*, 1 Medi 1967, 2.
148 *Y Llan*, 7 Tachwedd 1969, 5.
149 *Y Cymro*, 7 Hydref 1970, 5.
150 Saunders, *Alternative England and Wales*, t. 11.
151 Gweler *Tua'r Gorllewin, yn Gymysgryw Haid/Towards the West, a Varied Crowd* (Aberystwyth: Amgueddfa Ceredigion Museum, 2015).
152 *Tua'r Gorllewin*, t. 6.
153 John Roderick Rees, *Cerddi Newydd 1983–1991* (Caernarfon: Cyhoeddiadau Barddas, 1992), tt. 14–15.
154 Rees, *Cerddi Newydd*, tt. 17–18.
155 *Tua'r Gorllewin*, t. 6.
156 Rees, *Cerddi Newydd*, t. 41.
157 John Rowlands, *Bydded Tywyllwch* (Llandybïe: Llyfrau'r Dryw, 1969), t. 184.
158 J. R. Evans, *Y Cwm Cul* (Aberystwyth: Cymdeithas Lyfrau Ceredigion, 1980), t. 49.
159 *Peace News*, 1978, 6 Medi 1974, 4.
160 Gweler Dylan Phillips, *Trwy Ddulliau Chwyldro...? Hanes Cymdeithas yr Iaith Gymraeg, 1962–1992* (Llandysul: Gwasg Gomer, 1998), t. 68.
161 *Tafod y Ddraig*, 53, Hydref 1972, 1.
162 *Barn*, 121, Tachwedd 1972, 6.
163 *Barn*, 83, Medi 1969, 285.

164 Gweler adroddiad *Y Cymro*, 21 Ebrill 1971 a Tegwyn Jones (gol.), *Lloffion y Flwyddyn, Cyfrol 1* (Talybont: Y Lolfa, 1971), t. 31.

165 *Y Llan*, 17 Ebrill 1970. Dyfynnir ei gefnogaeth yn *Tafod y Ddraig*, 36, Ionawr 1971, 12.

166 Gweler yr ysgrif goffa i T. Glyn Thomas yn *Tafod y Ddraig*, 68, Ionawr 1974, 7.

167 *Barn*, 143, Medi 1974, 499.

168 *Barn*, 143, 499.

169 Gweler nodiadau golygyddol Alwyn D. Rees yn *Barn*, 86, Rhagfyr 1969, 31, lle dywed: 'Bu Gandhi yn arwr i lawer ohonom ni yn nyddiau ein hieuenctid, ac yn ysbrydoliaeth i lu o drafodaethau pan oeddem yn y Coleg.' Clodfora ymgyrchwyr ifanc Cymdeithas yr Iaith, fel Ffred Ffransis a Gwilym Tudur, am wneud defnydd cynyddol o'r gwahanol ddulliau di-drais a boblogeiddiodd Gandhi.

170 W. J. Edwards, 'Deddfau Cyfiawn ac Anghyfiawn', *Barn*, 88, Chwefror 1970, 100.

171 Edwards, 'Deddfau Cyfiawn ac Anghyfiawn', 100.

172 *Barn*, 139, Mai 1974, 292–3.

173 Ffred Ffransis, 'Camau'r Chwyldro', *Barn*, 125, Mai 1973, 198.

174 Ffransis, 'Camau'r Chwyldro', 199.

175 Gweler J. R. Jones, *Prydeindod* (Llandybïe: Llyfrau'r Dryw, 1965) yn arbennig. Bu Jones yn un o'r ffigyrau deallusol mwyaf dylanwadol yn natblygiad Cymdeithas yr Iaith yn y 1960au ac yn gefnogwr cadarn o'i hymgyrchoedd.

176 *Pam Peintio?* (Aberaeron: Gwasg Aeron, 1969), t. 5.

177 *Pam Peintio?*, t. 5.

178 *Barn*, 131, Medi 1973, 497.

179 *Barn*, 131, 496.

180 Emyr Llywelyn, *Y Chwyldro a'r Gymru Newydd* (Abertawe: Gwasg John Penry, 1971), t. 7.

Casgliad: Iwtopia Nawr

Un o'r egwyddorion a'r blaenoriaethau pwysicaf sy'n clymu'r syniadau a mentrau iwtopaidd a ddisgrifiwyd yn y gyfrol hon at ei gilydd yw ymreolaeth i Gymru. Rhannai'r mwyafrif o'r heddychwyr a ddadansoddwyd eu gwaith ym mhennod pedwar yr un ymrwymiad â'r cynllunwyr trefol ac arweinwyr y 'Welsh Town Planning and Housing Trust', fel Alwyn Lloyd a Lleufer Thomas, sy'n ganolog i'r bennod gyntaf bod ymreolaeth yn hanfodol. Ymreolaeth, yn wir, oedd yr allwedd i wireddu eu cynlluniau a'u gobeithion yn gyflawn yn eu tyb hwy. Roedd yr ymrwymiad hwn yn rhan o'u hyder a'u hoptimistiaeth wleidyddol gyffredinol y gellid creu gwell cenedl trwy roi'r grym yn nwylo ei thrigolion, ac y gallai'r genedl honno yn ei thro wneud cyfraniad pwysig at greu byd mwy heddychlon a chyfiawn. Collwyd yr hyder hwnnw yng Nghymru, fel yng ngweddill y byd gorllewinol, yn negawdau olaf yr ugeinfed ganrif a rhai cynnar y ganrif bresennol wrth i gyfalafiaeth masnach rydd gryfhau ei gafael trwy'r broses o ryngwladoli economaidd, a diwedd y bloc Comiwnyddol yn nwyrain Ewrop a gynigai fodel amgen o sut ellid llywodraethu'r economi a chymdeithas.

Ymgorfforir yr hyder a'r ewyllys uchod yn fwyaf grymus mewn cyd-destun Cymreig yng ngwaith yr athronydd J. R. Jones ac yn ei araith ddirdynnol 'I ti y perthyn ei ollwng', a gyhoeddwyd yn ei gyfrol olaf ym 1970, yn arbennig. Rhybuddio yn erbyn tuedd gyfoes i'r mudiad cenedlaethol cyfansoddiadol droedio llwybr rhy ofalus a phragmataidd wrth ganolbwyntio'n ormodol ar ennill pleidleisiau'n unig a wna yn ei anerchiad:

> Ac yng ngwleidyddiaeth cenedlaetholdeb y mae'n rhaid ymwrthod o'r cychwyn â'r syniad pragmataidd mai celfyddyd neu dechneg y 'posibl' yn unig yw gwleidyddiaeth; hynny yw, na ddylid amcanu at ddim ond yr hyn y profwyd ar sail cyfrif pennau ei fod yn 'ymarferol bosibl'. Oni chaniateir i wleidyddiaeth cenedlaetholdeb amgenach 'athroniaeth' na honna, yna y mae ein brwydr ni yng Nghymru yn barod ar ben.[1]

Sonia ymhellach am osod y 'cyfuniad proffwydol o ewyllys a gobaith yn erbyn yr agwedd saff, bragmataidd, wrth-arwrol, na wêl wleidyddiaeth ond fel math o gêm – math o ymarferiad mewn cyfrwystra sy'n gofalu peidio â gosod ei nod yn uwch na'r hyn a fo'n dechnegol "bosibl"'.[2] Cyfeiriodd at yr un cyfuniad mewn araith a draddododd yng Nghilmeri, rhan o'i safiad dewr, digymrodedd yn erbyn arwisgo Charles Windsor yng Nghaernarfon ym 1969. Yn hytrach na derbyn yr arwisgo a'r darostyngiad cenedlaethol a gynrychiolai, fe apelia i'w gyd-Gymry ei wrthod ac i ddychmygu llwybrau amgen i'r genedl: 'Taflwn reffynnau'r 'dynged' honedig oddi wrthym. Ymagorwn eto i'r ehangder creadigol sydd yn ein posibiliadau. Llanwer ni drachefn a'r cyfuniad proffwydol o ewyllys a gobaith.'[3] Mynegir y cyfuniad hwn yn athroniaeth J. R. Jones ei hun yn gyffredinol, ac mae ei waith yn cynnig arweiniad sy'n parhau yr un mor angenrheidiol ag y bu yn y 1960au tuag at wleidyddiaeth a anela ymhell tu hwnt i'r pragmataidd a'r 'posibl' yn unig.

Beth, felly, fyddai rhai o nodweddion a blaenoriaethau gwleidyddiaeth o'r fath mewn perthynas â'r pedair prif thema a drafodwyd yn y gyfrol hon, sef tai a chynllunio trefol; gwaith a hamdden; carchardai a chyfiawnder; a heddwch a didreisedd? Ym mhennod un, gwelwyd mai ymateb i ddiffyg tai a chartrefi safonol, fforddiadwy i'r dosbarth gweithiol yn arbennig oedd gwaith arloesol y cymdeithasau gardd bentrefi a chynllunio trefol a sefydlwyd yng Nghymru yn negawdau cynnar yr ugeinfed ganrif. Llwyddwyd trwy waith a chefnogaeth ariannol sylweddol y 'Welsh Town Planning and Housing Trust' yn arbennig i greu gardd bentrefi a maestrefi llwyddiannus a deniadol ym Marri, Rhiwbeina, Wrecsam a rhannau eraill o Gymru y mae eu pwysigrwydd pensaernïol a hanesyddol yn cael ei gydnabod yn gyffredinol. Ganrif a mwy yn ddiweddarach, mae'r argyfwng tai yng Nghymru yn fwy amlwg a dirfodol ei natur nag erioed. Mae'r alwad am Ddeddf Eiddo i geisio mynd i'r afael â'r argyfwng wedi bod yn rhan ganolog a chyson o ymgyrchu di-drais Cymdeithas yr Iaith a gyffyrddwyd arno ym mhennod pedwar ers sawl degawd, ond nid yw'r broses o ddatganoli gwleidyddol yng Nghymru er 1999, ysywaeth, wedi arwain at ddeddfwriaeth effeithiol o'r fath. Yn absenoldeb yr ymrwymiad a'r adnoddau ar ran llywodraeth ganolog ers yr 1980au i adeiladu tai cymdeithasol digonol, mae opsiynau pobl dosbarth gweithiol a phobl ifanc yn arbennig i sicrhau cartrefi o safon heb orfod symud o'u hardaloedd a gorfod dibynnu ar landlordiaid, sy'n blaenoriaethu elw gan amlaf, yr un mor gyfyng ag yr oeddynt yn nyddiau cynnar y mudiad gardd bentrefi.

Yn gysylltiedig â'r argyfwng tai yng Nghymru gyfoes, mae diffyg swyddi parhaol, sefydlog wedi cynyddu'r duedd o bobl ifanc yn symud o'u trefi a phentrefi i gyfeiriad Caerdydd neu du hwnt i'r ffin i ganfod gwaith. Mae'r broses o ddad-diwydiannu a arweiniodd at y diweithdra y bu'r math o brosiectau a ddisgrifiwyd ym mhennod dau yn ymateb iddo wedi parhau'n raddol ers y 1930au, a daeth y broses i ben i bob pwrpas yng Nghymru gyda chau'r gweithfeydd dur ym Mhort Talbot yn Hydref 2024. Yn sgil yr un broses yng ngogledd Cymru, mae gwleidyddion yn parhau i ddadlau dros agor atomfa newydd yn Wylfa, Ynys Môn, er gwaethaf rhybuddion cyson a manwl ymgyrchwyr lleol a chenedlaethol ynglŷn â'r peryglon amgylcheddol, moesegol a dirfodol sydd ynghlwm ag ynni niwclear.[4] Fe ellid dadlau mai'r math o bragmatiaeth a diffyg gweledigaeth y rhybuddiodd J. R.

Jones o'u blaen yn ei erbyn sy'n arwain gwleidyddion Cymreig i gefnogi prosiectau peryglus, dinistriol o'r fath.

Amlinellwyd ym mhennod tri gyfraniad hanfodol bwysig ffigyrau arloesol Cymreig yn y maes, fel Merfyn Turner, i geisio diwygio'r carchardai hynafol, Fictoraidd ym Mhrydain a oedd eisoes wedi gweld dyddiau llawer gwell erbyn y 1960au. Yn hytrach na chymryd eu cyngor i'w dymchwel, mae'r mwyafrif o'r carchardai hyn yn dal i sefyll ac mae'r argyfwng tu ôl i'w waliau uchel wedi dwysáu yn ddifrifol yn negawdau cynnar yr unfed ganrif ar hugain. Yng Nghymru, agorwyd 'superprison' y Berwyn ger Wrecsam yn 2017 er gwaethaf rhybuddion ymgyrchwyr ac arbenigwyr yn y maes na fyddai carchar anferth o'r fath yn helpu i leihau lefelau troseddu nac ychwaith yn arwain at adsefydlu'r carcharorion wedi iddynt adael.[5] Mae carchar hynafol Abertawe yn parhau i fod yn gyson ymhlith y mwyaf gorlawn ym Mhrydain, ac mae carchar cyfagos y Parc ger Pen-y-bont ar Ogwr – lle bu tair ar ddeg o garcharorion farw yn 2024 dan ofal honedig y cwmni preifat, G4S – wedi methu'n llwyr i ddiogelu bywydau'r unigolion a gaethiwyd o fewn eu muriau yn y blynyddoedd mwyaf diweddar. Arestiwyd pedwar o swyddogion y carchar ar amheuaeth o ymosodiad troseddol a chamymddwyn ym mis Medi 2024.[6] Bu farw Mohamud Mohammed Hassan ar y 9fed o Ionawr 2021 oriau wedi iddo gael ei ryddhau o orsaf Heddlu De Cymru ym Mae Caerdydd, a bu farw Mouayed Bashir y mis canlynol wedi iddo ddod i gyswllt â swyddogion Heddlu Gwent. Galwodd ymgyrchwyr yn gyson ers hynny am gyfiawnder ar ran y ddau a'u teuluoedd ond ni chafwyd atebion llawn a boddhaol i'r amgylchiadau ynghylch eu marwolaethau gan yr awdurdodau perthnasol, er gwaethaf y ddau gwest swyddogol a gynhaliwyd, wedi oedi sylweddol, yn 2024.[7] Tanlinella achosion o'r fath pa mor ddiffygiol a phwdr yw'r gyfundrefn gyfiawnder troseddol yng Nghymru, sefyllfa sydd wedi ei waethygu gan y ffaith nad yw wedi ei datganoli, fel y mae'r academyddion Robert Jones a Richard Wyn Jones wedi dangos.[8] Yn ogystal â chynyddu'r galw am ddatganoli o'r fath ac am ymateb cyfiawn a chyflawn i achosion fel marwolaethau Mohamud Mohammed Hassan a Mouayed

Bashir, dichon fod y galw i ailystyried y carchardai a'u pwrpas yn gyffredinol yn rhan hanfodol o unrhyw wleidyddiaeth newydd, iwtopaidd yng Nghymru gyfoes.

Byddai unrhyw alwad o'r fath yn gysylltiedig â'r brif thema olaf a ystyriwyd yn y gyfrol hon, sef didreisedd. Mae'r ddadl bod y carchardai yn parhau cylch dieflig o drais a arweinia at fwyafrif troseddau'r sawl a garcharwyd, yn hytrach na mynd i'r afael â'r rhesymau cymdeithasol ac economaidd yn ymwneud â thlodi yn bennaf sy'n sail iddynt, yn rhan hanfodol o'r achos dros ddadgarcharu yn gyffredinol. Gwelwyd ym mhennod pedwar i heddychwyr Cymreig gymhwyso eu syniadau ynghylch pwysigrwydd byw yn ddi-drais i sawl maes tu hwnt i ryfel a heddwch yn unig, gan gynnig arweiniad defnyddiol ar amrywiaeth o bynciau cymdeithasol cysylltiedig eraill fel addysg. Mae un o'r mudiadau a drafodwyd, sef Cymdeithas y Cymod, yn parhau i ymgyrchu yn y cyswllt hwn trwy ddadlau yn erbyn polisi'r llywodraeth Brydeinig o recriwtio plant mor ifanc ag un-ar-bymtheg oed i'r fyddin, yr unig wlad yn Ewrop sy'n parhau i wneud.[9] Ynghlwm â'r polisi hwn mae parodrwydd cyson yr awdurdodau milwrol i ganolbwyntio eu recriwtio ar ardaloedd mwyaf tlawd a difreintiedig Cymru, ymgais cwbl sinigaidd ar eu rhan i fanteisio ar y diffyg cyfleoedd gwaith amgen sy'n agored iddynt. Mae Cymdeithas y Cymod a grwpiau eraill fel CND Cymru wedi parhau i ymgyrchu'n benderfynol hefyd yn erbyn dylanwad a phresenoldeb amlwg yr awdurdodau hyn, y diwydiant arfau a'r diwydiant ynni niwclear rhyng-gysylltiedig yng Nghymru. Byddai torri'r cyswllt agos rhwng y diwydiant arfau a'r economi Gymreig yn rhan bwysig arall o wleidyddiaeth iwtopaidd, newydd wrth symud mewn i ail chwarter yr unfed ganrif ar hugain. Wedi'r cyfan, mae'r diwydiant hwnnw yn gyfrifol am gefnogi a chynnal llywodraethau gormesol fel Sawdi Arabia yn ogystal â chyfrannu'n sylweddol at drais llywodraeth Israel yn erbyn pobl Gaza a Phalesteina.

Mae Llywodraeth Cymru wedi cymryd cam pwysig tuag at greu Cymru ddi-drais trwy'r ddeddf a gyflwynwyd yn 2022 i wahardd rhieni rhag taro plant. Ond mae'r grym sydd yn nwylo'r Senedd i adeiladu ar ddeddfwriaeth o'r fath yn gyfyngedig ac annigonol. Dim ond trwy symud tuag ymreolaeth genedlaethol fwy cyflawn, ac annibyniaeth yn y pen draw, y gellir gwahaniaethu Cymru'n glir rhag polisi tramor ac amddiffyn y Deyrnas Unedig, sy'n blaenoriaethu anghenion y diwydiant arfau uwchlaw ystyriaethau moesegol a dynol bron yn ddieithriad. Amddiffyn buddiannau'r diwydiant hwn a'r cwmnïau fel BAE Systems (British Aerospace gynt) sydd â dylanwad mor anghymesur dros ei swyddogion yw prif amcan y Weinyddiaeth Amddiffyn Brydeinig. Un o fanteision mwyaf annibyniaeth fyddai'r cyfle i Gymru ddatblygu polisi tramor na fyddai'n ddibynnol ar filitariaeth a wreiddiwyd yn hanes gwaedlyd imperialaeth i'w gynnal.

Tanlinellwyd trwy gydol y gyfrol hon pa mor chwyldroadol oedd syniadau ac ymgyrchoedd yr unigolion a'r mudiadau Cymreig fel y rhai heddychol sy'n parhau i godi llais yn erbyn militariaeth ac imperialaeth heddiw. Ategwyd hefyd mai chwyldro di-drais a gyrchwyd tuag at ei gyflawni, delfryd ac angen sy'n parhau'r un mor daer yn ein cymdeithas gyfoes. Fe welwyd mai prydferthwch, cydweithrediad a chariad oedd y gwerthoedd a goleddwyd yn fwyaf angerddol yn y mudiad gardd bentrefi a chynllunio trefol Cymreig, a ysbrydolwyd gan sosialaeth iwtopaidd y degawdau a'i rhagflaenodd, a'r rhai cyffelyb a'i dilynodd. Symudwn tuag at ddyfodol ansicr gyda'r ewyllys a'r gobaith y gellid creu Cymru newydd nid yn unig trwy gofio eu breuddwydion, ond hefyd trwy gredu ym mreuddwydion iwtopaidd ein hunain a cheisio eu gwireddu.

Nodiadau

1   J. R. Jones, *Ac Onide* (Llandybïe: Llyfrau'r Dryw, 1970), t. 176.
2   Jones, *Ac Onide*, t. 176.
3   J. R. Jones 'Cilmeri' yn *Gwaedd yng Nghymru* (Lerpwl: Cyhoeddiadau Modern Cymreig, 1970), t. 55.
4   Gweler gwefan mudiad PAWB (Pobl yn Erbyn Wylfa-B), *https://www. stop-wylfa.org/cy/amdanom/*, cyrchwyd 16 Hydref 2024.
5   Gweler erthygl Elfyn Llwyd 'Archgarchar Wrecsam – carchar ar gyfer Lloegr', *Barn*, Mawrth 2014, 16–18.

6   Gweler adroddiad BBC Cymru, *https://www.bbc.co.uk/news/articles/c20pkrrwn74o*, cyrchwyd 30 Medi 2024.

7   Gweler *www.inquest.org.uk/mohamud-hassan-inquest* a *www.inquest.org.uk/mouayed-bashir-inquest-concludes* ar gyfer y cwestiynau sydd dal heb eu hateb ynghylch marwolaethau Mohamud Mohammed Hassan a Mouayed Bashir. Yn y Derynas Unedig, ar y cyfan mae 1,935 o bobl wedi marw ar ôl dod i gyswllt gyda'r heddlu ers 1990, gweler *http://www.inquest.org.uk/deaths-in-police-custody* *www.inquest.org.uk/deaths-in-and-following-police-contact*, cyrchwyd 16 Medi 2025.

8   Gweler Robert Jones a Richard Wyn Jones, *The Welsh Criminal Justice System: On the Jagged Edge* (Cardiff: University of Wales Press, 2022).

9   Gweler gwefan Cymdeithas y Cymod: *https://www.cymdeithasycymod.cymru/Ymgyrchoedd*, cyrchwyd ar 16 Hydref 2024.

Llyfryddiaeth

Ffynonellau gwreiddiol

Llawysgrifau

Archifau Morgannwg
DMH, Maes-yr-Haf Educational Settlement Records.
DGSR, Rhiwbina Garden Village Limited Records.
DGSB, Barry Garden Suburb Ltd Records.

Archifau Gwent
D2357, Oxford House Educational Settlement, Risca.
D3977, An Order of Friends, Abergavenny, 1936–1938.
MISC MSS 1711/1, Letters from Paul Matt to the depositor re Brynmawr
furniture, 1986.

Casgliadau Arbennig Llyfrgell Prifysgol Caerdydd
Llyfrgell Pensaernïaeth, Toriadau Papur Newydd T. Alwyn Lloyd.
The Welsh Housing and Development Yearbook, 1916–1936.

Cylchgronau a phapurau newydd

Yr Arloeswr
Baner ac Amserau Cymru (Y Faner)
Y Cymro
Cymru

Y Ddraig Goch
Y Drysorfa
Y Dysgedydd
Yr Efrydydd
Yr Eurgawn Wesleaidd
Y Ford Gron
Y Genhinen
Y Gymraes
Heddiw
International Times
Lol
Lleufer
Oz
Peace News
Seren Gomer
Tir Newydd
Y Traethodydd
The Welsh Outlook
The Western Mail
Yr Ymofynnydd

Llyfrau

Bosse-Griffiths, Kate, *Teithiau'r Meddwl: Ysgrifau Llenyddol* (Talybont: Y Lolfa, 2004).

The Brynmawr Experiment, 1928–1933 (Brynmawr: Community House, 1934).

Buchan, Susan, *The Scent of Water* (London: Hodder & Staughton, 1937).

Chappell, Edgar, *The Housing Problem in Wales* (Cardiff: The Welsh Housing and Development Association, 1920).

Cook, Tim, *Practical Compassion: Merfyn Turner 1915–1991, An Anthology* (Cyhoeddwyd yn breifat, 1999).

Davies, George M. Ll., *Pererindod Heddwch* (Dinbych: Gwasg Gee, 1943).

Davies, George M. Ll., *Essays Towards Peace* (London: Sheppard Press, 1945).

Davies, Pennar, *Gwynfor Evans* (Abertawe: Tŷ John Penry, 1976).

Emyr, John (gol.), *Lewis Valentine: Dyddiadur Milwr a Gweithiau Eraill* (Llandysul: Gwasg Gomer, 1988).

Evans, Gwynfor (gol.), *Cyfres Pamffledi Heddychwyr Cymru 1–37* (Dinbych: Gwasg Gee, 1941–5).

Evans, J. R., *Y Cwm Cul* (Aberystwyth: Cymdeithas Lyfrau Ceredigion, 1980).

Evans, D. Tudwal, *Sosialaeth* (Abermaw: William Jones a'i Fab, 1911).

Gorman, Clem, *People Together: A Guide to Communal Living* (London: Paladin, 1973).

Griffiths, D. R. et al, *Cerddi Cadwgan* (Abertawe: Gwasg Gadwgan, 1953).

Jennings, Hilda, *Brynmawr: A Study of a Distressed Area* (London: Allenson and Co., Ltd., 1934).

Jones, Edmund, *Camre Celfyddyd* (Aberystwyth: Gwasg Aberystwyth, 1938).

Jones, D. Gwenallt, *Plasau'r Brenin* (Aberystwyth: Gwasg Aberystwyth, 1934).

Jones, D. Gwenallt (gol.), *Detholiad o Ryddiaith Gymraeg R. J. Derfel, Cyfrolau I a II* (Llandysul: Clwb Llyfrau Cymreig, 1945).

Jones, Gwenan, *Ysgolion y Cymry* (Llandysul: Gwasg Gomer, 1942).

Jones, J. E., *Tros Gymru* (Abertawe: Gwasg John Penry, 1970).

Jones, J. R., *Gwaedd yng Nghymru* (Lerpwl: Cyhoeddiadau Modern Cymreig, 1969).

Jones, J. R., *Prydeindod* (Llandybïe: Llyfrau'r Dryw, 1970).

Jones, J. R., *Ac Onide* (Llandybïe, Llyfrau'r Dryw, 1970).

Jones, T. Llew, *Gormod o Raff* (Llandysul: Gwasg Gomer, 1970).

Jones, Tegwyn (gol.), *Lloffion y Flwyddyn* (Talybont: Y Lolfa, 1970–5).

Jones, Thomas a Thomas, Ben Bowen (goln), *Cyfres Pamffledi Harlech 1–10* (Aberystwyth: Gwasg Aberystwyth, 1940).

Jones, Thomas, *Cerrig Milltir* (Llandybïe: Llyfrau'r Dryw, 1942).

Lloyd, T. Alwyn, *Brighter Welsh Villages and Towns: How we can Obtain Them* (London: Council for the Preservation of Rural Wales, 1931).

Lloyd, T. Alwyn, *Planning in Town and Country* (London: Routledge, 1935).

Lloyd, D. Tecwyn, *Erthyglau Beirniadol* (Llandysul: Y Clwb Llyfrau Cymreig, 1948).

Llywelyn, Emyr, *Y Chwyldro a'r Gymru Newydd* (Abertawe: Gwasg John Penry, 1971).

Men Without Work: A Report made to the Pilgrim Trust (Cambridge: Cambridge University Press, 1938).

Morris, William, (gol.) *Tom Nefyn* (Caernarfon: Llyfrau'r Methodistiaid Calfinaidd, 1962).

ap Nicholas, Islwyn, *R. J. Derfel* (London: Foyles, 1944).

Nicholas, T. E., *Salmau'r Werin* (Wrecsam: Hughes a'i Fab, 1909).

Nicholas, T. E., *Rwy'n Gweld o Bell* (Abertawe: Gwasg John Penry, 1963).

Osmond John a Graham, Angela, *Alternatives: New Approaches to Health, Education, Energy, the Family and the Aquarian Age* (Talybont: Y Lolfa, 1984).

Peris, Gwilym, *Y Llwybr Unig* (Caernarfon: Swyddfa'r Goleuad, 1933).

Purdom, C. B., *The Garden City: A Study in the Development of a Modern Town* (London: J. M. Dent & Sons, 1913).

Rees, John Roderick, *Cerddi Newydd 1983–1991* (Caernarfon: Cyhoeddiadau Barddas, 1992).

Rees, W. J., *Y Maniffesto Comiwnyddol* (Caerdydd: Pwyllgor Cymreig y Blaid Gomiwnyddol, 1948).

Rigby, Andrew, *Alternative Realities: A Study of Communes and their Members* (London: Routledge & Kegan Paul, 1974).

Rigby, Andrew, *Communes in Britain* (London: Routledge and Kegan Paul, 1974).

Rivers, Patrick, *The Survivalists* (London: Methuen, 1975).

Roberts, R. O., *Robert Owen y Dre Newydd* (Aberystwyth: Y Clwb Llyfrau Cymreig, 1948).

Rowlands, John, *Bydded Tywyllwch* (Llandybïe: Llyfrau'r Dryw, 1969).

Sandford, Jeremy, *Down and Out in Britan* (London: Peter Owen, 1971).

Saunders, Nicholas, *Alternative England and Wales* (London: Nicholas Saunders, 1975).

Stephens, Meic, *Hunangofiant Meic Stephens: Cofnodion* (Talybont: Y Lolfa, 2012).

Thomas, David, *Y Werin a'i Theyrnas* (Caernarfon: Cwmni y Cyhoeddwyr Cymreig, 1910).

Thomas, David, *Y Ddinasyddiaeth Fawr* (Wrecsam: Hughes a'i Fab, 1938).

Thomas, David, *Silyn (Robert Silyn Roberts), 1871–1930* (Lerpwl: Gwasg y Brython, 1956).

Thomas, D. R., *Y Plentyn yn y Canol* (Caerdydd: Cymdeithas y Cymod, 1955).

Thomas, D. R., *Ysgrifau ar Addysg* (Caerdydd: Gwasg Prifysgol Cymru, 1968).

Thomas, D. R., *Robert Owen ac Addysg* (Aberystwyth: Cyfadran Addysg Coleg Prifysgol Cymru, 1971).

Thomas, D. R., *Fromm* (Dinbych: Gwasg Gee, 1984).

Thomas, D. R., *Y Dewis Olaf: Ymgadw rhag Armagedon* (Abertawe: Tŷ John Penry, 1982).

Thomas, D. R., *Helbulon Heddychwr* (Pontrhydfendigaid: Argraffdy Fflur, 1988).

Thomas, D. Lleufer, *The Regional Treatment of Housing and Development Problems in South Wales* (Cardiff: The Welsh Housing and Development Association, 1919).

Thomas, D. Lleufer, *The Welsh Housing and Development Association: Its Record and Its Program* (Cardiff: The Welsh Housing and Development Association,1922).

Tudur, Gwilym, *Wyt ti'n Cofio?* (Talybont: Y Lolfa, 1989).

Turner, Merfyn, *Forgotten Men* (London: National Council of Social Service, 1960).

Turner, Merfyn, *Norman House, The First Five Years* (London: The Grange Press, 1961).

Turner, Merfyn, *Safe Lodging: The Road to Norman House* (London: Hutchinson, 1961).

Turner, Merfyn, *A Pretty Sort of Prison* (London: Pall Mall Press, 1964).

Turner, Merfyn, *O Ryfedd Ryw* (Llandysul: Gwasg Gomer, 1970).

Turner, Merfyn, *Who Cares?* (London: BBC, 1970).

Turner, Merfyn, *Trwy'r Drws ac Allan* (Llandysul: Gwasg Gomer, 1987).

Urdd y Deyrnas, *Cyfres Traethodau'r Deyrnas 1 i 12* (Wrecsam: Hughes a'i Fab, 1924).

Williams, J. Eryl Hall, *The English Penal System in Transition* (London: Butterworth & Co., 1970).

Williams, J. Eryl Hall, *Changing Prions* (London: Peter Owen, 1975).

Williams, J. Roose (gol.), *T. E. Nicholas: Proffwyd Sosialaeth a Bardd Gwrthryfel* (Bangor: Pwyllgor Cymreig y Blaid Gomiwnyddol, 1972).

Williams, Tom Nefyn, *Yr Ymchwil* (Dinbych: Gwasg Gee, 1949).

Wills, David, *The Hawkspur Experiment* (London: George Allen & Unwin Ltd., 1941).

Ffynonellau eilaidd

Llyfrau

Armytage, W. H. G., *Heavens Below: Utopian Experiments in England, 1560–1960* (London: Routledge & Kegan Paul, 1961).

Bibby, Andrew, *These Houses are Ours: Co-operative and Community-led Housing Alternatives, 1870–1919* (Hebden Bridge: Gritstone Publishing, 2023).

Bowie, Duncan, *The Radical and Socialist Tradition in British Planning: From Puritan Colonies to Garden Cities* (Abingdon: Routledge, 2017).

Buechler, Sandra, *Erich Fromm: A Contemporary Introduction* (London: Routledge, 2024).

Claeys, Gregory, *Utopia: The History of an Idea* (London: Thames and Hudson, 2020).

Coates, Chris, *Utopia Britannica: British Utopian Experiments, 1325–1945* (London: Diggers and Dreamers, 2001).

Coates, Chris, *Communes Britannica: A History of Communal Living in Britain, 1939–2000* (London: Diggers and Dreamers, 2013).

Darley, Gillian, *Villages of Vision* (London: Granada Publishing,1978).

Davies, Dewi Eirug, *Protest a Thystiolaeth: Agweddau ar Dystiolaeth Gristionogol yn yr Ail Ryfel Byd* (Llandysul: Gwasg Gomer, 1993).

Davies, John (gol.), *Cymru'n Deffro: Hanes y Blaid Genedlaethol, 1925–1975* (Talybont: Y Lolfa, 1981).

Davies, John, *Hanes Cymru* (Hardmondsworth: Penguin, 1990).

Davies, T. J., *Cyfle i Nabod* (Abertawe: Christopher Davies, 1977).

Davies, Wynford, *Rhiwbina Garden Village: A History of Cardiff's Garden Suburb* (Cardiff: Rhiwbina Civic Society, 1985).

Davis, Angela Y., *Are Prisons Obsolete ?* (New York: Seven Stories Press, 2003).

Davis, Angela Y., *Abolition: Politics, Practices, Promises, Vol 1* (London : Penguin, 2024).

Day, Aviah Sarah a McBean, Shanice Octavia, *Abolition Revoluton* (London: Pluto Press, 2022).

Evans, Gwynfor, *George M. Ll. Davies: Pererin Heddwch* (Caerdydd: Cymdeithas y Cymod, 1980).

Evans, Gwynfor, *Heddychiaeth Gristnogol yng Nghymru* (Caerdydd: Cymdeithas y Cymod, 1991).

Evans, Rhys, *Gwynfor: Rhag Pob Brad* (Talybont: Y Lolfa, 2005).

Garforth, Lisa, *Green Utopias: Environmental Hope Before and After Nature* (Cambridge: Polity Press, 2018).

Ghodsee, Kristen, *Everyday Utopia: In Praise of Radical Alternatives to the Traditional Family Home* (London: The Bodley Head, 2023).

Goodwin, Barbara a Taylor, Keith, *The Politics of Utopia: A Study in Theory and Practice* (London: Hutchinson, 1982).

Graeber, David, *The Utopia of Rules: On Technology, Stupidity, and the Secret Joys of Bureaucracy* (London: Melville House, 2015).

Graeber, David a Dubrovsky, Nika, *Cities Made Differently* (Boston: MIT Press, 2024).

Greenaway, Jonathan, *A Primer on Utopian Philosophy: An Introduction to the Work of Ernst Bloch* (London: Zero Books, 2025).

Griffiths, E. H., *George M. LL. Davies: Heddychwr Mawr Cymru, Cyfrol 1&2* (Caernarfon: Llyfrfa'r Methodistiaid Calfinaidd, 1967).

Gruffudd, Heini, *Achub Cymru: Golwg ar gan mlynedd o ysgrifennu am Gymru* (Talybont: Y Lolfa, 1983).

Hardy, Dennis, *From Garden Cities to New Towns: Campaigning for Town and Country Planning, 1899–1946* (Abingdon: Spon Press, 2011).

Hardy, Dennis, *Utopian England: Community Experiments 1900–1945* (London: Routledge, 2001).

Hester, Helen a Srnicek, Nick, *After Work: A History of the Home and the Fight for Free Time* (London: Verso, 2023).

Jones, Goronwy J., *Wales and the Quest for Peace* (Cardiff: University of Wales Press, 1969).

Jones, D. Gwyn, *Robert Owen, 1771–1858* (Caerdydd: Gwasg Prifysgol Cymru, 1968).

Jones, Richard Wyn, *Rhoi Cymru'n Gyntaf: Syniadaeth Plaid Cymru, Cyfrol 1* (Caerdydd: Gwasg Prifysgol Cymru, 2007).

Jones, Robert a Jones, Richard Wyn, *The Welsh Criminal Justice System: On the Jagged Edge* (Cardiff: Universty of Wales Press, 2022).

Kay, Stephen, *Homes for Welsh Workers: from Robert Owen to "The Garden City Movement"* (Abergavenny: 325 Press, 2014).

Laing, Olivia, *The Garden Against Time: In Search of a Common Paradise* (London: Picador, 2024).

Levitas, Ruth, *The Concept of Utopia* (Oxford: Peter Lang, 2011).

Llwyd, Alan, *Waldo: Cofiant Waldo Williams, 1904–1971* (Talybont: Y Lolfa, 2014).

Llywelyn, Jen, *Pilgrim of Peace: A Life of George M. Ll. Davies* (Talybont: Y Lolfa, 2016).

Llywelyn, Malcolm, *Harri Webb and Merthyr Tydfil* (Merthyr Tudful: Llyfrau Brynach, 2023).

Mannin, Ethel, *Bread and Roses: An Utopian Survey and Blueprint* (London: Macdonald and Co. Ltd., 1944).

Mathers, Jenny a Hopwood, Mererid (goln), *Yr Apêl, 1923–24: Hanes Rhyfeddol Deiseb Heddwch Menywod Cymru*, (Talybont: Y Lolfa, 2023).

MacCarthy, Fiona, *Anarchy & Beauty: William Morris and his Legacy, 1860–1960* (London: National Portrait Gallery, 2014).

MacCarthy, Fiona, *William Morris: A Life of Our Time* (London: Faber & Faber, 1994).

McKay, George, *Radical Gardening: Politics, Idealism and Rebellion in the Garden* (London: Frances Linclon Limited, 2013).

Morgan, Dyfnallt (gol.), *Cyfaill Carcharorion: Cofio Merfyn Lloyd Turner* (Gwasg Gee: Dinbych, 1992).

Morgan, K. O., *Rebirth of a Nation: Wales 1880–1980* (Oxford: Oxford University Press, 1981).

Morton, A. L., *The English Utopia* (London: Lawrence & Wishart, 1952).

Moylan, Tom, *Becoming Utopian: The Culture and Politics of Radical Transformation* (London: Bloomsbury, 2022).

Naylor, Barrie, *Quakers in the Rhondda* (Chepstow: Maes-yr-Haf Educational Trust, 1986).

Neima, Anna, *The Utopians: Six Attempts to Build the Perfect Society* (London: Picador, 2021).

Norton, Jack, Pelot-Hobbs, Lydia, a Schept, Judah (goln), *The Jail is Everywhere: Fighting the New Georgraphy of Mass Incarceration* (London: Verso, 2024).

Rees, Ioan Bowen, *Cymuned a Chenedl: Ysgrifau ar Ymreolaeth* (Llandysul: Gomer, 1993).

Rees, Lynn Owen, *Cofio Gwenallt* (Llandysul: Gwasg Gomer, 1978).

Rowbotham, Sheila, *Edward Carpenter: A Life of Liberty and Love* (London: Verso, 2009).

Ryan, Deborah Sugg, *Ideal Homes: Uncovering the History and Design of the Interwar House* (Manchester: Manchester University Press, 2020).

Peach, Linden, *Pacifism, Peace and Modern Welsh Writing* (Cardiff: University of Wales Press, 2019).

Phillips, Dylan, *Trwy Ddulliau Chwyldro...? Hanes Cymdeithas yr Iaith Gymraeg, 1962–1992* (Llandysul: Gwasg Gomer, 1998).

Rees, D. Ben (gol.). *Dilyn Ffordd Tangnefedd: Canmlwyddiant Cymdeithas y Cymod 1914–2014* (Lerpwl: Cyhoeddiadau Modern Cymreig, 2015).

Riley, James, *Well Beings: How the Seventies Lost its Mind and Taught Us To Find Ourselves* (London: Icon Books, 2025).

Rose, Gordon, *The Struggle for Penal Reform* (London: Stevens & Sons Limited, 1961).

Sargent, Lyman Tower, *Utopianism: A Very Short Introduction* (Oxford: Oxford University Press, 2010).

Soper, Kate, *Post-Growth Living: For an Alternative Hedonism* (London: Verso, 2023).

Tomos, Angharad, *Hiraeth am Yfory: David Thomas a Mudiad Llafur Gogledd Cymru* (Llandysul: Gwasg Gomer, 2002).

Tua'r Gorllewin, yn Gymysgryw Haid/Toward the West, a Varied Crowd (Aberystwyth: Amgueddfa Ceredigion Museum, 2015).

Ward, Colin (gol.), *The Work of David Wills* (Anarchy, 15 Mai 1962).

Ward, Colin, *New Town, Home Town: The Lessons of Experience* (London: Gulbenkian Foundation, 1993).

Ward, Stephen V., *The Garden City: Past, Present and Future* (London: Routledge, 1992).

Ward, Stephen V., *The Peaceful Path: Building Garden Cities and New Towns* (Hatfield: Hertfordshire Publications, 2014).

Wiliam, Mary, Eurwyn a Dafydd, *Celfi Brynmawr: Arbrawf Cymdeithasol y Crynwyr 1928–1940* (Llanrwst: Gwasg Carreg Gwalch, 2010).

Williams, T. Ceiriog, *Robert Owen* (Wrecsam: Hughes a'i Fab, 1948).

Wright, Martin, *Wales and Socialism: Political Culture and National Identity Before the Great War* (Cardiff: University of Wales Press, 2016).

Yallop, Jaqueline, *Dreamstreets: A Journey through Britain's Village Utopias* (London: Jonathan Cape, 2015).

Erthyglau

Burge, Alun, 'A "Subtle Danger"?: The Voluntary Sector and Coalfield Society in South Wales, 1926–1939', *Llafur*, 1998-9, VII/3&4, 127–42.

Dafydd, Elis, 'Cyfieithu: swydd gachu rwtsh' yn Evans-Jones, Gareth a Dafydd, Elis (goln), *Gweddnewidiadau: Ysgrifau Beirniadol XXXV* (Talybont: Y Lolfa, 2025), tt. 140–8.

Davies, Janet, 'Brynmawr' yn Edwards, Hywel Teifi (gol.) *Ebwy, Rhymni a Sirhywi: Cyfres y Cymoedd* (Llandysul: Gwasg Gomer, 1999), tt. 219–28.

Ecroyd, Henry, 'Subsistence Production in the Eastern Valley of Monmouthsire: An Industrial Expriment, 1935–1939', *Llafur*, III/4, 1983, 34–47.

Jones, Heledd Melangell, 'The Welsh justice system of the future: Beyond Mega Prisons?', *The Welsh Agenda*, 25 Gorffennaf 2024.

Lloyd, D. Tecwyn, 'T. E. Nicholas' yn Davies, Aneirin Talfan (gol.). *Gwŷr Llên* (Llundain: W. Griffiths a'i Frodyr, 1948), tt. 143–64.

Wigley, Llion, 'O Ryfedd Ryw: Merfyn Turner, 1915–1991, yr arloeswr anghofiedig', *Y Traethodydd*, CLXX, Hydref 2015, 220–39.

Wigley, Llion, 'Pamffledi Heddychwyr Cymru: Adeiladu'r Gymdeithas Amgen yn y 1940au' *Y Traethodydd*, CLXXIII, Ionawr 2018 (Rhan 1), 33–47 ac Ebrill 2018 (Rhan 2), 74–83.

Wigley, Llion, '"Y Plentyn yn y Canol": Yr Addysg Newydd yng Nghymru c.1918–1969', *Y Traethodydd*, CLXXIV, Gorffennaf 2019, 147–67.

Wigley, Llion, '"Mae yno dŷ rhwng gerddi yn ymyl tre Caerdydd": Gardd-bentref Rhiwbeina a'r Dosbarth Canol Cymraeg, 1912–1939', *Y Traethodydd*, CLXXVI, Ionawr 2023, 220–39.

Williams, Raymond, 'Utopia and Science Fiction', *Science Fiction Studies*, 5/3, Tachwedd 1978, 203–14.

Mynegai